Mitos e Lendas em Finanças

Mitos e Lendas em Finanças
A "maldição" do EBITDA

A inexistência do custo médio ponderado de capital
A falácia das atividades que agregam valor
A loucura de administrar pelo caixa

2020

Clóvis Luís Padoveze

MITOS E LENDAS EM FINANÇAS
A "MALDIÇÃO" DO EBITDA
© Almedina, 2020

AUTOR: Clóvis Luís Padoveze
EDITOR DE AQUISIÇÃO: Marco Pace
REVISÃO: Nilce Xavier
DIAGRAMAÇÃO: Almedina
DESIGN DE CAPA: Roberta Bassanetto
ISBN: 9788562937361

Dados Internacionais de Catalogação na Publicação (CIP)
(Câmara Brasileira do Livro, SP, Brasil)

Padoveze, Clóvis Luís
Mitos e Lendas em Finanças : a "maldição" do
EBITDA / Clóvis Luís Padoveze. -- São Paulo :
Almedina, 2020.

Bibliografia.
ISBN 978-85-62937-36-1

1. Balanços contábeis 2. Contabilidade 3. Finanças
4. Fluxo de caixa - Controle I. Título.

20-33082 CDD-657

Índices para catálogo sistemático:

1. Contabilidade 657

Cibele Maria Dias - Bibliotecária - CRB-8/9427

Este livro segue as regras do novo Acordo Ortográfico da Língua Portuguesa (1990).

Todos os direitos reservados. Nenhuma parte deste livro, protegido por copyright, pode ser reproduzida, armazenada ou transmitida de alguma forma ou por algum meio, seja eletrônico ou mecânico, inclusive fotocópia, gravação ou qualquer sistema de armazenagem de informações, sem a permissão expressa e por escrito da editora.

Março, 2020

EDITORA: Almedina Brasil
Rua José Maria Lisboa, 860, Conj.131 e 132, Jardim Paulista | 01423-001 São Paulo | Brasil
editora@almedina.com.br
www.almedina.com.br

"Não sabes, meu filho, com quão pouca sabedoria que o mundo é governado".

Papa Júlio III, 1487/1555

MITO: Personagem, fato ou particularidade que, não tendo sido real, simboliza não obstante uma generalidade que devemos admitir. Coisa ou pessoa que não existe, mas que se supõe real.; Coisa só possível por hipótese; quimera.

1. relato das proezas de deuses ou de heróis, suscetível de fornecer uma explicação do real, nomeadamente no que diz respeito a certos fenômenos naturais ou a algumas facetas do comportamento humano; 2. narrativa fabulosa de origem popular; lenda; 3. elaboração do espírito essencialmente ou puramente imaginativa; 4. alegoria; 5. representação falsa e simplista, mas geralmente admitida por todos os membros de um grupo; 6. algo ou alguém que é recordado ou representado de forma irrealista; 7. exposição de uma ideia ou de uma doutrina sob forma voluntariamente poética e quase religiosa

Do grego *mýthos*, "palavra expressa" pelo latim *mythu-*, "fábula; mito"

LENDA: narrativa de teor fantástico, simbólico, normalmente com personagens ou seres que incorporam as forças da natureza e as caraterísticas humanas.

1. narrativa de caráter maravilhoso em que um fato histórico se amplifica e transforma sob o efeito da evocação poética ou da imaginação popular; legenda.

2. m.q. MITO ('relato fantástic").

(latim legenda, o que deve ser lido, plural neutro de legenda, 1. Narrativa ou tradição escrita ou oral de coisas ou fatos fantásticos, muito duvidosos ou inverossímeis.)

3. Indivíduo conhecido por muitos e admirado pelos seus feitos, pelo seu talento ou pelo seu desempenho em determinada área (ex.: lenda do basquetebol; lenda do cinema).

4. [Figurado] História, modo de proceder, vida (de alguém).

5. Mentira.

FALÁCIA: qualidade do que é falaz; falsidade.

1. (Filosofia) no aristotelismo, qualquer enunciado ou raciocínio falso que entretanto simula a veracidade; sofisma.

Uma falácia é uma espécie de mentira, um argumento logicamente inconsistente, inválido, ou que falhe de outro modo no suporte eficaz do que pretende provar. Argumentos que se destinam à persuasão podem parecer convincentes para grande parte do público apesar de conterem falácias, mas não deixam de ser falsos por causa disso. Reconhecer as falácias é por vezes difícil.

Uma falácia é um raciocínio ou um enunciado falso que procura parecer verdadeiro e que é utilizado para procurar convencer alguém de algo, que é apresentado portanto de forma enganadora.

1. (Filosofia) enunciado ou raciocínio falso que, no entanto, aparenta ser verdadeiro; sofisma; 2. Qualidade daquilo que engana; falsidade; 3. Ideia enganadora, apesar de atraente; ilusão; 4. Ato de má-fé com que se procura enganar alguém; engano; logro.

Sinônimos de falácia: engano, falsidade, logro, sofisma.

Fonte: Dicionário Priberam da Língua Portuguesa, 2008-2013, https://dicionario.priberam.org/. Acesso em: 17 out 2019.

"A economia está infestada de mitos porque esse é um campo no qual todos se consideram especialistas. Elas ficam zangadas quando suas convicções profundas são descritas como mitos. Entretanto, é necessário identificar ideias erradas para que as verdadeiras possam existir."[1]

---

[1] DAVIS, William. *Mitos da Administração*. São Paulo, Negócio Editora, 1999, p. 3.

O porquê da obra

O conteúdo deste livro é fruto de entendimento pessoal sobre os temas de finanças cujos conceitos estão sendo colocados em xeque. Por ser fundamentalmente pessoal, é possível que meu raciocínio não esteja completo e pode haver erros. Eu espero que não haja, mas estarei aberto às críticas dos meus leitores.

Atuo nas áreas de contabilidade e finanças há mais de 40 anos, tendo trabalhado em empresas de grande porte – multinacionais e de capital aberto. Fui controller da empresa Indústrias Romi S.A. por muitos anos (com muito orgulho), e hoje sou consultor e instrutor de treinamentos profissionais.

Sou doutor em Controladoria e Contabilidade e professor do Programa de Pós-Graduação (Doutorado e Mestrado Profissional em Administração) da Universidade Metodista de Piracicaba, em São Paulo – UNIMEP, desde o ano 2000, sendo responsável pelas linhas de pesquisa em finanças e controladoria. Ministro aulas nas áreas de finanças, contabilidade e controladoria desde 1978.

Além dos artigos acadêmicos, tenho mais de 30 livros publicados nas áreas de contabilidade, finanças e controladoria. Toda essa bagagem profissional me permite afirmar que tenho alguma experiência na área...

Convicções pessoais

Meus posicionamentos e argumentos partem de duas convicções pessoais:
Todos os conceitos, instrumentos, etc. que não utilizei em 45 anos de experiência profissional, como executivo e consultor ou como docente e pesquisador merecem uma crítica para verificar a sua real utilidade e se a base teórica que os sustentam estão corretas ou não;
A validade da minha experiência.

Experiência

Porém, sobre isso, sempre digo o seguinte:

- Não é porque alguém é velho que necessariamente tenha experiência.
- Um indivíduo pode chegar a 90 anos ou mais e ter adquirido pouquíssima experiência sobre determinado assunto, assim como pode não ter adquirido nenhuma experiência significativa pessoal ou profissional!

Partindo da premissa de que ainda atuo na área com aparente sucesso, e que sou respeitado no meio em que atuo, posso assumir que tenho experiência em contabilidade, finanças e controladoria, razão pela qual me permito escrever este trabalho.

Avaliação de conceitos (mitos, lendas, falácias) na gestão financeira: sou radical

Sempre busquei ser radical quando se trata de conhecimento (radical no sentido de ir até as raízes), ou seja, só internalizo conhecimentos depois de muita análise crítica, para que esses conhecimentos produzam novos conhecimentos.

Um autor que me inspirou recentemente foi Luiz Felipe Pondé com sua obra *Guia politicamente incorreto da filosofia.*[2] Adianta ser politicamente

---

[2] PONDÉ, Luiz Felipe. *Guia politicamente incorreto da filosofia.* São Paulo, Leya, 2012.

correto, repetindo conceitos questionáveis? Ou é melhor ir a fundo e falar abertamente o que pensa? Será que autores de livros já consagrados nunca erram? Será que a ciência nunca erra? Não é possível que uma visão nova de um conceito possa dar novos rumos à ciência?[3]

Já me deparei com muitos conteúdos que me suscitavam dúvidas, mesmo em livros de autores clássicos, e me perguntava: será que isso de fato é certo? Será que isso de fato serve para alguma coisa?

Muitos conceitos são absolutamente corretos e verdadeiros. Porém, não é porque são corretos e verdadeiros que necessariamente são úteis! Por exemplo: li muitas vezes em trabalhos de diferentes autores sobre o conceito de atividades que adicionam ou não valor aos produtos. Partindo da premissa e conceito da teoria econômica que o valor (preço) dos produtos e serviços é dado pelo mercado, obrigatoriamente nenhuma atividade adiciona valor aos produtos. Assim sendo, este conceito está errado!

Inúmeras empresas avaliam o desempenho dos gestores internos pelo EBITDA. Contudo, gerencialmente, não é correto fazer isso. Portanto, esse procedimento utilizado mostra que a empresa está equivocando-se ao utilizar este instrumento, para este tipo de gestão e avaliação do desempenho de seus gestores.

Da mesma forma, sobre o conceito de ponto de equilíbrio, sua utilidade é praticamente nula. Mas nota-se uma preocupação constante, tanto no meio acadêmico como no profissional, em calcular o ponto de equilibrio. Provavelmente a maioria que o faz não consegue saber de fato sua possível utilidade.

Da complexidade à simplicidade

O fato de determinados conceitos, temas, assuntos serem complexos não significa que eles não podem ser traduzidos de forma simples. De um modo geral, a maioria das empresas tem processos operacionais simples e necessitam de instrumentos de gestão eficazes; porém, adequados à simplicidade de seu negócio.

---

[3] "A ciência requer o questionamento da autoridade e o pensamento livre". "A desobediência é vital para avanços na sociedade". JOI ITO, Diretor do MIT Media Lab, jornal OESP, 5/12/18, p. 59.

A maioria dos temas complexos foi desenvolvida para empresas complexas e, no caso do mercado financeiro, para instrumentos financeiros complexos, que ficam restritos a uma minoria absoluta. Levar esses conhecimentos para empresas comuns não faz, na maioria das vezes, nenhum sentido.

Conforme Charan:

> Uma lição aprendi: os melhores presidentes – aqueles das empresas mais lucrativas – são iguaizinhos aos melhores professores que você teve. São capazes de desmistificar a complexidade e o mistério do negócio, focando nos fundamentos principais. E eles se certificam de que todos na empresa, não apenas os executivos, entendem esses fundamentos.[4]

Para empresas pobres mortais

O *site* "Empresômetro", em 10/01/2018, apontava que no Brasil havia 21.645.501 empresas ativas, incluindo empresários individuais. Nesta mesma data, o IBGE apontava 5,1 milhões de empresas em 2016, desconsiderando outros empreendimentos como empresários individuais.

Desses quase 22 milhões de empresas, apenas 440 aproximadamente são companhias abertas, ou seja, empresas com ações na BOVESPA, que de um modo geral, são caracterizadas como empresas grandes e complexas. Das 440 empresas da BOVESPA, cerca de 100 são empresas financeiras de bancos pequenos ou médios, securitizadoras, estatais, holdings familiares, administração de investimentos, etc.

Dentro deste conjunto de companhias abertas, muitas continuam com rígido controle familiar e, na realidade, apresentam modelos de gestão questionáveis que não oferecem, de fato, atrativo para investimentos. Em resumo, empresas grandes e complexas que merecem instrumentos de gestão complexos somam apenas 2 centenas. Confrontando este número com 22 milhões de empresas, o percentual de representatividade de empresas complexas e grandes representa 0,001%, ou seja, um centésimo de 1%!

---

[4] CHARAN, Ram. *O que o presidente da sua empresa quer que você saiba: como a sua empresa funciona na prática*. São Paulo, Negócio Editora, 2001. p. 14.

O PORQUÊ DA OBRA

Não há dúvida de que o desenvolvimento de conceitos complexos em finanças e de gestão empresarial é fundamental, pois a partir deles é que será possível amplificar os conhecimentos para as pequenas e médias empresas.

Por outro lado, imaginar que os 22 milhões de gestores e donos de micro, pequenas, médias e da maioria das grandes empresas brasileiras necessitam de instrumentos complexos de gestão é muita ingenuidade acadêmica!

O professor Reinaldo Guerreiro (FEA/USP),[5] um dos maiores nomes de controladoria e finanças do país, apresentou os resultados de sua recente pesquisa de Contabilidade Gerencial realizada na USP, com tópicos como:

- A Bain Company mostrou que, de 1993 a 2015, os instrumentos de gestão estão sendo reduzidos (*downsizing*) devido à necessidade de redução de custos.
- O trabalho está fundamentado em Bush (1983) que destaca que ferramentas de gestão são utilizadas por valores cerimoniais (baseados em costumes e uso populares), bem como na instrumentalidade (contribuição prática para a gestão).
- A pesquisa tinha o objetivo de identificar as práticas de Contabilidade Gerencial utilizadas pelas empresas e se tais práticas estão sendo utilizadas por valores cerimoniais ou pela instrumentalidade.
- As práticas mais respondidas pelas empresas casam a Contabilidade à gestão empresarial (planejamento estratégico, orçamento e análise de variações orçamentárias).

Essas colocações reforçam nosso entendimento de que há a necessidade de transferir para os gestores os instrumentos de gestão adequados à sua realidade empresarial.

Utilidade dos conceitos

Em mais de 40 anos de atividade profissional e acadêmica, nunca utilizei alguns conceitos, técnicas ou instrumentos de gestão, assim como não vi

---

[5] Palestra: *Contabilidade Gerencial como Instrumento de Gestão do Valor da Empresa*. 3°. Congresso de Finanças e Contabilidade. Universidade Metodista de Piracicaba, SP, 21/09/2016.

utilidade em determinados conceitos de gestão. Nesses anos, também vi muita aplicação incorreta de conceitos.

Exemplo de conceitos que nunca utilizei ou que não tiveram utilidade para mim:

- Ponto de equilíbrio de quantidade e valor de produção e vendas.
- Custo médio ponderado de capital.
- O beta do CAPM.[6]
- Palestras motivacionais.
- Avaliação de desempenho dos funcionários etc.

Exemplo de aplicação incorreta de conceitos:

- Utilização do EBITDA para avaliação de gestores internos.
- Crença de que a depreciação não é uma despesa desembolsável.
- Administração pelo fluxo de caixa.
- Análise de rentabilidade com custeamento por absorção, etc.

Não esgoto os temas

Com minhas avaliações e julgamentos, o trabalho apresenta uma quantidade razoável de temas e conceitos para discussão. Gostaria também de ressaltar que é possível que eu esteja deixando de lado outros temas, instrumentos, teorias, conceitos interessantes e também importantes.

Alguns leitores poderão achar que dei prioridade para temas menos relevantes e que deixei de lado temas mais importantes. Deixo claro que é impossível esgotar todos os temas que merecem novas visões críticas, que é uma característica natural do conhecimento científico.

Posso estar errado.

Este é um livro pessoal, razão porque me permito escrever na primeira pessoa.

É possível que minhas afirmativas não sejam consideradas por algumas pessoas como verdadeiras ou científicas. Porém, o que afirmarei é porque

---

[6] Capital Asset Pricing Model.

estou convicto de que estou certo e que são verdades científicas. Mas respeitarei julgamentos divergentes.

De qualquer forma, é minha intenção contribuir para a ciência contábil e financeira, para a gestão empresarial como um todo e, mais do que isso, contribuir para ajudar os empresários, contadores, financeiros e controllers a ajudar as empresas num processo de gestão mais claro, na busca de lucros sempre maiores e melhores, para o crescimento da riqueza de nosso país.

Espero que compreendam meus motivos.

Para expor e criticar os temas que estão apresentados, parto então da premissa de que tenho experiência nesses assuntos e que minha experiência é boa!

Você, meu leitor, é que fará o julgamento final!

Deixo, inclusive, meu e-mail para contato: <cpadoveze@yahoo.com.br>.

Sumário

O porquê da obra 11

1. Prólogo: alguém entende de finanças? 27
1.1. Crise do México em 1995 29
1.2. LTCM: o Prêmio Nobel de derivativos quebrando a própria
empresa de derivativos 30
1.3. Salve-se quem puder! 30
1.4. O Lobo de Wall Street 31
1.5. Risco e jogo 32
1.6. O que é o Mercado Financeiro 33
1.7. Comportamento de manada 34
1.8. Mercado de crédito 35
1.9. Literatura financeira: avaliação de empresas e investimentos . . . 35

2. A "maldição" do EBITDA 37
2.1. EBITDA e EBIT 39
2.2. O que é Lucro Operacional e o que ele representa 40
2.3. Cálculo do EBITDA e do EBIT 40
2.4. O que fazer com o EBITDA? 42
2.5. Margem EBITDA 43
2.6. Para que serve o EBITDA 44
2.7. As falhas do EBITDA que prejudicam o desempenho
empresarial 47
2.8. A "Maldição" 53
2.9. A empresa tem EBITDA, mas não tem caixa 54
2.10. Novo indicador de análise de balanço: percentual de desprezo
de despesas 55
2.11. Margem EBITDA versus Retorno do Investimento
dos Acionistas 56

2.12. A utilização (saudável?) do EBITDA 58
2.13. Relacionamento com bancos 60

3. A "maldição" do EBITDA II – avaliação de desempenho: o ruim que fica bom, o bom que fica ruim 63
3.1. Tipos de investimento e seus retornos 66
3.2. Retorno do investimento nas empresas *versus* EBITDA 69
3.3. ROI da empresa: ROI do ativo e ROI do acionista 71
3.4. Avaliando os gestores internos das unidades de negócio: o bom que fica ruim, o ruim que fica bom 72
3.5. Incoerência: decidir o investimento pelo VPL ou TIR e avaliar o retorno pelo EBITDA 75

4. A Lenda: depreciação é uma despesa que não tira dinheiro do caixa 77
4.1. Um exemplo introdutório e simples: João José comprando um carro novo 79
4.2. Definições e conceitos de depreciação 83
4.3. Afinal de contas, a depreciação é ou não é uma despesa? 87
4.4. Depreciação como fonte de caixa: a lenda criada pelo método indireto do fluxo de caixa 88
4.5. Imobilizando gera mais EBITDA, mas não gera mais caixa nem lucro do que alugar 90
4.6. Um pouco da história da depreciação 95

5. A "maldição" do EBITDA III – gestores *versus* acionistas: adversários ou inimigos mortais? 99
5.1. Objetivo financeiro das empresas 101
5.2. Maximização do lucro × Maximização da riqueza × Criação de valor 102
5.3. Lucro econômico *versus* Lucro contábil 104
5.4. Teoria da agência (*Agency Theory*) : conflito de interesses 107
5.5. Gerenciamento do lucro (ou manipulação?): um conceito que não deveria existir 108
5.6. Manipulando o EBITDA: despesa ou investimento? Dívida certa ou incerta? 111

Sumário

5.7. Aumentando o EBITDA para provocar maior remuneração variável dos gestores, prejudicando o acionista. 113

6. A ilusão da liquidez corrente: indicador de impossível utilização 119

6.1. Indicadores de liquidez. 121

6.2. Conceito de curto e longo prazo 122

6.3. O conceito de realização 122

6.4. Ativos fixos e patrimônio líquido não são considerados realizáveis 124

6.5. Exemplo numérico de cálculo dos indicadores de liquidez. . . . 124

6.6. Os indicadores de liquidez são estáticos. 126

6.7. Necessidade líquida de capital de giro: abordagem de Fleuriet 127

6.8. Não se pode utilizar os valores de contas a receber e estoques para pagar obrigações e dívidas. 130

6.9. Liquidez imediata: o único indicador correto da liquidez. 131

6.10. NLCG deve ser financiada por capitais de longo prazo 131

6.11. Como a empresa garante sua capacidade de pagamento? 132

7. Ponto de equilíbrio: uma questão de vida ou morte. Serve para quê? 133

7.1. Custos fixos e variáveis e o conceito margem de contribuição . 135

7.2. Ponto de Equilíbrio em quantidade e em valor de venda 138

7.3. A dificuldade de utilização do ponto de equilíbrio em quantidade 140

7.4. Gráfico do ponto de equilíbrio. 140

7.5. Empresas que não têm custos variáveis: como ficam? 141

7.6. A dificuldade de mensurar o ponto de equilíbrio na prática. . . 142

7.7. Por que o Ponto de Equilíbrio não tem utilização prática? 143

7.8. Para que serve então o Ponto de Equilíbrio? Vida e morte empresarial 143

7.9. A "Descontribuição" do SEBRAE para os pequenos e médios empresários 144

7.10. Modelo de gestão: se o Ponto de Equilíbrio não serve, o que é certo? 145

7.11. O conceito de Margem de Contribuição é indispensável 146

8. Administração pelo fluxo de caixa: o caminho pavimentado para o fracasso 147

8.1. O caixa ainda é rei? 150

8.2. A primeira grande falácia: a empresa tem lucro, mas não tem caixa 151

8.3. Descolamento entre lucro e caixa: como é resolvido 152

8.4. Lucro corretamente medido 153

8.5. Lucro corretamente medido: é despesa ou investimento? 154

8.6. Como a empresa gera caixa 157

8.7. Quem administra o caixa só administra um elemento patrimonial 159

8.8. A empresa não tem de ter caixa 160

8.9. Quando se tem lucro mas não se tem caixa e vice-versa 161

8.10. Monitoramento do caixa: fluxo de caixa pelo método indireto 162

8.11. O fluxo de caixa proposto pelo CPC é fraco e confuso 166

8.12. O método direto do fluxo de caixa tem pouca relevância gerencial 167

8.13. O SEBRAE e o fluxo de caixa 167

9. A falácia das atividades que agregam valor 171

9.1. Que tipo de valor? Adicionar a quê? 175

9.2. Colocações de autores sobre o tema 175

9.3. Eficiência do ciclo de fabricação ou produção (ECP) 179

9.4. Nenhuma atividade agrega valor ao cliente 181

9.5. Nenhuma atividade agrega valor ao produto 181

9.6. As atividades podem e devem agregar valor econômico à empresa 182

9.7. Transmutando pedra em ouro, transmutando custos fixos em variáveis 183

10. O paradoxo: quanto maior o retorno, menor o risco 185

10.1. O que é risco na abordagem tradicional de finanças 188

10.2. Preferências com relação ao risco: aversão ao risco ou aversão à perda? A nova abordagem: finanças comportamentais 189

10.3. Tipos de risco 192

10.4. Retornos de investimento de mercado 194

SUMÁRIO

10.5. Rentabilidade do patrimônio líquido: o indicador final,
o que o investidor espera. 196
10.6. Rentabilidade do patrimônio líquido no Brasil dos últimos
anos 198
10.7. O número mágico como parâmetro de investimento:
12% ao ano! 200
10.8. Porque as rentabilidades não crescem. Motivo: inveja. 201
10.9. Rentabilidade e risco por indústria 202
10.10. Microsoft e Ambev: exemplos dogmáticos. 204
10.11. Quanto maior o retorno, menor o risco. 204

11. CAPM e diversificação: conceitos brilhantes, mas questionáveis e inúteis. 207
11.1. Custo do capital próprio: introdução ao modelo CAPM. 209
11.2. O Beta no Modelo CAPM 210
11.3. Risco e volatilidade 213
11.4. Críticas ao CAPM 214
11.5. CAPM e VPL e o futuro de investimentos 216
11.6. Risco diversificável e não diversificável 218
11.7. Diversificação para quê? 218
11.8. Diversificação e as empresas comerciais, industriais
e de serviços. 220
11.9. Como sair do risco sistemático: gestão empresarial. 221

12. Não existe custo médio ponderado de capital (WACC) porque não existe custo do capital próprio 223
12.1. O que é capital próprio e o que é capital de terceiros
e para que servem. 225
12.2. Custo médio ponderado de capital. 227
12.3. A abordagem tradicional de custo de capital e estrutura
ótima de capital 228
12.4. Abordagem MM (Modigliani & Miller) e estrutura ótima
de capital 230
12.5. O que é custo e a validade do conceito de custo
de oportunidade. 232
12.6. Lucro contábil versus lucro econômico 233

24 MITOS E LENDAS EM FINANÇAS

12.7. Capital de terceiros como visitante 235
12.8. Custo ou rentabilidade do capital próprio? 236
12.9. O Paradigma Tautológico 237
12.10. Objetivo de finanças e o CMPC 240
12.11. Qual seria a serventia do CMPC?. 241
12.12. Qual é, ou pode ser, de fato, o custo real do capital próprio? 243

Apêndice 1. Normas contábeis: para quem?. 247
A1.1. Objetivo da contabilidade 250
A1.2. A contabilidade nasceu gerencial 251
A1.3. Contabilidade financeira e contabilidade gerencial 251
A1.4. *Relevance Lost* – A relevância perdida 252
A1.5. *Relevance Lost*, parte II 253
A1.6. Contabilidade criativa 254
A1.7. Ditadura dos investidores *versus* Informações para tomar
decisões operacionais. 256
A1.8. Exemplo extremado: versão (R2) do CPC 06 sobre
arrendamento mercantil: um absurdo. 257
A1.9. Transmutação: transformando água em vinho. 259
A1.10. Afronta e maquiavelismo 260
A1.11. Contas de compensação: o retorno. 262

**Apêndice 2. As normas contábeis não conseguirão antecipar
os riscos empresariais** 263
A2.1. A única coisa certa no mundo é a mudança. 265
A2.2. Provisões e ajustes a valor justo: um esforço inútil. 266
A2.3. Elementos ou fatores sistêmicos 267
A2.4. O exagero do regime de competência 267
A2.5. IFRS *versus* Orçamento como informações preditivas 269
A2.6. Lucro contábil *versus* Lucro econômico. 270
A2.7. Práticas contábeis, preditividade da informação contábil
e eventos futuros 271
A2.8. Planejamento estratégico, gestão de riscos, projeções
e orçamento 272
A2.9. Contabilidade para operações correntes 273

Sumário

Apêndice 3. Solução: balanço em quatro colunas. 275

A3.1. Contabilidade e valor da empresa a preços de custos 278

A3.2. Contabilidade e valor da empresa a preços de mercado 278

A3.3. Valor econômico 279

A3.4. *Goodwill* Gerado Internamente 280

A3.5. Valor da empresa e o tempo 281

A3.6. Lucro da empresa e o tempo 282

A3.7. Balanço patrimonial em três colunas. 283

A3.8. Balanço patrimonial em quatro colunas: o orçamento
do ano seguinte 286

Referências 287

1
Prólogo: alguém entende de finanças?

Você não está certo nem errado porque a multidão discorda das suas ideias.[7]

A primeira vez em que duvidei dos especialistas em administração financeira foi em janeiro de 1995, quando explodiu a crise dos títulos do México, fazendo com que o país deixasse de pagar sua dívida externa.

1.1. Crise do México em 1995

Meses antes (por volta de outubro de 1994), no boletim periódico da Goldman & Sachs sobre investimentos internacionais, a empresa recomendava fortemente a compra de títulos do governo mexicano.

Alguns meses depois o México "quebrou"!

Então me perguntava: "Como pode errar, de forma tão aguda, num espaço de dois ou três meses?" Essa era uma das empresas consideradas mais especializada em investimentos financeiros.

Desse momento em diante, passei a questionar se, de fato, alguém realmente entendia de finanças.

---

[7] Frase de Benjamim Graham, admirado por Warren Buffett, em LOWESTEIN, Roger. *Buffett: a formação de um capitalista americano*. Rio de Janeiro, Nova Fronteira, 1997, p. 71.

1.2. LTCM: o Prêmio Nobel de derivativos quebrando a própria empresa de derivativos

Além de outros episódios, um que também me chamou muito a atenção foi a falência da empresa de investimentos financeiros LTCM – Long-Term Capital Management, em 1998. Entre os sócios da empresa estavam dois ex-professores de finanças, Myron Scholes e Robert Merton, que em outubro de 1997 receberam o prêmio Nobel de Economia por sua contribuição ao desenvolvimento do mercado de derivativos. Na época da entrega do prêmio, o *Economist* parabenizou os professores por transformarem "de um jogo de adivinhação em uma ciência"![8]

Wall Street percebendo o fiasco geral e a queda que adviria, patrocinou, por meio de Bill McDonough, chefe do FED de Nova York, o resgate da LTCM por seus credores. Esta história foi contada tantas vezes que se incorporou ao folclore de Wall Street. Os banqueiros de Wall Street decidiram efetuar uma infusão de US$ 3,5 bilhões na LTCM, o que deu tempo à empresa para se dissolver de maneira ordeira. Hollywood não poderia ter produzido desastre financeiro mais dramático!

E me veio à cabeça: como prêmios nóbeis em finanças sofrem falência no mercado financeiro! Será que alguém entende de finanças?

1.3. Salve-se quem puder!

Logo em seguida, tive a oportunidade de ler o livro sobre a história da especulação financeira de Edward Chancellor, já citado.

O nome é emblemático: SALVE-SE QUEM PUDER!

Não é preciso ler o livro inteiro para entender que o mercado financeiro não é para novatos e não tem nenhum santo. Fala das grandes fraudes financeiras desde o século 17. Ou seja, o mercado financeiro não está nem aí para ninguém! Será que alguém entende de finanças?

---

[8] CHANCELLOR, Edward. *Salve-se quem puder: uma história da especulação financeira.* São Paulo, Companhia das Letras, 2001., p. 397.

Para não me estender demais, apresentarei apenas alguns poucos exemplos:

- A derrocada do império do Eike Batista. Os maiores bancos brasileiros investiram nele;
- A falência da SADIA com investimentos em derivativos;
- O caso Madoff;[9] etc.

1.4. O Lobo de Wall Street

Uma conversa no filme O Lobo de Wall Street, 2013, entre os atores Leonardo DiCaprio e Matthew McConaughey, deixa bem claro o que é o mercado financeiro.

Leonardo DiCaprio – Jordan Belfort, Matthew McConaughey – Mark Hanna.

Diálogo sobre o mercado de ações/finanças

J – Devo dizer que estou muito animado em fazer parte da sua empresa. Seus clientes são...

H – Danem-se os clientes. Sua única responsabilidade é prover. Você tem namorada?

J – Eu tenho esposa. O nome dela é Teresa. É cabeleireira.

H – Parabéns

J – Obrigado

H – Pense na Teresa. Objetivo: levar o dinheiro do bolso dos clientes para o seu.

J – Mas se fizer com que eles também ganhem, todo mundo sai ganhando, certo?

H – Não! Regra número 1 de Wall Street. Ninguém, seja Warren Buffett ou Jimmy Buffett sabe quando uma ação sobe, desce, anda de lado ou em círculos. Muito menos os corretores. É tudo fugazi. Sabe o que é "fugazi"?

---

[9] Bernard Lawrence Madoff, um dos mais importantes financistas norte-americano, condenado à prisão por um dos maiores escândalos de fraude da história.

J – "Fugazi". É uma farsa.

H – Fugazi, fugazi, é tudo bobagem...fantasia. Não existe. Nunca pousou. Não é matéria. Não está no gráfico. Não é real. Certo? Fique comigo. Não criamos nada. Não construímos nada. Se tem um cliente que pagou $8 numa ação, que agora vale $16, ele está feliz. Ele quer resgatar, pegar a grana e correr para casa. Não vai deixá-lo fazer isso. Porque isso seria a realidade. O que você faz? Tem outra ideia brilhante. Uma ideia especial. Outra situação. Outra ação para reinvestir os ganhos dele. E ele o fará, toda vez. Porque eles são viciados. E você continua a fazer isso, repetidamente. Ele pensa que está ficando rico. E está mesmo, no papel. Mas nós, os corretores, estamos levando para casa o dinheiro real, a comissão. Certo!

J – Isso é incrível, senhor. Está me deixando animado.

H – Deve estar mesmo. Há duas chaves para o sucesso no negócio da corretagem. Em primeiro lugar, deve ficar relaxado. Em segundo lugar....

É bom para mim... Revoluções... Está acompanhando?

J – Revoluções?

H – Manter os clientes na roda gigante. O parque fica aberto o dia todo, 365 dias por ano, cada década de cada maldito século. É isso aí. O nome do jogo. Somos o denominador comum.

Em resumo, o mercado financeiro e seus analistas de investimento só tem um e somente único objetivo: tirar o dinheiro dos clientes para colocar no bolso deles!

1.5. Risco e jogo

Do livro de Chancellor extraímos o seguinte texto.

A primeira descrição da atividade de um mercado acionário na Europa Ocidental proveio de Joseph Penso de La Veja em *Confusion de confusiones*. Em uma série de diálogos entre um comerciante e um acionista, Veja descreve o mercado acionário como um hospício, fervilhante de estranhas superstições, práticas singulares e atrações compulsivas...Em suas palavras, os especuladores primavam pela "instabilidade, insanidade, orgulho e tolice. Vendem sem saber o motivo, compram sem razão.

Os especuladores de La Veja apresentam muitas das características associados ao quadro do comportamento maníaco-depressivo. Um maníaco-depressivo sofre alterações de humor violentas e incontroláveis. Na fase maníaca, ele é cheio de energia, espalhafatoso...persuasivo.., capaz de exercer liderança contagiante... À medida que suas expectativas cada vez mais se distanciam da realidade, ele torna-se descuidado. Durante a depressão ele se torna temeroso, angustiado e perde a autoconfiança.

Outro trecho do livro de Chancellor é muito interessante é: "Certa ocasião, o financista americano Bernard Baruch foi expulso da presença de Pierpont Morgan por pronunciar a palavra jogo no contexto de uma proposta de negócios. Baruch lembro que "não há investimento que não implique algum risco e que não tenha alguma coisa de jogo". As psicologias da especulação e do jogo são quase indistinguíveis: ambos são hábitos perigosamente conducentes ao vício, incluem a atração da fortuna, com frequência são acompanhados de comportamento ilusório, e dependem, para ter êxito, do controle das emoções".

Na página 28, Chancellor cita Warren Buffett sobre o Sr. Mercado: "Às vezes ele fica eufórico e só consegue enxergar os fatores favoráveis que afetam os negócios. Em outras ocasiões, fica deprimido e não consegue ver nada além de problemas à frente..."

Resumindo: salve-se quem puder! O mercado financeiro não está aí para ninguém, só interessa seus próprios rendimentos!

1.6. O que é o Mercado Financeiro

Em cima de todas essas observações e experiência, dou a minha própria definição de mercado financeiro:

> **"O mercado financeiro é uma orquestra sinfônica, absolutamente afinada, sem maestro, pronto para dar um bote nos incautos a cada 3, 4 ou 5 anos!"**

Para tanto, o mercado financeiro e seus agentes inventam, mentem e criam conceitos. Em um primeiro momento, o foco é "empresas de tecnologia", em outro "empresas de inovação", em mais outro momento o que vale é o EBITDA, depois o múltiplo, o beta, etc. Depois, o que deve valer são as *startups*, as *fintech*, os bitcoins... e por aí vai.

Daí saem as avaliações das ações das empresas, os famosos valuations, etc. O importante para o mercado financeiro não é o quanto as empresas valem; o importante é ganhar dinheiro com as comissões, *fees*, corretagens.

Graham[10] fala o seguinte sobre Wall Street:

> Por que você acha que os corretores no pregão da Bolsa de Valores de Nova York sempre festejam ao som da campainha de fechamento, seja qual for o desempenho do mercado naquele dia? Porque cada vez que você negocia, eles ganham dinheiro, ganhe você ou não. Ao especular em vez de investir, você diminui as próprias chances de construir riqueza, mas aumenta a riqueza de outro. Isso ocorre porque Wall Street, assim como os cassinos de Las Vegas ou as pistas de corrida, calibrou as probabilidades de forma que, ao final, a casa sempre ganhe de todos que tentem ganhar dela em seu próprio jogo especulativo.

A convicção, a certeza absoluta do mercado financeiro é esta: sempre haverá alguém para pagar a conta final...

1.7. Comportamento de manada

Sabendo que sempre haverá alguém para pagar a conta no final, não há dúvida de que o mercado financeiro usa e abusa do famoso comportamento de manada ou rebanho.

Similar ao comportamento de animais, que andam em grupo e tendem a seguir os caminhos de seus líderes, o conceito de comportamento de manada no mercado financeiro é para explicar que muitos investidores investem num título porque tem informações de muitos estão investimento naquele título; assim, o investimento só pode ser bom!

---

[10] GRAHAM, Benjamim. *O investidor inteligente*. Rio de Janeiro, HarperCollins, Brasil, 2015. p. 55-56.

Do livro de Ariely, extraímos o seguinte trecho: "Você está passando por um restaurante quando vê duas pessoas fazendo fila, esperando para entrar. "Este restaurante deve ser bom", você pensa. "Tem gente fazendo fila." Então entra na fila também. Passa mais uma pessoa, que vê uma fila de três pessoas e pensa: "Este restaurante deve ser fantástico" e entra na fila. Outros entram na fila também. Chamamos isso de comportamento de rebanho".[11]

Por isso, no mercado de investimentos, principalmente ações, os incautos "entram na alta e saem na baixa". Os meninos de Wall Street e da Avenida Paulista "entram na baixa e saem na alta".

1.8. Mercado de crédito

Falamos genericamente do mercado de investimentos, compra e venda de títulos, ações, etc. já me especulativa é para dar liquidez e negociabilidade aos títulos existentes nos milhões de investidores. Neste mercado, todo cuidado é pouco.

Já no mercado de crédito – bancos – mesmo não tendo também nenhum santo ali dentro – é necessário para o processo de otimização do processo de alocação de recursos para os investimentos mais produtivos, gerando a riqueza da economia, fundamental para todos.

1.9. Literatura financeira: avaliação de empresas e investimentos

Em nosso país (e provavelmente na maior parte do mundo) a bibliografia sobre finanças mais utilizada é a produzida nos Estados Unidos da América (EUA).

Na essência, toda teoria financeira nos livros norte-americanos está centrada nas empresas de capital aberto, aquelas empresas que têm ações negociadas nas bolsas de valores (NYSE, NASDAQ). A representatividade econômica das empresas de capital aberto nos EUA é assombrosa: estima-se

---

[11] ARIELY, Dan. *Previsivelmente irracional*. Rio de Janeiro, Elsevier, 2008.

que o valor total de todas as empresas abertas dos EUA representa mais de 80% do PIB do país.

Os temas e instrumentos de gestão devem ser separados em dois grandes blocos:

- Teorias, conceitos e instrumentos de gestão para administração da empresa;
- Teorias, conceitos e instrumentos de gestão para administração de carteiras de títulos e investimentos.

Não há dúvida de que as teorias e os conceitos financeiros transitam razoavelmente bem para esses dois mundos financeiros. Porém, são mundos diferentes.

Para que serve o conceito de diversificação de um portifólio de ações para uma empresa comercial, industrial ou de serviços?

Para que serve o conceito de custo ponderado de capital para um pequeno ou médio empresário?

Para que serve o conceito de opções reais para a maioria esmagadora das empresas?

Contudo, os livros de finanças misturam esses conceitos, sem deixar claro o que é para o quê, o que é para quem, etc.

Essa minha constatação é também um dos motivos que me permitem criticar a utilidade de diversos instrumentos de gestão.

2
A "maldição" do EBITDA

Esta sigla tem me causado arrepios pela sua utilização indiscriminada nas empresas, para avaliação do desempenho das unidades de negócio e dos gestores divisionais, sem qualquer contato com lógica econômica, contábil e financeira. É um verdadeiro absurdo.

Muitos sabem deste absurdo e o utilizam assim mesmo.

Outros não têm conhecimento suficiente sobre a questão e vão na onda do modismo, naquela de comportamento de rebanho: Se todos estão fazendo, só pode ser bom!

2.1. EBITDA e EBIT

O famoso EBITDA – *Earnings Before Interest Taxes Depreciation and Amortization* – é o montante do lucro operacional antes dos juros (despesas financeiras líquidas), Imposto de Renda, Depreciações e Amortizações (de intangíveis).

- *Earnings*: lucro
- *Before*: antes
- *Taxes*: Imposto sobre os lucros (no Brasil, Imposto de Renda e Contribuição Social sobre o Lucro Líquido)
- *Depreciation*: depreciação dos imobilizados
- *Amortization*: amortização dos intangíveis do ativo não circulante (antigo ativo permanente ou ativo fixo)

Mitos e Lendas em Finanças

A sigla, utilizada antigamente, em português, era LAJIDA – Lucro Antes dos Juros Impostos de renda Depreciações e Amortizações.

O EBIT é o lucro operacional (*Earnings Before Interest and Taxes*), também descrito como Lucro operacional antes dos resultados financeiros.

A diferença entre o EBIT e o EBITDA está nos valores da depreciação e amortização.

2.2. O que é Lucro Operacional e o que ele representa

Este conceito é fundamental em finanças, e muitos profissionais ainda têm dúvidas a respeito. O lucro operacional é aquele gerado pelas operações, sem qualquer resultado financeiro.

É o lucro gerado pela empresa no processo sistêmico de comprar, produzir, estocar e vender, e representa, portanto, o valor econômico resultante do processo operacional da empresa.

Todos os aspectos financeiros NÃO SÃO operacionais.[12]

Reforçando, as receitas e despesas financeiras são elementos NÃO operacionais.

2.3. Cálculo do EBITDA e do EBIT

A tabela apresentada a seguir mostra um exemplo de demonstração do resultado do exercício de uma empresa industrial, nos padrões atuais de publicação em nosso país, em consonância com as práticas contábeis brasileiras que seguem os padrões internacionais do IFRS.[13]

Com os dados, vamos calcular o valor do EBITDA por meio de dois procedimentos.

---

[12] É uma falha da nossa legislação societária e contábil. A Lei 6.404/76 considera as despesas e receitas financeiras como operacionais, totalmente incorreto em termos financeiros, uma vez que os resultados financeiros decorrem de aplicações financeiras, e financiamentos e empréstimos bancários não têm vínculo com o dia a dia das operações, decorrendo da gestão de ativos e passivos financeiros.

[13] *International Financial Reporting Standards.*

A "MALDIÇÃO" DO EBITDA

EMPRESA INDUSTRIAL		
DEMONSTRAÇÃO DO RESULTADO DO EXERCÍCIO	$	Análise Vertical – %
RECEITA OPERACIONAL BRUTA	2 010 000	138,1%
(–) Devoluções e abatimentos	-10 000	-0,7%
(–) Tributos sobre a receita	-545 000	-37,5%
= RECEITA OPERACIONAL LÍQUIDA	1 455 000	100,0%
(-) CUSTO DOS PRODUTOS VENDIDOS	942 840	64,8%
Matéria prima, materiais diretos e componentes	451 050	31,0%
Mão de obra direta	119 310	8,2%
Mão de obra indireta	98 940	6,8%
Materiais indiretos	65 475	4,5%
Gastos gerais de fabricação	72 750	5,0%
Depreciações e amortizações como custo	135 315	9,3%
= LUCRO BRUTO	512 160	35,2%
(-) DESPESAS OPERACIONAIS	308 460	21,2%
Administrativas	101 850	7,0%
Comerciais	130 950	9,0%
Pesquisa e Desenvolvimento	43 650	3,0%
Outras receitas e despesas operacionais	14 550	1,0%
Depreciações e amortizações como despesas	17 460	1,2%
= LUCRO OPERACIONAL ANTES DOS RESULTADOS FINANCEIROS (EBIT)	203 700	14,0%
(+) Receitas financeiras	10 000	0,7%
(–) Despesas financeiras	64 000	4,4%
(+/–) Outras receitas e despesas	5 300	0,4%
= LUCRO ANTES DOS IMPOSTOS SOBRE O LUCRO	155 000	10,7%
(–) Imposto de renda	38 750	2,7%
(–) Contribuição social sobre o lucro líquido	13 950	1,0%
LUCRO LÍQUIDO DO EXERCÍCIO	102 300	7,0%

O primeiro procedimento é calcular o EBITDA seguindo a lógica da semântica da sua sigla, ou seja, partindo do lucro líquido do exercício.

CÁLCULO DO EBITDA A PARTIR DO LUCRO LÍQUIDO DO EXERCÍCIO	$
Lucro líquido do exercício	102 300
(+) Imposto de renda	38 750
(+) Contribuição social sobre o lucro líquido	13 950
(–) Outras receitas e despesas	-5300
(–) Receitas financeiras	-10 000
(+) Despesas financeiras	64 000
(+) Depreciações e amortizações como despesas	17 460
(+) Depreciações e amortizações como custo	135 315
= EBITDA	356 475

O segundo procedimento é calcular o EBITDA diretamente a partir do lucro operacional, conforme mostra a tabela apresentada a seguir.

CÁLCULO DO EBITDA A PARTIR DO LUCRO OPERACIONAL	$
Lucro operacional antes dos resultados financeiros (EBIT)	203 700
(+) Depreciações e amortizações como despesas	17 460
(+) Depreciações e amortizações como custo	135 315
= EBITDA	356 475

Esse é o procedimento que recomendamos, pois é muito mais fácil e de obtenção rápida dentro do sistema de informação contábil da empresa.

2.4. O que fazer com o EBITDA?

Neste momento surge a grande questão? O que fazer com o EBITDA?

Para que serve o EBITDA?

Na avaliação do resultado empresarial como instrumento básico de avaliação do desempenho da gestão da empresa sobre seu investimento, as mensurações de lucro tradicionais têm seus clássicos objetivos.

Os objetivos de avaliação do desempenho da gestão empresarial são mensurados por dois conceitos fundamentais e indispensáveis: a margem (ou lucratividade), que é a relação média percentual dos diversos tipos de lucros em relação à receita líquida de vendas; e a rentabilidade, que representa o retorno do investimento feito na empresa nos seus ativos operacionais e o retorno do investimento feito pelos donos do negócio, os sócios ou acionistas, ou seja a rentabilidade dos proprietários. Vejamos:

- O valor do lucro bruto deve ser confrontado com a receita operacional líquida, pois representa percentualmente quanto que a fábrica dá de lucro bruto em média por cada unidade monetária de venda. É a contribuição média de lucro gerada pela fábrica, já que o custo dos produtos vendidos é formado apenas pelos gastos industriais;
- O valor do lucro operacional deve ser também confrontado com a receita operacional líquida, pois representa percentualmente, em média, quanto toda a empresa gera de lucro em cada venda nas operações de compra, produção, estocagem e venda. É a contribuição média

A "MALDIÇÃO" DO EBITDA

de lucro gerado sobre o valor das vendas líquidas por toda a empresa, sem considerar a parte financeira nem os tributos sobre o lucro;[14]

- O valor do lucro líquido do exercício também deve ser confrontado com a receita operacional líquida, pois indica a margem média de lucro obtida pela empresa em cada receita líquida de venda, considerando, além dos resultados das operações, também os resultados da sua estrutura de capital (empréstimos, financiamentos), bem como dos ativos financeiros não utilizados nas operações, e os tributos sobre o lucro;[15]
- O valor do lucro operacional, deduzido do IR/CSLL de forma proporcional, deve ser confrontado com o ativo operacional da empresa para obter a rentabilidade geral dos ativos utilizados nas operações no período considerado, excluindo-se quaisquer ativos financeiros ou ativos não utilizados temporariamente nas operações;
- O valor do lucro líquido do exercício deve ser confrontado com o valor do patrimônio líquido (valor da empresa, o valor do investimento dos sócios e acionistas), para obter a rentabilidade do investimento dos proprietários (também denominado capital próprio).

Todo o processo de análise de lucratividade, margem e rentabilidade deve permitir a comparação com as metas desejadas para saber se todos os resultados, tipos de lucros e rentabilidade foram dentro do esperado ou desejado.

E volta a questão: O que fazer com o EBITDA?

Com que eu devo confrontá-lo?

Que mensuração de rentabilidade ele me permite?

2.5. Margem EBITDA

Provavelmente, a mensuração mais utilizada pelas empresas é a margem EBITDA.

---

[14] Não há dúvida de que a parte financeira e os tributos sobre o lucro não são de responsabilidade da gestão das operações. Esses elementos patrimoniais e eventos econômicos são de responsabilidade da alta administração da empresa.

[15] Trataremos em nosso trabalho, a partir daqui, de IR/CSLL, os tributos sobre o lucro.

Ela é definida como o valor do EBITDA confrontado com a Receita Operacional Líquida, conforme mostra o cálculo apresentado na tabela a seguir:

CÁLCULO DA MARGEM EBITDA	$
Receita líquida das vendas (Receita operacional líquida) (a)	1 455 000
EBITDA (b)	356 475
Margem EBITDA (b/a)	24,50%

A margem EBITDA presta-se internamente, precariamente, para avaliar comparativamente com anos anteriores e anos orçamentados. Não dá para avaliar a margem EBITDA com outras empresas, porque cada empresa tem estrutura de ativos operacionais diferentes.

Da mesma forma, não dá para utilizar o EBITDA como indicador de rentabilidade, porque ao desconsiderar a depreciação/amortização, não faz vínculo com o valor do investimento operacional.

Então, para que serve o EBITDA?

2.6. Para que serve o EBITDA

Seis ou sete anos atrás, incomodado com a continuidade das notícias de que as empresas continuavam a utilizar o EBITDA para avaliação do desempenho dos gestores divisionais, e utilizando o conceito para a base da remuneração variável dos gestores internos, comecei a pesquisar.

Além das notícias, observava esse mesmo tipo de informação nas centenas ou milhares de treinamentos profissionais que ministrei e continuo ministrando.

Dessa forma, só me restou um caminho óbvio: perguntar ao Google. Assim, perguntei ao Google: para que serve o EBITDA?

Tive, rapidamente, as seguintes principais respostas:

- Representa a geração operacional de caixa.
  - Parte da premissa de que os gastos contábeis de depreciação e amortização, contabilizados pelo regime de competência de exercícios, não representam saída de caixa e, portanto, o EBITDA

evidenciaria a geração de caixa a partir da demonstração do resultado do exercício.

Essa premissa é uma falácia, como mostrarei nos capítulos posteriores.

- Elimina os efeitos dos financiamentos.
  - Esta premissa parte da estrutura do cálculo do EBITDA, que desconsidera as despesas financeiras.

    De fato, as despesas financeiras não fazem parte do resultado operacional. Contudo, os efeitos caixa das despesas (e receitas financeiras) continuarão existindo, pois, o IR/CSLL sobre os resultados financeiros impactarão o caixa.

    Essa premissa, por outro lado, têm sentido gerencial, pois, de fato, deve-se desvincular o resultado operacional do resultado financeiro. O resultado operacional é para avaliar o desempenho dos gestores divisionais; o resultado financeiro é para avaliar os efeitos das decisões financeiras de estrutura de capital (mais ou menos empréstimos, mais ou menos capital próprio) e deve ter sua responsabilidade vinculada à Tesouraria, Controladoria e à alta administração da empresa.

    Essa premissa também tem como fundamento que, se houver um novo investidor que avalia a empresa que irá adquirir, tendo como referência o EBITDA, ele terá recursos financeiros para bancar o endividamento, caso ocorra o aporte de dinheiro. Nessa abordagem, tal premissa seria aceitável.
- Elimina os efeitos das decisões contábeis de taxas de depreciação.
  - Essa premissa é totalmente prejudicada e falaciosa, uma vez que não há, em tese, espaço para decisões contábeis de taxas de depreciação que transformem os montantes de depreciações e amortizações contabilizados diferentes de uma empresa para outra, por força de decisões internas.

    Isso ocorre porque todas as empresas devem ter as mesmas normas contábeis para o cálculo das depreciações e amortizações que estão contidas nas práticas contábeis (em nosso país, nos pronunciamentos contábeis do Comitê de Pronunciamentos Contábeis–CPC, que estão alinhados, por determinação legal da Lei 11.638/07, às normas contábeis internacionais do IFRS).

- Serve para comparar empresas em qualquer país, podendo ser utilizado como representatividade da eficiência dentro de um determinado segmento de atividades

Essa argumentação não faz sentido. Cada país tem um ambiente econômico diferente de outro. Em alguns países o custo da mão de obra é bem inferior a outros. Em outros países, os custos de construção civil e aluguéis são completamente diferentes e não comparáveis. Custos para aquisição de ativos fixos são completamente diferentes em cada país, e assim sucessivamente.

Minha afirmativa é fácil de aceitar. Basta fazer anologia com as taxas de câmbio das moedas estrangeiras.

A ideia das taxas de câmbio das moedas estrangeiras é que elas representam, na média, a relatividade do poder aquisitivo de cada moeda nos diversos ambientes econômicos internacionais, confrontadas comparativamente.

Ninguém sabe, objetivamente, por que as moedas tem poder aquisitivos diferentes.

Uma tentativa de melhorar esta comparação é a publicação periódica do The Big Mac index Global Exchange Rates pelo jornal econômico The Economist. Ele traz uma tabela que compara o preço do Big Mac em todos os países, tendo como base referencial 1,00 – o valor em dólar do Big Mac vendido nos Estados Unidos. Os valores obtidos com a conversão do preço de venda do Big Mac em cada país, em sua moeda corrente, com o preço de venda do Big Mac nos EUA, podem mostrar, de forma empírica e não científica, se a moeda local está sub ou sobrevalorizada em relação ao dólar norte-americano.

Portanto, não é o EBITDA que vai resolver o problema da eventual eficiência ou não eficiência operacional comparativa entre diversos países, mesmo em empresas do mesmo segmento.
- Parâmetro para avaliação da geração futura de caixa
  - Provavelmente, esse argumento é o mais razoável. De forma estática, o valor do EBITDA dá condições de iniciar esse tipo de mensuração, qual seja, a avaliação da geração futura de caixa. Contudo, para que esse tipo de mensuração seja completo há de se incluir outros elementos que o EBITDA não considera,

A "MALDIÇÃO" DO EBITDA

como o pagamento do principal e juros das dívidas, o IR/CSLL (que no Brasil depende da situação tributária específica de cada empresa), as novas necessidades de reposição ativos fixos, etc.

Em linhas gerais, o EBITDA não serve para nada, ou, pelo menos, para quase nada!

Como sempre, poderíamos argumentar: serve sim! Serve para promover uma bagunça na gestão empresarial, introduzindo conceitos que prejudicam a obtenção de seus lucros líquidos!

2.7. As falhas do EBITDA que prejudicam o desempenho empresarial

Com as respostas do Google sobre para que serve o EBITDA, foi fácil coletar as diversas opiniões sobre as fragilidades e falácias do EBITDA. Assim, seguem as principais falhas do conceito e do efeito pernicioso de sua utilização.

• Por não considerar as depreciações, não faz reserva financeira para reposição dos investimentos

Argumento óbvio e ululante.[16] A depreciação é um conceito e procedimento contábil que decorre da constatação deste evento econômico, identificado pelos contadores e empresários há muitos anos.

A maioria dos bens (e eventualmente direitos) sofrem um processo de perda de valor econômico ou deterioração econômica, em razão do uso, desgaste ou obsolescência, levando, ao mesmo tempo, à perda do poder de produzir lucros futuros.

---

[16] "Ululante" é um adjetivo que qualifica algo ou alguém que ulula, ou seja, que uiva, grita, berra e emite sons de lamento. "Ulular" vem do latim "ululare", que significa uivo, o som emitido por cães e outros animais caninos, um ganido prolongado para ameaçar alguém ou chamar atenção. O termo "ululante", no entanto, se popularizou através do escritor brasileiro Nelson Rodrigues, que escreveu o livro *O Óbvio Ululante*, em 1950. Neste caso, a palavra "ululante" também pode expressar o sentido de algo que é óbvio, de clara observação e contestação, ou seja, que está "na cara" e as pessoas não enxergam.

Essa perda de valor econômico (a depreciação) obriga as empresas a sempre repor os bens (máquinas, equipamentos, instalações, veículos, móveis, etc.). Essa reposição é feita comprando novos bens, gerando saída de caixa.

Em nosso país, até os anos 1960, era comum que o valor da depreciação acumulada dos ativos imobilizados fosse apresentada no "passivo" (e não como atualmente, retificando o valor do ativo), com o título de "Fundo de Depreciação", como se fosse um exigível financeiro, exatamente para deixar claro que a administração da empresa tinha de utilizar aquela reserva financeira para repor e atualizar tecnologicamente os equipamentos.

- Não dá a dimensão exata do fluxo de caixa por não considerar os encargos financeiros e muito menos o IR/CSLL, que são devidos e devem ser pagos

Outro argumento óbvio e correto. Como as despesas financeiras não exigem saída de caixa? Como o IR/CSLL não exige saída de caixa? É óbvio que exigem!

- Não considera o endividamento, partindo da premissa de que os fundos são ilimitados, o que não é uma verdade para a maioria das empresas, ou seja, não considera a estrutura de capital da companhia

Esse é um argumento absolutamente inquestionável.

Quantas empresas não vão à falência por não conseguir pagar seu endividamento financeiro?

Mesmo empresas de enorme porte podem quebrar se não pagar o endividamento. O caso do Grupo X do Eike Batista é suficiente para exemplificar.

- Não considera o legado do passado, que pode ser um grande peso para o futuro da companhia

Outro aspecto realmente relevante e esclarecedor.

Quantas empresas têm passivo ambiental que não é capturado pela mensuração do valor EBITDA como representante de geração futura de caixa?

A "MALDIÇÃO" DO EBITDA

Outro exemplo estarrecedor sobre o legado é sobre parcelamento tributário. No Brasil, são rotineiros o parcelamento e o reparcelamento de tributos. Algumas empresas apresentam endividamento de parcelamento tributário maior do que o endividamento financeiro e do que seu patrimônio líquido.

Um parcelamento tributário significa que a empresa não pagou tributos devidos no passado e que agora terá de pagar até, eventualmente, o dobro da carga tributária que será evidenciada na demonstração do resultado do exercício. Essa situação pode afundar uma empresa, e o EBITDA não detecta. Diferentemente de um endividamento bancário que pode ser negociado, às vezes, até mesmo perdoado, não há como fugir do endividamento de parcelamento tributário, ele tem de ser pago.

O parcelamento é um legado do qual não dá para escapar e que não consegue ser capturado pela mensuração do EBITDA como modelo de avaliação da geração futura de caixa.

- Não considera as necessidades líquidas de capital de giro, decorrentes do atual volume de faturamento

Esse argumento é absolutamente técnico. As empresas, em linhas gerais, estão em constante crescimento. Faz parte de sua natureza empresarial.

Cada crescimento exige, no mínimo, aportes proporcionais de capital de giro (estoques, contas a receber de clientes).

O EBITDA também na consegue identificar esses eventos geradores de saídas de caixa.

- Os acionistas minoritários estão interessados em dividendos, que só são possíveis após a mensuração do lucro líquido

Esse argumento é totalmente indiscutível e também técnico, no sentido legal, tanto societário, como contábil e tributário. Esse argumento é o primeiro componente do caldeirão que faz a "maldição" do EBITDA. É impossível distribuir EBITDA!

A distribuição de lucros, por meio de dividendos, juros sobre o capital próprio ou de outras formas previstas por lei, só pode ser feito a partir do lucro líquido do exercício.

Os acionistas majoritários têm condição, de alguma forma, de tirar dinheiro da empresa por outros meios, como participação nos lucros e resultados, remuneração como funcionários, gerentes, diretores e conselheiros, reembolso de despesas particulares como se fossem da empresa, remuneração variável a partir do EBITDA, etc.

Porém, os minoritários só podem obter rendimentos de lucros e dividendos se a empresa apresentar lucro líquido!

- Pode-se pagar remuneração variável sobre EBITDA positivo e a empresa estar em prejuízo, aprofundando a crise financeira da empresa

Esse é o segundo argumento que vai para o caldeirão da "maldição" do EBITDA.

Infelizmente, este tipo de modelo de remuneração de gerentes, diretores e executivos consta do cardápio de remuneração por meritocracia de muitas empresas, principalmente grandes, e algumas de tamanho médio.

Só que remuneração variável sobre EBITDA não quer dizer que mensura corretamente a avaliação do desempenho dos gestores por mérito. Aqui é que entra o tal de conflito de interesses, do qual muitos executivos usam e abusam.

Fica apenas, como cientista, o desencanto que muitos empresários e conselheiros de empresas não enxerguem quando isso acontece, pois o prejuízo empresarial é um prejuízo para a sociedade. Feito conscientemente por parte dos executivos, não deixa de ser um sistema de corrupção branca ou simulada, com a riqueza da sociedade.

Fica também o desencanto sobre esse tipo de possível acontecimento, uma vez que é facilmente detectável por qualquer profissional minimamente entendido de contabilidade e finanças.

- Não alinha interesses dos acionistas com os gestores[17]

---

[17] Conceito proferido pelo Prof. Dr. Oscar Luiz Malvessi, professor adjunto da Fundação Getulio Vargas (SP) e sócio-presidente da Oscar Malvessi Consultoria em Valor Ltda. 2º Congresso de Finanças e Contabilidade do PPGA da Unimep, Universidade Metodista de Piracicaba. Palestra: Remuneração Executiva e a Criação de Valor ao Acionista. 17/09/15.

A "MALDIÇÃO" DO EBITDA

Esse é o terceiro e grande elemento que dá todo o sabor para o caldeirão da "maldição" do EBITDA.

Como a mensuração do EBITDA despreza um conjunto enorme de despesas operacionais e financeiras, além do IR/CSLL, ele nunca será um indicador correto para avaliação dos gestores da empresa e, muito menos, indicador de meritocracia dos executivos.

Uma empresa vive para fornecer à sociedade produtos e serviços desejados por ela e que deem um retorno adequado aos investidores na empresa, ou seja, seus proprietários, sócios e acionistas.

Não há nenhum conflito social entre o lucro obtido pelas empresas e a sociedade, uma vez que a sociedade quer produtos e serviços que deseja e a empresa é o principal veículo para tal.

Como toda atividade laboral ou empresarial tem de ser remunerada, o lucro é a justa remuneração pelos serviços prestados pela empresa à sociedade.

O não alinhamento dos interesses dos acionistas com os gestores é estudado há bastante tempo em finanças, com os nomes de conflito de interesses e teoria da agência (*Agency Theory*).

A utilização do EBITDA como mensuração do desempenho dos gestores claramente induz ao conflito de interesses dos gestores com os acionistas.

O alinhamento dos interesses dos gestores com os acionistas só é possível com o modelo de avaliação de desempenho, a partir do orçamento empresarial, do retorno do investimento e do EVA (Valor Econômico Adicionado).

- Estimula indisciplina financeira[18]

Esse possível tipo de atitude por parte dos gestores, o quarto grande elemento do caldeirão da "maldição" do EBITDA, pode acontecer. Os gestores podem tomar decisões de curto prazo para suprir defeitos temporários da gestão das operações, emprestando dinheiro, fazendo caixa, e deixando os futuros compromissos de pagamentos de juros e amortizações do

---

[18] Idem referência anterior.

principal para o futuro. Assim, medidas de captação de recursos financeiros no presente pelos gestores, com o objetivo de melhorar o caixa, podem trazer problemas no futuro. Como é possível que o gestor que tomou a decisão de emprestar agora não esteja mais na empresa, ele pode não estar preocupado com o futuro dela.

VIVER PARA PAGAR JUROS – Revista *Exame*, Edição 1117, Ano 50, no.13 20/07/16. Páginas 42 a 47 – Esta é a situação de 111 empresas brasileiras de capital aberto.

METADE DAS EMPRESAS ABERTAS NÃO GERA RECEITA SUFICIENTE PARA PAGAR OS JUROS DAS DÍVIDAS

Nos anos de crescimento da economia brasileira, os bancos emprestaram como nunca a um número crescente de empresas, de todos os tamanhos. O dinheiro entrou no caixa na época da euforia– mas a conta do empréstimo tem de ser paga agora, em plena recessão.

SARAIVA: Com um resultado operacional inferior às suas despesas financeiras, a rede de livrarias Saraiva vendeu uma operação lucrativa – sua editora de livros – para amortizar uma dívida de 720 milhões de reais

CONTAX: emprestou dinheiro para comprar uma concorrente estrangeira em 2011. Com a alta dos juros, teve de vender essa empresa para conseguir pagar o que deve. O endividamento corresponde a quase 200 vezes a geração de caixa.

BROOKSFIELD: injeção de 3 bilhões de capital social

PETROBRAS: tenta sair da penúria vendendo ativos

OUTRA SOLUÇÃO É REDUZIR CUSTOS OU REVER O PERFIL DA DÍVIDA

Para renegociar suas dívidas, as empresas precisam oferecer algo em troca aos bancos. Em alguns casos, só aportando mais capital.

2.8. A "Maldição"

A "maldição" fica evidente quando você tem EBITDA positivo e a empresa tem prejuízo líquido.

Minha primeira estatística sobre a "maldição" partiu dos dados da revista Exame, Melhores & Maiores, de 2016, onde constam os dados das demonstrações contábeis dessas empresas em 2015.

A tabela a seguir evidencia esse conflito.

REVISTA EXAME – AS 1000 MAIORES EMPRESAS DO BRASIL		
COMPARAÇÃO EBITDA X LUCRO LÍQUIDO – Resultados de 2015		
Valores em US$ Milhões EMPRESA	EBITDA (a)	Resultado Líquido (b)
Petrobrás	20 911	-8921
Vale	4731	-11 322
Arcelor Mittal	532	-482
GOL	-31	-894
Magazine Luiza	92	-16
Gerdau Aços Longos	113	-572
Marfrig	203	-150
Klabin	615	-320
Votorantim Metais Zinco	121	-139
P&G	-54	-154
Gerdau	69	-1165
LD Sucos	37	-69
Solvay Indupa	17	-25
Total	27 356	-24 229

Fonte: Edição Especial EXAME Melhores & Maiores – As 1000 maiores empresas do Brasil
Julho 2016 – Edição 2016

Como referência para a obtenção dos dados, partindo das maiores empresas com seu tamanho medido pelo total da receita operacional líquida, utilizei o valor dos maiores prejuízos líquidos. Em seguida, coletei o valor do EBITDA dessas mesmas empresas. Quanto terminei a tabela, fiquei estarrecido com as diferenças.

Os valores positivos de EBITDAS são de enorme montante, ao mesmo tempo que os prejuízos líquidos são também de montantes fantásticos!

Aí fica novamente a questão: adianta ter um enorme valor de EBTIDA se a empresa termina com prejuízo líquido em tamanho proporcional? Imagine se alguma dessas empresas, nesse ano, tenha pagado remuneração variável sobre o EBITDA para seus executivos e gestores? É um verdadeiro absurdo gerencial e financeiro!

Novamente, com os dados das demonstrações contábeis de 2016 publicados pela nova revista *Exame*: Melhores & Maiores, 2017 elaborei a mesma tabela, tomando por base os maiores prejuízos líquidos observados.

REVISTA EXAME – AS 1000 MAIORES EMPRESAS DO BRASIL		
COMPARAÇÃO EBITDA X LUCRO LÍQUIDO – Resultado de 2016		
Valores em US$ Milhões		Resultado
EMPRESA	EBITDA	Líquido (b)
Oi	416	-2192
Petrobrás	15 875	-1950
Eletrobras Amazonas	-823	-1450
Gerdau	63	-1276
Eletronuclear	-1044	-1146
Valefert	-810	-854
Telemar	422	-781
P&G	-8	-350
VBR	-210	-279
Cnova Varejo	-137	-247
Gerdau Aços Longos	49	-237
Usiminas	143	-220
Marfrig	72	-183
GPA Varejo	271	-180
Amil	-108	-166
BRF	1085	-103
Duratex	92	-10
Total	15 348	-11 624

Fonte: Edição Especial EXAME Melhores & Maiores – As 1000 maiores empresas do Brasil
Agosto 2017 – Edição 2017

No anos seguinte, a situação não mudou muito. Destaca-se que algumas empresas tiveram também EBITDA negativo (um desastre total). Destaca-se também que algumas empresas voltaram a aparecer na lista (Petrobras, Gerdau, Gerdau Aços Longos, Marfrig, P&G).

2.9. A empresa tem EBITDA, mas não tem caixa

Conforme diz o famoso consultor Ram Charan:[19]

> a geração de caixa é a diferença entre todo o dinheiro que entra e que sai da empresa em dado período. O dinheiro entra na empresa por meio da venda de produtos ou serviços, pagos à vista, ou do recebimento do crédito de vendas anteriores. O dinheiro sai da empresa por meio de salários, impostos e pagamentos a fornecedores.

Em palavras contábeis: o dinheiro entra por meio das vendas, o dinheiro sai pelos custos e despesas.

Então por que uma empresa tem EBITDA e pode não ter caixa?

---

[19] CHARAN, Ram. *O que o Presidente de sua empresa quer saber que você saiba. Como a sua empresa funciona na prática*. São Paulo, Negócio Editora, 2001.

A "MALDIÇÃO" DO EBITDA

Exatamente porque o EBITDA despreza, além de gastos para saldar legados de dívidas anteriores, despesas desembolsáveis do período (juros do endividamento bancário e tributário, IR/CSLL), assim como gastos desembolsáveis para repor equipamentos para manutenção do nível de produtividade operacional.

Dessa maneira, o indicador do EBITDA como gerador de caixa futuro é muito perigoso.

2.10. Novo indicador de análise de balanço: percentual de desprezo de despesas

Não resisti em criar um novo indicador de análise de balanço. Denominei de "Percentual de Desprezo de Despesas".

A tabela apresentada a seguir mostra esse indicador com os dados das demonstrações contábeis de 2015.

REVISTA EXAME – AS 1000 MAIORES EMPRESAS DO BRASIL				
COMPARAÇÃO EBITDA X LUCRO LÍQUIDO – Resultados de 2015				
Valores em US$ Milhões EMPRESA	EBITDA (a)	Resultado Líquido (b)	Depreciação, IR e Desp. Financeira (c)	Receita Líquida (d)	% de desprezo de despesas (c/d)
Petrobrás	20 911	-8921	29 832	67 299,0	44%
Vale	4731	-11 322	16 053	11 410,0	141%
Arcelor Mittal	532	-482	1014	4204,0	24%
GOL	-31	-894	863	2475,0	35%
Magazine Luiza	92	-16	108	2378,0	5%
Gerdau Aços Longos	113	-572	685	2259,0	30%
Marfrig	203	-150	353	1631,0	22%
Klabin	615	-320	935	1506,0	62%
Votorantim Metais Zinco	121	-139	260	564,0	46%
P&G	-54	-154	100	460,0	22%
Gerdau	69	-1165	1234	422,0	292%
LD Sucos	37	-69	106	403,0	26%
Solvay Indupa	17	-25	42	323,0	13%
Média					59%

Fonte: Edição Especial EXAME Melhores & Maiores – As 1000 maiores empresas do Brasil
Julho 2016 – Edição 2016

O valor do montante da coluna C, Depreciação, IR e Desp. Financeira, foi obtido somando o valor do EBITDA (a) com o valor do Resultado Líquido (b). O percentual de desprezo é a divisão dos valores da coluna C com os valores da coluna D, Receita Líquida.

A receita líquida é a receita das vendas líquidas das devoluções, abatimentos e tributos sobre as vendas, contabilmente denominada Receita Operacional Líquida. Para simplificação, denominaremos sempre de Receita Líquida das Vendas o valor da receita operacional líquida.

Alguns números são de impressionar, como os casos da Vale e Gerdau. Outros são menos impactantes como os casos do Magazine Luiza e da Solvay Indupa.

De qualquer forma, é difícil de imaginar que um gestor empresarial administre um empreendimento pelo EBITDA, desprezando montantes enormes de despesas que, objetivamente, reduzem o caixa. A média percentual do desprezo de todas as empresas foi de 59%.

Claramente, o modelo de gestão baseado no EBITDA é uma fantasia, em engano, uma falácia, um caos econômico e financeiro!

Apenas para completar as estatísticas, a seguir segue a mesma tabela com o indicador de desprezo de despesas com os dados das demonstrações contábeis de 2016.

REVISTA EXAME – AS 1000 MAIORES EMPRESAS DO BRASIL				
COMPARAÇÃO EBITDA X LUCRO LÍQUIDO – Resultados de 2016				
Valores em US$ Milhões		Resultado	Depreciação, IR e	Receita	% de desprezo
EMPRESA	EBITDA (a)	Líquido (b)	Desp. Financeira (c)	Líquida (d)	de despesas (c/d)
Oi	416	-2192	2608	1746,0	149%
Petrobrás	15 875	-1950	17 825	69 918,0	25%
Eletrobras Amazonas	-823	-1450	627	836,0	75%
Gerdau	63	-1276	1339	386,0	347%
Eletronuclear	-1044	-1146	102	798,0	13%
Valefert	-810	-854	44	1794,0	2%
Telemar	422	-781	1203	2914,0	41%
P&G	-8	-350	342	634,0	54%
VBR	-210	-279	69	390,0	18%
Cnova Varejo	-137	-247	110	1413,0	8%
Gerdau Aços Longos	49	-237	286	2273,0	13%
Usiminas	143	-220	363	2356,0	15%
Marfrig	72	-183	255	1869,0	14%
GPA Varejo	271	-180	451	8001,0	6%
Amil	-108	-166	58	5258,0	1%
BRF	1085	-103	1188	9023,0	13%
Duratex	92	-10	102	1001,0	10%
Média					47%

Fonte: Edição Especial EXAME Melhores & Maiores – As 1000 maiores empresas do Brasil
Agosto 2017 – Edição 2017

A média percentual do indicador de desprezo das despesas neste ano foi de 47%, número bem alto.

2.11. Margem EBITDA *versus* Retorno do Investimento dos Acionistas

Esta comparação ratifica tudo o que falamos até agora. A empresa tem uma margem EBITDA positiva, agradando aos executivos, e zero de retorno para os acionistas.

A "maldição" do EBITDA

Com base nos mesmos dados das tabelas anteriores, construí novas tabelas, fazendo a comparação entre a margem EBITDA e o retorno do investimento dos acionistas, este calculado com base no valor do patrimônio líquido contábil declarado.

REVISTA EXAME – AS 1000 MAIORES EMPRESAS DO BRASIL						
COMPARAÇÃO – MARGEM EBITDA E RETORNO SOBRE O PATRIMÔNIO LÍQUIDO – RESULTADOS DE 2015						
Valores em US$ Milhões		Resultado	Receita	Patrimônio	Margem	Retorno sobre o
EMPRESA	EBITDA (a)	Líquido (b)	Líquida (c)	Líquido (d)	EBITDA - % (a/c)	Patr. Líquido %-(b/d)
Petrobrás	20 911	-8921	67 299	65 235	31,1%	-13,7%
Vale	4731	-11 322	11 410	33 589	41,5%	-33,7%
Arcelor Mittal	532	-482	4204	4194	12,7%	-11,5%
GOL	-31	-894	2475	-768	-1,3%	nihil
Magazine Luiza	92	-16	2378	169	3,9%	-9,5%
Gerdau Aços Longos	113	-572	2259	2308	5,0%	-24,8%
Marfrig	203	-150	1631	164	12,4%	-91,5%
Klabin	615	-320	1506	1370	40,8%	-23,4%
Votorantim Metasi Zinco	121	-139	564	1112	21,5%	-12,5%
P&G	-54	-154	460	1275	-11,7%	-12,1%
Gerdau	69	-1165	422	8114	16,4%	-14,4%
LD Sucos	37	-69	403	311	9,2%	-22,2%
Solvay Indupa	17	-25	323	10	5,3%	-250,0%
Média (excluso empresas com EBITDA negativo e patrimônio líquido negativo)					18,1%	-43,3%

Fonte: Edição Especial EXAME Melhores & Maiores – As 1000 maiores empresas do Brasil
Julho 2016 – Edição 2016

A média percentual das margens EBITDAs foi espetacular, 18,1%

O retorno dos acionistas sobre seu investimento foi um verdadeiro desastre: 43,3% negativos. Ou seja, o investidor colocou $ 100,00 no início do ano e saiu, ao final do ano, com $ 56,70!

Segue a tabela com os dados contábeis de 2016.

REVISTA EXAME – AS 1000 MAIORES EMPRESAS DO BRASIL						
COMPARAÇÃO – MARGEM EBITDA E RETORNO SOBRE O PATRIMÔNIO LÍQUIDO – RESULTADOS DE 2016						
Valores em US$ Milhões		Resultado	Receita	Patrimônio	Margem	Retorno sobre o
EMPRESA	EBITDA (a)	Líquido (b)	Líquida (c)	Líquido (d)	EBITDA-% (a/c)	Patr. Líquido %-(b/d)
Oi	416	-2192	1746	3767	23,8%	-58,2%
Petrobrás	15 875	-1950	69 918	83 045	22,7%	-2,3%
Eletrobras Amazonas	-823	-1450	836	-2844	-98,4%	nihil
Gerdau	63	-1276	386	7388	16,3%	-17,3%
Eletronuclear	-1044	-1146	798	-1274	-130,8%	nihil
Valefert	-810	-854	1794	3986	-45,2%	-21,4%
Telemar	422	-781	2914	4621	14,5%	-16,9%
P&G	-8	-350	634	1368	-1,3%	-25,6%
VBR Siderurgia	-210	-279	390	1670	-53,8%	-16,7%
Cnova Varejo	-137	-247	1413	-285	-9,7%	nihil
Gerdau Aços Longos	49	-237	2273	2349	2,2%	-10,1%
Usiminas	143	-220	2356	4326	6,1%	-5,1%
Marfrig	72	-183	1869	314	3,9%	-58,3%
GPA Varejo	271	-180	8001	3132	3,4%	-5,7%
Amil	-108	-166	5258	2492	-2,1%	-6,7%
BRF	1085	-103	9023	3829	12,0%	-2,7%
Duratex	92	-10	1001	1446	9,2%	-0,7%
Média (excluso empresas com EBITDA negativo e patrimônio líquido negativo)					11,4%	-17,7%

Fonte: Edição Especial EXAME Melhores & Maiores – As 1000 maiores empresas do Brasil
Agosto 2017 – Edição 2017

O retorno dos acionistas, também negativo, foi um pouco menos pior em 2016.

2.12. A utilização (saudável?) do EBITDA

Um dado interessante nessa tabela de 2016 é que algumas empresas apresentaram Patrimônio Líquido negativo, ou seja, devem montantes maiores do que todo montante de seus ativos.

2.12. A utilização (saudável?) do EBITDA

Creio que fui exaustivo (talvez até cansativo para meus leitores) para mostrar que um modelo de gestão empresarial baseado no EBITDA é totalmente danoso aos investidores, à empresa, e à sociedade. Assim, resumo a questão de sua utilização:

O uso do EBITDA é válido apenas para partes interessadas externas à empresa. O uso do EBITDA não pode, nunca, ser utilizado internamente na empresa.

As partes interessadas externas[20] à empresa mais importante são:

- Prováveis novos investidores;
- Instituições financeiras de crédito.

Possíveis novos investidores, na sua natural e contínua observação e análise para novos investimentos, podem utilizar o EBITDA como um parâmetro inicial da geração futura de caixa da empresa.

Como os investidores, em tese, têm dinheiro suficiente para quitar vários legados financeiros da empresa objeto de análise (endividamento financeiro, endividamento tributário, passivos ocultos etc.), o valor do EBITDA pode mostrar, de forma rápida, a possibilidade básica de geração futura de caixa da empresa e, com isso, eles podem fazer rapidamente uma análise básica do retorno do investimento.

O EBITDA é um substituto simples e rápido para uma primeira avaliação do valor da empresa (valuation), útil para possíveis investidores.

Substitui, de forma simplificada e extremamente rápida, o valuation da empresa feito pelo fluxo de caixa descontado.

---

[20] O nome internacional utilizado para designar as diversas partes interessadas na empresa é *stakeholders*.

A "MALDIÇÃO" DO EBITDA

O *valuation* da empresa, nessa abordagem simplificadora, é traduzido pelo conceito de "múltiplo". Conforme TITMAN (p. 256):[21]

> a abordagem mais popular usada por profissionais de negócios para estimar o valor de uma empresa envolve o uso de um múltiplo de uma conta de lucro contábil, geralmente, chamado de EBITDA. Os analistas veem o EBITDA como uma medida rudimentar de um fluxo de caixa da empresa e, por isso, enxergam os múltiplos de EBITDA como muito parecidos com os múltiplos dos fluxos de caixa usados no setor imobiliário.

Normalmente, a análise é a seguinte: se uma empresa tem um valor de mercado atual de 10 múltiplos de EBITDA, ela tende a ser considerada melhor e mais atrativa do que uma empresa cujo valor atual de mercado corresponde a um múltiplo de 5 EBITDAs.

Um número empírico, digamos, mágico, que os investidores utilizam como uma regra inicial, é que uma empresa vale normalmente ao redor de 7 a 8 EBITDAs.

Por que isso? Significa que haverá uma taxa de retorno nominal do investimento anual ao redor de 14,3% e 12,5% ao ano, uma vez que o caixa futuro gerado pelo EBITDA devolverá o valor total investido na empresa. A tabela apresentada a seguir mostra essas e outras possibilidades.

RETORNO NOMINAL DO INVESTIMENTO COM MÚLTIPLOS DE EBITDA			
Múltiplos de EBITDA	Retorno total percentual (a)	Número de anos (b)	Retorno anual percentual (a/b)
5 EBITDAs	100%	5	20,0%
6 EBITDAs	100%	6	16,7%
7 EBITDAs	100%	7	14,3%
8 EBITDAs	100%	8	12,5%
9 EBITDAs	100%	9	11,1%
10 EBITDAs	100%	10	10,0%
15 EBITDAs	100%	15	6,7%
20 EBITDAs	100%	20	5,0%

Os múltiplos de 7 a 9 EBITDAs são considerados normais no mercado financeiro, como parâmetros para retornos de investimentos anuais.

---

[21] TITMAN, Sheridan e MARTIN, John D. *Avaliação de Projetos e Investimentos: Valuation*. Porto Alegre, Bookman, 2010.

Os múltiplos de 5 e 6 EBITDAs são excelentes, magníficos.O múltiplo de 10 EBITDAs fica no conceito de aceitável e satisfatório.Acima de 10 EBITDAs, os retornos são considerados fracos ou ruins.

Por isso, quando você vê um fundo de investimento pagando 20 EBITDAs por uma empresa, fique atento e preocupado se tiver planos de investir nessa mesma empresa. Cuidado! Não se esqueça: o mercado financeiro não está nem aí com os frágeis investidores minoritários.

2.13. Relacionamento com bancos

Com relação aos bancos, normalmente, utilizam o EBITDA para medir o índice de cobertura de juros e o índice de cobertura do endividamento, como primeiro indicador para saber se o crédito será concedido ou não.

O índice cobertura de juros mede a capacidade da empresa de cobrir suas obrigações de juros. Pode ser medido pelo lucro operacional ou pelo EBITDA,[22] conforme se observa nas fórmulas a seguir.

$$\text{Índice de Cobertura de Juros} = \frac{\text{Lucro Operacional}}{\text{Juros}}$$

$$\text{Índice de Cobertura de Caixa} = \frac{\text{EBITDA}}{\text{Juros}}$$

Segundo especialistas, o índice de cobertura de caixa é o melhor indicador da capacidade da empresa de fazer frente aos encargos financeiros resultantes do endividamento. Esse índice apresenta as seguintes vantagens:

- mede a capacidade da empresa de honrar suas dívidas passadas;
- permite avaliar a qualidade do endividamento passado. Se a dívida permitiu aumento de rentabilidade (por meio de investimentos que geraram redução de custos ou aumento de faturamento), o índice de cobertura de caixa aumenta, isto é, melhora;

---

[22] HIGGINS, Robert C. "Análise para administração financeira". 10ª. Ed., Porto Alegre, Bookman, 2014.

A "MALDIÇÃO" DO EBITDA

- ao proporcionar melhor aferição da qualidade dos gastos, pode contribuir para melhorar as condições de captação de recursos pela empresa, pois o índice revela aos analistas de crédito se a empresa sabe como investir.

Considera-se saudável que uma empresa opere com cobertura de caixa > 3 (três), isto é, que ela seja capaz de gerar caixa equivalente a, pelo menos, três vezes o valor dos encargos financeiros.

O índice de cobertura da dívida é similar e confronta o valor total da dívida financeira da empresa com bancos (empréstimos e financiamentos) com o EBITDA. Conforme Motta,[23] o valor da dívida sobre EBITDA teria um parâmetro máximo entre 3,0 e 3,9. Menor que isso é melhor, maior que isso é ruim.

No caso de cobertura de juros com EBITDA, o mínimo que se espera é entre 2,0 e 2,4; sendo melhor quanto maior for o indicador, e pior quanto menor for o indicador.

a) Cobertura de dívida: (Dívida/EBITDA)

	Observações	Média observada	Máximo				
			<2,5	2,5-2,9	3,0-3,9	4,0-4,9	>=5,0
Debêntures	82	3,45	4,9%	23,2%	41,5%	23,2%	7,2%
Cred. Bancários	7	3,40	14,3%	0,0%	57,1%	28,6%	0,0%

b) Cobertura de juros: (EBITDA/Despesa Financeira)

	Observações	Média observada	Mínimo				
			<1,5	1,5-1,9	2,0-2,4	2,5-2,9	>=3,0
Debêntures	80	1,90	12,5%	36,2%	35,0%	13,8%	2,5%
Cred. Bancários	5	2,09	0,0%	60,0%	0,0%	40,0%	0,0%

Desta maneira, se você está interessado em obter empréstimos e financiamentos bancários, enfatize seu grande EBITDA.

---

[23] MOTTA, Marcos Alberto Pereira. *Covenants Contábeis e Risco de Crédito: Existe Relação?* Instituto COPPEAD – UFRJ – MBA Finanças – Pós Graduação Latu Sensu -Rio de Janeiro – Abril de 2009.

JUROS QUE QUEIMAM LUCRO – Valor Econômico, 30/01/2012, D1.

Marfrig, Minerva, JBS, B2W, Globex, Triunfo e Rede Energia veem ganho operacional desaparecer após registro da despesa financeira líquida.

Juntas, essas empresas tiveram lucro antes de impostos e resultado financeiro (Ebit) de 3,59 bilhões de janeiro a setembro do ano passado, o que equivale a 4,1% da receita obtida pelas companhias no mesmo período.

O mesmo grupo de empresas, no entanto, teve resultado financeiro líquido negativo de 5,17 bilhões, restando um saldo negativo de 1,57 bilhão no lucro antes do IR/CSLL.

Em outras palavras, os credores ficaram com todo o resultado operacional gerado pelos ativos das companhias até setembro.

3
A "maldição" do EBITDA II – avaliação de desempenho: o ruim que fica bom, o bom que fica ruim

Uma das principais utilizações do EBITDA é avaliar o desempenho dos gestores dentro da empresa. De um modo geral, essa avaliação de desempenho está ligada aos modelos de remuneração variável desses gestores. A adoção desses critérios é um grande equívoco gerencial, como mostraremos a seguir.

A avaliação do desempenho econômico das empresas e de suas unidades de negócio só pode ser feita, unicamente, pelo retorno do investimento em conjunto com o conceito de E.V.A – *Economic Value Added*, que incorpora ao modelo do retorno do investimento a cobertura do custo de oportunidade de capital do acionista.

Vamos considerar neste tópico o conceito simples de retorno do investimento, ou seja, o conceito do retorno nominal do investimento, sem o teste de custo de oportunidade de capital.

Por que o retorno do investimento é o único indicador para avaliar o desempenho da decisão de investir?

É muito simples. Sempre que alguém ou alguma empresa investe dinheiro num projeto, seja ele uma máquina para produzir receitas e lucros, seja um instrumento financeiro, seja para aquisição de outra empresa, seja para aplicação num fundo de investimento, numa debênture, num título do governo, o que se quer é o retorno financeiro que esse investimento proporcionará. Simples assim.

3.1. Tipos de investimento e seus retornos

Nota: se você já domina este assunto, passe para o próximo tópico
Quando você pega seu dinheiro sobrando e faz uma aplicação financeira, você quer que essa aplicação, esse investimento, dê o retorno esperado ou contratado. Os investimentos em aplicações financeiras são fundamentalmente de dois tipos:

- Aplicações em instrumentos de renda fixa;
- Aplicações em instrumentos de renda variável.

Se for investimento em renda fixa, você espera o retorno contratado.

Se for investimento em renda variável, ou uma combinação de renda variável e renda fixa, você pretende o retorno esperado em cima de suas projeções financeiras particulares.

Esses investimentos em aplicações financeiras são expressos nos seguintes tipos principais:

- Aplicação em poupança;
- Aplicação em certificados de depósitos bancários;
- Aplicação em ações de empresas;
- Aplicação em fundos de investimento;
- Aplicações em imóveis;
- Aplicação em debêntures;
- Aplicação em moeda estrangeira.

A mensuração do retorno do investimento em aplicações financeiras de renda fixa é muito simples, como mostra a tabela apresentada a seguir.

RETORNO DO INVESTIMENTO - ROI (Return on Investiment)	
APLICAÇÃO FINANCEIRA EM RENDA FIXA	
Valor do Investimento Inicial	200 000
Valor do Resgate	212 400
Período de aplicação	1 ano
Ganho	12 400
ROI	6,2%

Você investiu $ 200.000 para um período preestabelecido com o tomador de seus recursos considerando uma taxa previamente contratada, e o resultado final é o esperado.

No exemplo, ao aplicar $ 200.000 e resgatar depois de um ano $ 212.400, você teve um ganho de $ 12.400, representando um retorno do investimento de 6,2% no período.

O retorno do investimento definitivo de uma aplicação em renda variável depende da realização em dinheiro da aplicação feita anteriormente, e sua oscilação depende do mercado do ativo financeiro. O mais conhecido é o mercado de ações nas bolsas de valores.

A tabela a seguir mostra um exemplo de retorno do investimento em ações.

RETORNO DO INVESTIMENTO - ROI (Return on Investiment)	
INVESTIMENTO EM AÇÕES	
Valor do Investimento Inicial	200 000
Valor atual ou do resgate	212 400
Dividendos recebidos	3000
Período de aplicação	1 ano
Ganho	15 400
ROI	7,7%

Neste exemplo, o investimento de $ 200.000 está produzindo um retorno do investimento de 7,7% no ano, tendo em vista dois tipos de rendimentos, ambos de renda variável:

- A valorização da valor da ação;
- Os dividendos recebidos.

É bom lembrar que nem sempre o investimento dá retorno positivo. Pode dar retorno negativo, ou seja, o velho prejuízo, a perda na realização do investimento.

RETORNO DO INVESTIMENTO - ROI (Return on Investiment)	
INVESTIMENTO EM AÇÕES	
Valor do Investimento Inicial	200 000
Valor atual ou do resgate	192 000
Dividendos recebidos	5600
Período de aplicação	1 ano
Perda	(2400)
ROI	-1,2%

Este exemplo teórico contempla uma renda positiva de dividendos recebidos de $ 5.600, em conjunto com a desvalorização do valor da ação em $ 8.000, resultando numa perda financeira de $ 2.400, e um retorno negativo de –1,2%.

Se você aplicar em imóveis, poderá ter uma combinação de renda fixa com renda variável. Observe o exemplo apresentado na tabela a seguir.

RETORNO DO INVESTIMENTO - ROI (Return on Investiment)	
INVESTIMENTO EM IMÓVEIS	
Valor do Investimento Inicial	200 000
Valor atual de mercado do imóvel	204 000
Aluguéis recebidos	8000
Período de aplicação	1 ano
Ganho	12 000
ROI	6,0%

O retorno do investimento definitivo também só será possível mensurar na realização do investimento que, no caso de imóveis, é representado pelo valor da venda a terceiros.

Investimento em moeda estrangeira – dólares, euros, libra, etc. – é um investimento de renda variável, no qual só se saberá o valor definitivo do ganho quando houver a realização, ou seja, a venda da moeda estrangeira para terceiros.

RETORNO DO INVESTIMENTO - ROI (Return on Investiment)	
INVESTIMENTO EM MOEDA ESTRANGEIRA	
Valor do Investimento Inicial - US$	66 667
Taxa do dólar no dia do investimento -R$	3,00
Valor do investiment Inicial em Reais	200 000
Taxa do dólar do dia da venda - R$	3,06
Valor em reais da venda dos dólares	204 000
Período de aplicação	1 ano
Ganho financeiro decorrente do câmbio	4000
ROI	2,0%

A variação da taxa do dólar de 2% (de R$ 3,00 para R$ 3,06) provocou o mesmo percentual de retorno do investimento deste ativo financeiro.

A "MALDIÇÃO" DO EBITDA II

3.2. Retorno do investimento nas empresas *versus* EBIT\

O investimento em uma empresa não é diferente. Deve ter seu
mensurado pelo modelo do retorno do investimento.

O investimento em uma empresa caracteriza-se pela aplicação de
sos financeiros nos ativos necessários para sua operação normal e esp
em capital de giro e ativo fixo.

O capital de giro é representado, basicamente, pelo total de con
receber e estoques, adiantamentos, menos os valores do passivo de func.
namento (fornecedores, tributos a recolher, salários e encargos a pagar).

O ativo fixo é representado pelo total do imobilizado e do intangível
necessário para dar estrutura para as operações. O resultado das operações ou
o retorno do investimento na empresa é medido pelo lucro líquido obtido.[24]

RETORNO DO INVESTIMENTO - ROI (Return on Investment)	
INVESTINDO NUMA OU COMPRANDO UMA EMPRESA	
BALANÇO PATRIMONIAL INICIAL COM O INVESTIMENTO REALIZADO	
Capital de Giro	100 000
Ativo Fixo (Imobilizado e Intangível)	100 000
Total do investimento	200 000

Para fins de exemplificação, vamos imaginar que todas as operações
foram feitas à vista e que todo o lucro foi direto para o caixa. A tabela a
seguir mostra o resultado da empresa a partir do EBTIDA.

RESULTADO DO PERÍODO	
EBITDA	13 000
(-) Depreciações	5000
= Lucro Operacional	8000
(-) IR/CSLL	2720
Lucro Líquido	5280
ROI com Lucro Líquido/Investimento inicial	2,6%

Na tabela apresentada a seguir, mostramos como fica o balanço patrimonial final após o resultado do período.

---

[24] Para este exemplo, vamos supor que todo o ativo é financiado com recursos próprios,
ou seja, pelos recursos dos proprietários, sócios ou acionistas, e que esta empresa não tem
nenhum endividamento financeiro.

Mitos e Lendas em Finanças

BALANÇO PATRIMONIAL FINAL COM O INVESTIMENTO REALIZADO	
..xa	10 280
..pital de Giro	100 000
Ativo Fixo (Imobilizado e Intangível)	
Valor inicial	100 000
(-) Depreciações acumuladas	(5000)
Valor de mercado do ativo fixo	95 000
Total do investimento	205 280

Se utilizarmos o valor do EBITDA para avaliar o retorno do investimento após um ano, teríamos uma rentabilidade anual mensurada em 6,5% no ano.

ROI COM EBITDA GERADO	
EBITDA	13 000
ROI com EBITDA gerado/Investimento inicial	6,5%

Se utilizarmos o fluxo de caixa gerado no período para avaliar o retorno do investimento, teríamos uma rentabilidade anual mensurada em 5,1%.

ROI COM FLUXO DE CAIXA GERADO	
Lucro Líquido	5280
(+) Depreciações	5000
= Fluxo de caixa gerado	10 280
ROI com Fluxo de Caixa gerado/Investimento inicial	5,1%

Utilizando o lucro líquido para mensurar o desempenho do investimento, temos a rentabilidade anual mensurada em 2,6%.

ROI com Lucro Líquido	
Lucro Líquido	5280
ROI com Lucro Líquido/Investimento inicial	2,6%

A tabela a seguir traz a comparação dos resultados e a avaliação científica sobre a análise e mensuração da rentabilidade do investimento.

Tipo de resultado obtido	Investimento inicial (a)	Resultado obtido (b)	Retorno % anual (b/a)	Julgamento/avaliação correta
EBITDA	200 000	13 000	6,5%	falácia e errado
Fluxo de caixa gerado	200 000	10 280	5,1%	errado
Lucro líquido	200 000	5280	2,6%	a verdade

Por que a mensuração do desempenho econômico pelo lucro líquido é a correta?

A "MALDIÇÃO" DO EBITDA II

Muito simples. Ele confronta o valor atual do investimento com o valor anterior do investimento.

A diferença é o ganho no período. Vejamos:

COMPARANDO O VALOR DO INVESTIMENTO	
Valor de mercado do investimento inicial	200 000
Valor final de mercado do investimento	205 280
Ganho por diferença da alteração do valor do investimento	5280
Ganho percentual - ROI sobre o investimento inicial	2,6%

A questão que poderia ser discutida fica totalmente centrada no valor da depreciação. A depreciação, por ser uma despesa não desembolsável no ato de sua contabilização, não deve ser considerada como despesa?

Deve sim. Por quê?

Porque a depreciação faz PERDER valor do investimento. O valor de mercado inicial do ativo fixo (imobilizado e intangíveis) era $ 100.000, pois foi este o valor que foi pago.

Como a depreciação indica que esses ativos não valem mais $ 100.000, e sim $ 95.000, pela redução do valor da depreciação, isso significa que se a empresa for vender todo seu ativo agora, ela obterá apenas $ 95.000. Portanto, a depreciação é tão caixa quanto qualquer outra despesa, tema este que será explorado mais detalhadamente no Capítulo 4.

3.3. ROI da empresa: ROI do ativo e ROI do acionista[25]

Duas mensurações de ROI são indispensáveis para qualquer empresa:

- O ROI do ativo operacional e o ROI do acionista.
- O ROI do ativo operacional é o confronto do lucro operacional, já líquido IR/CSLL, com o total do ativo operacional.

O ativo operacional é a somatória do total do capital de giro próprio (também denominado "necessidade líquida de capital de giro") e do ativo

---

[25] Tema desenvolvido no livro do autor "Controladoria Estratégica e Operacional". 3ª. Ed., São Paulo, Cengage, 2012 .

fixo, excluindo aplicações financeiras excedentes ao montante necessário de caixa mínimo.

O ROI do acionista é o confronto do lucro líquido com o valor do patrimônio líquido. Qualquer outro de mensuração para avaliação do desempenho econômico empresarial é "fugazi"!

Por fim, avaliação do desempenho é efetuada somente com lucro e retorno do investimento.

> Buffett explicou então a Chace a teoria básica do retorno de investimentos. Não se interessava particularmente pela quantidade de fio que Chace produzisse, ou por quanto vendesse. Tampouco se interessava pelo lucro total como um número isolado. O que contava era o lucro como percentagem do capital investido. "Prefiro ter US$ 10 milhões ganhando 15% do que 100 ganhando 5% - afirmou ele. Tenho outros lugares onde aplicar o dinheiro".
>
> LOWENSTEIN, Roger. *Buffett: a formação de um capitalista americano*. Rio de Janeiro, Nova Fronteira, 1997.

3.4. Avaliando os gestores internos das unidades de negócio: o bom que fica ruim, o ruim que fica bom

O equívoco da utilização do EBITDA como critério de avaliação do desempenho empresarial e de seus gestores fica evidente na avaliação do desempenho das unidades de negócio da empresa.

> Trata-se de um indicador muito controverso e alinho-me com a opinião de Warren Buffett (um dos mais respeitados investidores do mundo) expressa em um relatório para os acionistas da Bershire Hataway que dizia algo como "nós nunca compraremos uma empresa quando os gerentes se baseiam no EBITDA!
>
> Carlos Alberto Zafanni – Cenofisco

Praticamente, toda empresa é constituída de mais de uma unidade de negócio, sejam fábricas, centros de vendas e distribuição, mercados externo e interno, unidades de negócio propriamente ditas, centros de lucros, linhas

A "MALDIÇÃO" DO EBITDA II

de produtos e serviços, processos da cadeia de valor, centro de serviços compartilhados, etc.).

A contabilidade por unidades de negócio em conjunto com o planejamento orçamentário forma a grande dupla de instrumentos de gestão de controladoria, partindo da própria contabilidade.

Na criação de valor e lucro para a empresa como um todo, tanto a contabilidade por unidades de negócio como o orçamento tem como referência avaliar o desempenho dos gestores por meio da mensuração econômica da contribuição e participação do lucro gerado pela área de responsabilidade de cada gestor. A utilização do EBITDA para este processo de avaliação é um verdadeiro desastre gerencial.

Analisemos o exemplo apresentado na tabela a seguir.[26]

Análise de EBITDA x ROI para avaliação do desempenho dos gestores internos e da contribuição de cada área de responsabilidade (unidade de negócio) no lucro total da empresa			
	Unidade de Negócio		
	1	2	Julgamento da avaliação do desempenho econômico
Receita de vendas (a)	100 000	90 000	Desempenho da Unidade 1 superior ao da Unidade 2
Lucro Operacional (b)	10 000	10 000	Desempenhos similares em montante
(+) Depreciações*	5000	2000	
EBITDA (c)	15 000	12 000	Desempenho da Unidade 1 superior ao da Unidade 2
Margem EBITDA (c/a): falácia	15,0%	13,3%	Desempenho da Unidade 1 superior ao da Unidade 2
Ativos de cada divisão (d)	50 000	20 000	A unidade 1 exigiu muito mais recursos financeiros de caixa para investimento do que a Unidade 2
RETORNO DO INVESTIMENTO: A verdade			
I - com o lucro operacional (b/d)	20,0%	50,0%	Nas duas avaliações científicas, fica absolutamente claro que
II - com o EBITDA (c/d)	30,0%	60,0%	o desempenho da Unidade 2 é superior ao da Unidade 1

* calculada em 10% dos ativos de cada divisão

Estamos comparando o resultado de duas unidades de negócio internas de uma única empresa. Qual é a maior? Qual é a melhor?

As principais constatações são:

- A receita da Unidade 1 é maior do que a receita da Unidade 2; portanto, para avaliação do tamanho, a Unidade 1 é maior do que a Unidade 2, representando neste quesito que ela é "melhor" pelo tamanho.
- Verificamos que o montante em moeda de lucro operacional obtido é o mesmo das duas unidades; portanto, isoladamente neste quesito as duas unidades de negócio estão empatadas.

---

[26] Extraído e expandido do trabalho do autor referenciado na nota 16.

- Vamos agora para o famigerado EBITDA. Para obtermos o valor do EBITDA, adicionamos ao valor do lucro operacional de cada unidade o valor da despesa/custo de depreciação contabilizada também em cada unidade. Com os dados dos dois EBITDAs, o julgamento é favorável à Unidade 1. O montante do EBITDA da Unidade 1 é maior do que o montante de EBTIDA obtido pela Unidade 2. Portanto, a Unidade 1 é maior do que a Unidade 2. Parabeniza-se o gestor da Unidade 1 que gerou mais "caixa" para a empresa; ao gestor da Unidade 2, restam votos de condolências.
- Porque o valor da depreciação da Unidade 1 é $ 5.000 e da Unidade 2 é de $ 2.000? Simplesmente porque aplicamos a taxa anual de 10% sobre o valor do investimento feito para as necessidades operacionais de cada divisão.
- Em seguida, vamos para a famosa MARGEM EBITDA, que é a divisão do valor do EBITDA sobre a receita líquida de vendas de cada unidade de negócio. Nesse momento, todos os elogios vão para o gestor da Unidade 1, pois ele conseguiu dar uma margem EBITDA superior ao da outra unidade. Resta ao gestor da Unidade 2 receber os pêsames e as condolências.
- Entretanto, tudo está incorreto quando se utiliza o EBITDA para avaliar o desempenho dos gestores internos.

A utilização do EBITDA para avaliação do desempenho dos gestores divisionais não leva em consideração o elemento patrimonial mais importante de todo empreendimento com fins lucrativos: o valor do investimento!

O fato de o EBITDA desprezar os custos e despesas de depreciação, automaticamente, despreza a razão de ser de uma empresa: o valor do investimento que deve dar o retorno sobre ele.

É fácil verificar no exemplo numérico que para a Unidade 1 entrar em operação foi necessário investir (com recursos do caixa) $ 50.000, enquanto a necessidade de caixa de investimento para a operação da Unidade 2 foi de apenas $ 20.000.

Assim, o único indicador para avaliar o desempenho de um negócio, investimento, etc. e seus respectivos gestores responsáveis só pode ser efetuado por meio do ROI, que é, nesse exemplo, o lucro operacional confrontado com o valor dos ativos à disposição das unidades de negócio. Como se pode notar,

A "maldição" do EBITDA II

o ROI da Unidade 2 é bastante superior ao da Unidade 1. A Unidade 1 deu um retorno de apenas 20% comparado com o enorme retorno de 50% da Unidade 2. Ou seja, a Unidade 2 deu mais que o dobro de retorno da Unidade 1!

E por meio do EBITDA, estaríamos parabenizando o gestor da Unidade 1, quando deveríamos, na realidade, parabenizar o gestor da Unidade 2.

A confrontação do valor do EBITDA com o total dos ativos à disposição das unidades de negócio deixa claro mais uma vez que o desempenho da Unidade 2 é superior ao desempenho econômico da Unidade 1.

Portanto, nunca se deve utilizar o EBTIDA para avaliar o desempenho econômico dos gestores internos responsáveis pelas diversas áreas de negócio da empresa. Somente com o retorno do investimento dos ativos operacionais.

3.5. Incoerência: decidir o investimento pelo VPL ou TIR e avaliar o retorno pelo EBITDA

Todo processo decisório na área de finanças é feito pela adoção de algum critério, método ou modelo financeiro-matemático que permita medir o impacto financeiro de cada decisão.

Não há dúvida de que a principal decisão nos negócios empresariais é a decisão de investimento. Um investimento só deverá ser feito se ele indicar um retorno financeiro,[27] durante todo o período que se espera que esse investimento esteja operando, que justifique a aplicação desse dinheiro.

Os critérios de avaliação de investimento reconhecidos mundialmente como os científicos e indispensáveis são:

- *Payback* – representa a quantidade de períodos em que se dará o retorno do capital investido;
- TIR (Taxa Interna de Retorno) – representa a taxa de juros que iguala o total das saídas de caixa para o investimento com o total das entradas de caixa que serão geradas pelo investimento;

---

[27] Pelo menos, isso é o que nós, dentro do sistema econômico capitalista regido por moedas, entendemos como racional. Não quero entrar no mérito de discutir se em outros ambientes econômicos ou em outras sociedades (ditaduras políticas ou religiosas, países que têm como objetivo a felicidade e não a economia, etc.) possam ter entendimentos sociais diferentes.

- VPL (Valor Presente Líquido) – indica, após adotar uma taxa de juros que representa o mínimo que os investidores querem ganhar com o investimento, se haverá, além do retorno dos juros, um valor adicional ao final do período considerado.

O critério do *payback* não é cientificamente recomendado, porque não leva em consideração o valor do dinheiro no tempo. Contudo, serve para avaliação rápida do retorno de investimentos de pequenos montantes.

Os critérios TIR e VPL são os recomendados, porque sua essência é reconhecer o valor do dinheiro no tempo. Uma nota de $ 100,00 reais hoje tem poder de compra maior do que a mesma nota terá daqui a dois ou três anos, principalmente porque praticamente todo ambiente econômica acaba tendo inflação.

TIR e VPL são variações do mesmo tema. No VPL, nós introduzimos a taxa de juros mínima que se deseja ganhar. Se a somatória do valor total dos fluxos futuros de caixa, já descontados por essa taxa de juros, for igual ou superior ao valor atual a ser investido, o investimento deverá ser aceito. Se for inferior, deverá ser recusado. É a mesma base conceitual do famoso fluxo de caixa descontado.

Na TIR, em vez de introduzir no modelo matemático a taxa de juros, o critério processa os cálculos, igualando, na mesma moeda de poder aquisitivo, a somatória dos investimentos feitos com a somatória dos fluxos de caixa gerados pela taxa de juros obtida no cálculo. Se a TIR obtida no cálculo for igual ou superior à mínima desejada, o investimento deverá ser aceito. Se for inferior, o investimento deverá ser recusado.

Agora, vamos para a incoerência: como se pode avaliar o desempenho de um investimento pelo critério do EBITDA se, no processo de decisão desse mesmo investimento, a decisão foi tomada por outro critério completamente diferente (VPL, TIR)?

Em qualquer processo decisório, o critério de avaliação de desempenho feito *a posteriori*, dever ser o mesmo critério utilizado no momento anterior, quando foi tomada a decisão.

Esse argumento deixa claro mais uma vez que não se deve avaliar o desempenho dos gestores internos e dos resultados da empresa e de suas áreas de negócio pelo EBITDA, mas sim, pelo retorno do investimento.

4
A Lenda: depreciação é uma despesa que não tira dinheiro do caixa

Podemos dizer que a questão fundamental para entender o EBITDA está nos gastos de depreciação. Ao utilizar o EBITDA como um parâmetro para geração futura de caixa, o usuário da informação ou o tomador da decisão de investimento está aceitando que a depreciação é uma despesa não desembolsável, ou, em outras palavras, é uma despesa contábil, econômica, mas que não tem impacto financeiro; portanto não tira dinheiro do caixa.

Esse grande equívoco criou a lenda: "a depreciação não é uma despesa caixa". Contudo, a depreciação decorre da compra de imobilizados ou ativos fixos. Quando a empresa compra ativos fixos depreciáveis, sai o dinheiro. Em outras palavras, o dinheiro da depreciação sai antes, quando a empresa compra bens depreciáveis. E sairá dinheiro depois, novamente, quando a empresa tiver de repor o bem para renovação do seu parque operacional, já que os bens, por serem depreciáveis, perdem vida útil e, portanto, precisam ser renovados, recomprados.

O lançamento da depreciação é o procedimento contábil de transformação do valor que saiu do caixa no momento da aquisição nos períodos subsequentes em que a empresa estará utilizando esses bens na operação.

4.1. Um exemplo introdutório e simples: João José comprando um carro novo

Vamos supor que João José tenha $ 52.000 de caixa (saldo bancário) e está disposto a comprar um carro novo. Para não ficar totalmente sem dinheiro, ele compra um carro de $ 50.000 e mantém o restante $ 2.000 no banco para possíveis emergências.

O valor inicial de $ 52.000 do saldo bancário de João José é a sua riqueza atual (estamos deixando de lado outros eventuais bens e direitos que ele tenha, como poupança, casa, etc., bem como eventuais dívidas). Contabilmente, a riqueza de uma pessoa física ou jurídica é obtida pela equação: bens + direitos − obrigações (dívidas); o valor resultante é denominado patrimônio líquido.[28]

A tabela apresentada a seguir evidencia a situação inicial do patrimônio de João José.

Patrimônio Inicial de João José	
Ativo	**$**
Saldo bancário	52 000
Soma	52 000
Passivo	
Patrimônio líquido	52 000
Soma	52 000

Em seguida, João José compra um carro novo, sai feliz da agência, pagando com cheque. Seu patrimônio líquido continua com o mesmo valor, só que agora de qualidade diferente. Antes era composto de dinheiro em caixa, agora é parte em caixa e parte em veículo, conforme mostra a tabela a seguir.

Patrimônio de João José após a compra de um carro por $50.000 com dinheiro do banco	
Ativo	**$**
Saldo bancário	2000
Carro	50 000
Soma	52 000
Passivo	
Patrimônio líquido	52 000
Soma	52 000

---

[28] Essa equação é denominada equação fundamental da contabilidade, que deu origem à contabilidade moderna e ao método das partidas dobradas de débitos e crédito: bens mais direitos menos obrigações igual ao patrimônio líquido (riqueza efetiva e residual das pessoas); BENS + DIREITOS (-) OBRIGAÇÕES = PATRIMÔNIO LÍQUIDO. Os bens e direitos são classificados no ativo e as obrigações e o patrimônio líquido, no passivo.

Passado um ano, o valor de mercado do carro já não é mais o mesmo. O valor de mercado está em $ 40.000. Significa que houve uma desvalorização do carro de $ 10.000, pelo uso e desgaste, neste caso. A diferença de $ 10.000 entre o valor de aquisição do carro um ano antes e o valor atual de mercado é denominada na contabilidade depreciação. Depreciação é a perda de valor dos bens por uso, desgaste ou obsolescência.

A tabela apresenta a seguir mostra o patrimônio de João José após um ano, considerando agora o valor de mercado do carro.

Patrimônio de João José após 1 ano pela desvalorização do carro em $10.000	
Ativo	**$**
Saldo bancário	2000
Carro - valor de aquisição	50 000
(-) Desvalorização do carro	-10 000
Valor de mercado do carro	40 000
Soma	42 000
Passivo	
Patrimônio líquido	42 000
Soma	42 000

Continuando nossa pequena odisseia, vamos imaginar que João José venda o carro após um ano pelo valor de mercado de $ 40.000. Seu saldo de caixa aumenta no mesmo montante, conforme demonstrado na tabela apresentada a seguir.

Patrimônio de João José após 1 ano vendendo o carro pelo valor de mercado de $40.000	
Ativo	**$**
Saldo bancário	42 000
Carro - valor de aquisição	0
(-) Desvalorização do carro	0
Valor de mercado do carro	0
Soma	42 000
Passivo	
Patrimônio líquido	42 000
Soma	42 000

Fazendo uma avaliação geral após decorrido um ano de acontecimentos, o fluxo de caixa de João José nesse período apresenta-se como segue.

Mitos e Lendas em Finanças

Fluxo de caixa de João José do período de 1 ano de eventos	
	$
Saldo inicial de caixa	52 000
(–) Saída de caixa pela aquisição do carro novo	-50 000
(+) Entrada de caixa pela venda do carro usado	40 000
Saldo final de caixa	42 000

É fácil verificar que o saldo em caixa de João José diminuiu em $ 10.000, assim como sua riqueza. Ele tinha uma riqueza, em caixa, no início do ano de $ 52.000. Após comprar o carro novo e vendê-lo depois de um ano pelo preço de mercado, seu caixa e sua riqueza diminuíram. Por que essa diminuição em $ 10.000?

É óbvio: ela é decorrente da depreciação do carro. Veja a tabela comparativa demonstrada a seguir.

Comparação da riqueza de João José antes de comprar o carro e após a venda do carro usado	
	$
Patrimônio líquido inicial	52 000
Patrimônio líquido final	42 000
Valor da perda patrimonial (de caixa)	*10 000*
Valor da depreciação	*10 000*

O valor da perda patrimonial, no caso representado exclusivamente pelo saldo bancário/caixa, é de $ 10.000, exatamente o valor da depreciação.

Com isso, comprova-se que a depreciação é desembolsável e que tira dinheiro do caixa.

Parte de uma entrevista do Prof. Ariovaldo dos Santos/USP à Revista *Exame* em 08/08/2002:

Imagine dois motoristas de táxi que dirigem carros iguais, comprados no mesmo ano. Ambos trabalham no mesmo lugar e têm receitas e gastos semelhantes. A única diferença entre eles é que o primeiro guarda, todos os meses, 5% do que ganha para comprar um carro novo, ao passo que o segundo não faz essa poupança. Se um gerente de banco só tivesse essa informação financeira, como decidiria a qual motorista emprestar dinheiro? Ou, se fosse um investidor e tivesse apenas esse número em mãos, qual deles receberia o dinheiro?

Os dois motoristas compraram seus carros no mesmo momento, mas o primeiro reserva uma fatia de 5% do que ganha para substituir o carro e o outro não. Ambos têm receitas (as corridas) e despesas (o combustível) iguais. O resultado gerado diretamente pela principal atividade é equivalente: o Ebitda dos dois motoristas é igual.

No entanto, o primeiro taxista guarda dinheiro para trocar de carro. Ao fazer isso, ele está reconhecendo que o veículo que usa para trabalhar se deprecia e está se preparando para essa despesa. "Reservando uma parte da receita para trocar de carro, o primeiro motorista vai compensar a depreciação", afirma Ariovaldo dos Santos. "Mas seu lucro será menor no fim do mês."

Por isso, no curto prazo é mais negócio apostar no táxi cujo motorista não guarda dinheiro, pois seu lucro será maior e ele terá mais facilidade para pagar empréstimos e dividendos. O problema é que, depois de cinco anos, o taxista terá um carro usado e precisará tomar dinheiro emprestado para substituí-lo, elevando seu risco no longo prazo. "Essa diferença não aparece olhando-se apenas para o Ebitda", diz o professor Ariovaldo dos Santos/USP.

4.2. Definições e conceitos de depreciação

Reconhecemos que o evento econômico depreciação é de fato um dos eventos mais complexos do estudo de finanças, economia e contabilidade.

Definições
Segundo Sá e Sá (1995), o conceito de depreciação é definido como sendo o fenômeno contábil que expressa a perda de valor que os valores imobilizados sofrem no tempo, por força de seu emprego na gestão e/ou perda de valor pelo uso. Ele deve ser entendido, contabilmente, mais como reiterações do capital do que como desgaste físico.

Uma empresa tenta gerar um retorno sobre os investimentos feitos. Antes de poder ter um retorno, como medido pelo lucro líquido, ela deve gerar receitas maiores que todos os custos. É preciso visualizar os custos incorridos como o investimento necessário para gerar receita. As receitas cobrem os custos em que os ativos líquidos gerados convertem novamente os custos dos serviços dos ativos em caixa ou outros ativos. A depreciação e a amortização são custos dos serviços dos ativos de longa duração que a receita deve cobrir antes que a empresa tenha um retorno sobre o investimento. Na contabilização do custo histórico, o processo de depreciação e amortização permite um retorno do custo de aquisição do ativo, nem mais nem menos (STICKNEY; WEIL, 2009, p. 376).

Hendriksen e Van Breda (1999, p. 325) definem depreciação como "o processo de alocação do valor de entrada, geralmente o custo original ou corrigido, de instalações e equipamentos, aos vários períodos durante os quais se espera obter os benefícios decorrentes de sua aquisição e seu emprego".

Iudícibus (1998, p. 202) define depreciação para a contabilidade como um custo amortizado, sendo a amortização o processo de transformar em despesa uma parte do valor de aquisição de um ativo destinado ao uso, uma vez que ele não será recuperado pela venda do bem a que se refere. A amortização é a diferença entre o custo de aquisição e o valor residual de um ativo destinado ao uso.

Hendriksen e Van Breda (1999, p. 326) citam uma definição mais antiga de depreciação, do Comitê de Terminologia da American Institute of Accountants (AIA), de 1942:

> A contabilidade da depreciação é um sistema de contabilidade que procura distribuir o custo ou outro valor básico de ativos reais tangíveis, menos o valor residual (se houver), pela vida útil estimada da unidade (que pode ser um grupo de ativos) de maneira sistemática e racional. É um processo de alocação, não de avaliação.

Conceitos

> Conceito econômico: Quando um indivíduo obtém um investimento ou um bem de capital, adquire o direito ao fluxo de rendas futuras que espera obter da venda de seus produtos, enquanto durar este capital, feita a dedução das despesas correntes necessárias à obtenção dos ditos produtos. [...]. Em contraste com a renda esperada do investimento, temos o preço

de oferta do bem de capital [...], que por vezes se chama custo de reposição (KEYNES, 1982, p. 115).

A reposição dos investimentos deve ser atribuída aos produtos pela depreciação causada pelo seu uso. Esses valores devem ser provisionados pela empresa para obter de volta o valor atualizado do investimento ao se desfazer/vender esse bem de capital.

O emprego de um bem de capital, durante certo período de tempo, acarreta dois custos econômicos: depreciação e juro do capital empregado.

"[...] Essa parte do capital constante [os meios de trabalho desgastados na produção] cede valor ao produto na proporção em que perde, com seu valor de uso, o valor de troca" (MARX, 1980, Livro II, p. 164).

Para Padoveze (2017), pode-se conceituar a depreciação sob três aspectos:

- Contábil – é a perda de valor dos bens pelo uso, desgaste ou obsolescência. O conceito contábil de depreciação está ligado aos fundamentos da teoria contábil de avaliação de ativos. Ao considerarmos uma diferença entre o valor inicial e o valor final de um ativo, haverá um custo com que a empresa teve de arcar pelo uso do bem em certo período e essa perda é considerada uma despesa contábil. Desse modo, a depreciação é uma forma de diminuir o valor dos bens imobilizados; portanto, uma avaliação redutora de ativos.
- Financeira – como forma de recuperação dos valores gastos a título de investimento no negócio. O custo de investimento equivale à depreciação, que é considerada na análise do retorno do investimento.
- Custos – entender e classificar a natureza diversa dos dois tipos de gastos (custos) que uma empresa faz para gerir suas atividades operacionais e colocar ou obter os produtos para revenda ou venda, ou seja: (1) bens ou serviços que serão imediatamente consumidos e (2) bens ou serviços que não serão imediatamente consumidos. No enfoque custos, depreciação é a forma de transformar os valores dos imobilizados (gastos não consumidos imediatamente) em despesas (gastos consumidos imediatamente), à medida que os bens forem utilizados (consumidos).

Ainda conforme PADOVEZE, a depreciação pode ser conceituada como Fundo, conceito este que não está mais sendo adotado no país. Tem como base o postulado contábil da continuidade, no qual os bens imobilizados, com uma vida útil estimada e, por conseguinte, um fim estimado, devem ser repostos para que a empresa não sofra solução de continuidade. Nessa concepção, a contabilização da depreciação acumulada deve ser feita no passivo, como uma obrigação, e não como uma conta redutora do valor de aquisição do imobilizado.

Iudícibus, Marion e Pereira (2003, p. 80) propuseram o conceito Perda do poder de gerar benefícios futuros, Por meio dele, afirmam que a depreciação é o declínio no potencial de serviços do imobilizado tangível e de outros ativos não correntes, em função de deterioração física gradual ou abrupta, consumo dos potenciais de serviços por meio de uso, mesmo que nenhuma mudança física seja aparente, ou deterioração econômica por causa da obsolescência ou de mudança na demanda dos consumidores.

A legislação societária, 110 art. 1S3, § 2o, da lei nº 6.404/76, propõe a seguinte definição: a diminuição de valor dos elementos do ativo imobilizado é considerado depreciação quando corresponderem à perda do valor dos direitos que têm por objeto bens físicos sujeitos a desgaste ou perda de utilidade por uso, ação da natureza ou obsolescência (IUDÍCIBUS; MARTINS; GELBCKE, 2003, p. 215).

Segundo Assaf Neto (2002, p. 139), a depreciação pode ser conceituada [...] como a perda de valor experimentada pelos bens fixos tangíveis da empresa, em consequência de um serviço proporcionado. Esse processo de desvalorização do imobilizado é recuperado por meio da venda dos produtos finais. A depreciação é uma despesa e, como tal, é repassada no preço de venda do produto.

Tributariamente, o Regulamento do Imposto de Renda (artigo 305) em nosso país diz : poderá ser computada, como custo ou encargo, em cada período de apuração, a importância correspondente à diminuição do valor dos bens do ativo resultante do desgaste pelo uso, ação da natureza e obsolescência normal).

4.3. Afinal de contas, a depreciação é ou não é uma despesa?

Veja o que diz Buffett sobre a depreciação:[29]

> A depreciação é um custo real dos negócios, pois em algum momento no futuro, a máquina terá que ser substituída. A compra de uma máquina fará com que – no balanço patrimonial – R$ 1 milhão sejam acrescentados ao ativo imobilizado. Então, nos 10 anos seguintes, o custo depreciado de R$ 100 mil por ano aparecerá na demonstração do resultado do exercício como uma despesa. No balanço patrimonial, a cada ano, R$ 100 mil serão subtraídos da conta do ativo imobilizado. O desembolso de $ 1 milhão para a compra da máquina aparecerá na demonstração do fluxo de caixa sob o item dispêndio com ativos imobilizados. Gostaríamos de enfatizar que a despesa de R$ 1 milhão com a máquina não é apresentada no ano da compra, mas é alocada como uma despesa de depreciação na demonstração do resultado do exercício em parcelas de R$ 100 mil ao longo de um período de 10 anos.
>
> Uma bela sacada que os profissionais de finanças de Wall Street perceberam é que, depois da máquina ser comprada e quitada, a depreciação anual de R$ 100 não representa mais nenhum desembolso adicional de dinheiro, mas reduz o lucro que é informado anualmente à Receita Federal nos 10 anos seguintes. Isso significa que, numa perspectiva de curto prazo, a empresa tem um custo anual que, na verdade, não está se traduzindo em nenhum desembolso adicional de dinheiro. Portanto, os encarregados das finanças em Wall Street podem voltar a acrescentar aquele custo de R$ 100 mil ao lucro, o que significa que o fluxo de caixa da empresa agora pode suportar mais dívidas para novos investimentos. O mercado financeiro tem um acrônimo para esse novo cálculo do lucro: eles o chamam de LAJIDA (EBITDA), ou seja, Lucro Antes de Juros, Impostos, Depreciação e Amortização.

Com isso, fica evidente que a depreciação é um gasto, custo ou despesa. Só não enxerga quem não quer. Outro exemplo, ligado a aspectos

---

[29] BUFFETT, Mary e CLARK, David. *Warren Buffett e a análise de balanços.* Rio de Janeiro, Sextante, 2010, p.43.

contábeis e tributários, está no fato de que é totalmente aceitável tratar como despesa bens duráveis de pouco valor ou de vida útil inferior a um ano.

Buffett afirma que, ao usar o LAJIDA, os analistas de Wall Street estão ignorando que, no fim, a máquina sofrerá desgaste e a empresa terá de gastar outro milhão de reais para comprar uma nova. Buffett acredita que a depreciação é uma despesa real e sempre deve ser incluída em qualquer cálculo de lucro. Se fizéssemos o contrário, estaríamos iludindo a curto prazo, acreditando que a empresa está lucrando mais do que realmente está. E ninguém fica rico com ilusões (p. 43-4).

4.4. Depreciação como fonte de caixa: a lenda criada pelo método indireto do fluxo de caixa

A demonstração de caixa pelo método indireto sugere que a depreciação aumenta o saldo de caixa, por se somar ao lucro líquido para obter o lucro gerado pelas operações.

A observação de que a depreciação é uma fonte de recursos de caixa só pode ser feita considerando o período em que essa despesa começa a ser contabilizada.

Contudo, convém lembrar que, antes de a depreciação ser objeto de contabilização como despesa, a empresa fez o investimento no imobilizado. Portanto, se considerarmos os dois eventos em conjunto, a afirmação de que a depreciação é uma fonte de caixa não é correta.

Tomemos como exemplo os dados apresentados na tabela apresentada a seguir. O exemplo mostra no Ano 0 uma empresa iniciando com uma entrada de capital dos sócios injetada no caixa. O Ano 1 evidencia que o valor do caixa foi totalmente investido em equipamentos depreciáveis. Neste exemplo, foi considerada uma taxa de depreciação de 50% e, portanto, a despesa anual de depreciação é de $ 500 por ano. Essas depreciações foram consideradas nas demonstrações de resultados dos Anos 2 e 3, reduzindo o lucro. Ao final do Ano 2 o Caixa de $ 1.200 representa o valor do capital inicial de $ 1.000 mais o total do lucro dos dois anos de $ 200.

Balanço patrimonial e demonstração de resultados

	Ano 0	Ano 1	Ano 2	Ano 3	Acumulado
Balanço Patrimonial					
Ativo					
Caixa	1000	0	600	1200	
Equipamentos	0	1000	1000	1000	
(–) Depreciação acumulada	0	0	-500	-1000	
Total	1000	1000	1100	1200	
Passivo					
Capital social	1000	1000	1000	1000	
Lucros acumulados	0	0	100	200	
Total	1000	1000	1100	1200	
Demonstração do resultado					
Receitas - à vista	0	0	2000	2000	4000
(-) Despesas - à vista	0	0	-1400	-1400	-2800
(-) Depreciação - despesa	0	0	-500	-500	-1000
Lucro do período	0	0	100	100	200

A tabela apresentada a seguir mostra a demonstração do fluxo de caixa pelo método indireto, que parte do lucro e adiciona o valor da depreciação, uma vez, quando lançada contabilmente, no período em que é lançada, de fato não há desembolso de caixa.

Fluxo de caixa pelo método indireto					
Movimentações	**Ano 0**	**Ano 1**	**Ano 2**	**Ano 3**	**Acumulado**
Lucro do período	0	0	100	100	200
(+) Depreciações	0	0	500	500	1000
= Lucro gerado pelas operações	0	0	600	600	1200
Entrada de capital em dinheiro	1000	0	0	0	1000
Saída de caixa para imobilizações	0	-1000	0	0	-1000
Saldo de caixa do período	1000	-1000	600	600	1200
(+) Saldo inicial de caixa	0	1000	0	600	0
= Saldo final de caixa	1000	0	600	1200	1200

Verifica-se que no Ano 0, houve a entrada de dinheiro no caixa proveniente da abertura da empresa com a integralização do capital social.

No Ano 1, o dinheiro do caixa foi utilizado para adquirir um imobilizado, que será depreciado nos dois anos seguintes.

Se olharmos isoladamente o fluxo de caixa pelo método indireto nos Anos 2 e 3, verificamos que, somando a depreciação ao lucro, este montante representa o acréscimo de caixa do período. Diante dessa constatação é que surge o conceito de que a depreciação é uma fonte de recursos de caixa.

Desse modo, se somarmos o total dos Anos 1, 2 e 3, e considerarmos que houve primeiramente o desembolso com o investimento em imobilizado, a somatória desses três anos indica que, de fato, o caixa só aumentou pelo lucro.

Assim, o conceito de que a depreciação é uma fonte de caixa só vale para análise de um período de maneira isolada, mas não no conjunto de um fluxo de caixa de um projeto de investimento.

As demonstrações também deixam claro que o aumento de caixa no período acumulado do Ano 1 ao Ano 3 foi de apenas $ 200, a somatória do lucro dos dois anos de operação.

Saldo final de caixa Ano 3	$ 1.200
(-) Saldo inicial de caixa Ano 0	1.000 (valor do investimento do acionista)
= Aumento de caixa	200

O aumento de caixa proveniente do investimento feito foi de $ 200, que é exatamente a somatória do lucro acumulado dos dois períodos de operação.

4.5. Imobilizando gera mais EBITDA, mas não gera mais caixa nem lucro do que alugar

Alguns gestores, na ânsia de aumentar o EBITDA para possivelmente aumentar sua remuneração variável, caso ela seja calculada sobre ele, decidem adotar uma política de imobilização para qualquer tipo de ativo, em vez de arrendamento ou aluguel.

Para muitas empresas, seguramente as de serviços, a política de aluguel ou arrendamento tem mais sentido, uma vez que não precisam de imobilizados específicos para seus processos operacionais, e a locação torna-se mais interessante, pois a empresa não precisa, necessariamente, fixar-se apenas num local físico.

O exemplo que desenvolvemos apresentado a seguir busca mostrar que é irrelevante, em termos de retorno do investimento, imobilizar ou alugar.

Análise da decisão de imobilizar ou alugar - EBITDA X ROI		
	Imobilizando	Alugando
ATIVO INICIAL		
Caixa	0	0
Capital de giro	100 000	100 000
Ativo fixo	100 000	0
(–) Depreciação acumulada	0	0
Ativo fixo líquido da depreciação	100 000	0
Total	200 000	100 000

DEMONSTRAÇÃO DO RESULTADO DO PERÍODO	Imobilizando	Alugando
Receita líquida	300 000	300 000
Custos de depreciação*	50 000	0
Outros custos e despesas	230 000	230 000
Custo de aluguel**	0	60 000
Lucro operacional	20 000	10 000

* Taxa de depreciação de 50% ao ano

** O retorno desejado pelo terceirzador é de 10% ao ano valor investido por ele
para retorno em 2 anos

A política de imobilizar implica que a empresa deverá buscar recursos financeiros, seja dos proprietários ou de terceiros, para financiar o investimento que é maior. Na tabela apresentada, na hipótese de aluguel só há investimento de capital de giro e não há investimento de ativo fixo. Assim, a política de imobilização implica que o valor do ativo é superior ao valor do ativo alugado.

A receita líquida é a mesma nas duas situações. Contudo, os resultados precisam ser diferentes. Na hipótese de imobilizar, além dos custos e despesas operacionais de $ 230.000, há os custos de depreciação de $ 50.000, gerando um lucro $ 20.000.

Ao alugar (ou terceirizar), o custo para o uso dos ativos fixos seguramente será maior, uma vez que o locatário ou arrendatário precisará ter lucro. No exemplo, o valor do imobilizado é de $ 100.000. Considerando um mínimo de retorno do investimento de 10%, o locatário ou arrendatário deverá ter um lucro anual de $ 10.000, além da depreciação do ativo fixo. Isso implica que ele cobrará da empresa $ 60.000.

Dessa maneira, o lucro da empresa que adota a política de locação, terceirização ou arrendamento, terá de ser menor. No nosso exemplo, o lucro fica em $ 10.000.

O que decide qual é a melhor opção sempre será o retorno do investimento.

Na hipótese de imobilizar, o investimento foi de $ 200.000, feito integralmente pela empresa. Na hipótese de alugar, o investimento da empresa foi de apenas $ 100.000, pois o restante foi investido pela empresa que alugará os bens imobilizados.

Análise da decisão de imobilizar ou alugar – EBITDA X ROI		
EBITDA	**Imobilizando**	**Alugando**
Lucro operacional	20 000	10 000
(+) Depreciação	50 000	0
= EBITDA	70 000	10 000
Geração de caixa pelo EBITDA	70 000	10 000
Margem EBITDA	23,3%	3,3%
ROI	10,0%	10,0%
ATIVO FINAL	**Imobilizando**	**Alugando**
Caixa	70 000	10 000
Capital de giro	100 000	100 000
Ativo fixo	100 000	0
(–) Depreciação acumulada	50 000	0
Ativo fixo líquido da depreciação	50 000	0
Total	220 000	110 000
LUCRO DISTRIBUÍVEL	**Imobilizando**	**Alugando**
Lucro operacional	20 000	10 000
Quantidade de ações*	2000	1000
Lucro por ação	10,00	10,00

* proporcional ao valor do investimento no ativo de cada opção

A tabela apresentada acima deixa claro que não há vantagem financeira de nenhuma política sobre outra. Ambas têm o mesmo ROI de 10,0%.

Um leitor menos avisado poderá se encantar com a margem EBITDA de 23,3% da hipótese de imobilizar, contra apenas 3,3% da hipótese de alugar. Mas isso não quer dizer absolutamente nada. Margem de lucro não é rentabilidade. O que importa para o investidor, unicamente, é a rentabilidade sobre o valor que ele investiu.

O que importa sempre é o ROI. Na hipótese de imobilizar, verifica-se que o lucro é o dobro da outra hipótese. Contudo, o investimento feito também foi o dobro!

O ROI é uma medida de rentabilidade relativa, não devendo ser analisada em montante de valor. O ROI deve ser mensurado percentualmente, pois o que importa é o retorno percentual sobre o capital investido e não o montante do retorno analisado isoladamente.

Em outras palavras, eu posso ter um retorno de $ 1.000.000, enquanto outro investidor teve um retorno de apenas $ 7.500 num determinado período. Quer dizer que meu retorno é melhor? Não. Ele é maior, mas não necessariamente melhor. Vai depender do capital investido.

Se para ter lucro, um retorno de $ 1.000.000, eu tive de investir $ 20.000.000, o ROI foi de apenas 5% no ano ($ 1.000.000 : $ 20.000.000). Se, por outro lado, aquele que investiu $ 50.000, teve um lucro de $ 7.500, ele obteve um desempenho financeiro extraordinariamente melhor, pois seu investimento rendeu $ 15% no ano ($ 7.500 : $ 50.000).

O mesmo raciocínio e entendimento aplica-se à questão da geração de caixa.

Análise da decisão de imobilizar ou alugar – Geração de caixa		
	Imobilizando	**Alugando**
ATIVO INICIAL		
Caixa	0	0
Capital de giro	100 000	100 000
Ativo fixo	100 000	0
(–) Depreciação acumulada	0	0
Ativo fixo líquido da depreciação	100 000	0
Total	200 000	100 000
DEMONSTRAÇÃO DO RESULTADO DO PERÍODO 1	**Imobilizando**	**Alugando**
Receita líquida	300 000	300 000
Custos de depreciação*	50 000	0
Outros custos e despesas	230 000	230 000
Custos de aluguel**	0	60 000
Lucro operacional	20 000	10 000

* Taxa de depreciação de 50% ao ano
** O retorno desejado pelo terceirzador é de 10% ao ano do valor investido por ele
para retorno em 2 anos

EBITDA	**Imobilizando**	**Alugando**
Lucro operacional	20 000	10 000
(+) Depreciação	50 000	0
= EBITDA	70 000	10 000
Geração de caixa pelo EBITDA	70 000	10 000
ATIVO FINAL	**Imobilizando**	**Alugando**
Caixa	70 000	10 000
Capital de giro	100 000	100 000
Ativo fixo	100 000	0
(–) Depreciação acumulada	50 000	0
Ativo fixo líquido da depreciação	50 000	0
Total	220 000	110 000

O modelo de decisão que gera mais EBITDA gera mais caixa? Não.

É fácil de demonstrar com um exemplo numérico feito em continuação do exemplo apresentado anteriormente. Vamos adotar a premissa de que o imobilizado deprecia-se em 2 anos e, após isso, ele não terá mais condição nenhuma de ser utilizado em situações normais e deverá ser substituído por um novo equipamento similar.

No Período 1, o saldo de caixa da política de imobilizar mostra um valor bastante superior ao da outra hipótese, porque o caixa foi aumentado não só pelo lucro de $ 20.000, mas também pelo valor da depreciação de $ 50.000. O caixa da hipótese de alugar é igual ao valor do lucro.

Análise da decisão de imobilizar ou alugar – Geração de caixa – Período 2		
DEMONSTRAÇÃO DO RESULTADO DO PERÍODO 2	**Imobilizando**	**Alugando**
Receita líquida	300 000	300 000
Custos de depreciação*	50 000	0
Outros custos e despesas	230 000	230 000
Custo de aluguel	0	60 000
Lucro operacional	20 000	10 000
* Taxa de depreciação de 50% ao ano		
** O retorno desejado pelo terceirizador é de 10% ao ano do valor investido por ele para retorno em 2 anos		
EBITDA	**Imobilizando**	**Alugando**
Lucro operacional	20 000	10 000
(+) Depreciação	50 000	0
= EBITDA	70 000	10 000
Geração de caixa pelo EBITDA	70 000	10 000
ATIVO FINAL	**Imobilizando**	**Alugando**
Caixa	140 000	20 000
Capital de giro	100 000	100 000
Ativo fixo	100 000	0
(–) Depreciação acumulada	100 000	0
Ativo fixo líquido da depreciação	0	0
Total	240 000	120 000

Os valores do Período 2 seguem a mesma sequência contábil e financeira do Período 1. O caixa da hipótese de imobilizar vai para $ 140.000, contra $ 20.000 da outra hipótese.

Contudo, após dois anos de uso do equipamento imobilizado no início do Período 1, seu valor é igual a zero, pois ele não tem mais condição de ser utilizado em situações normais nem produzir benefícios futuros. Assim, ele terá de ser substituído por um equipamento novo, que custará os mesmos $ 100.000 do equipamento inicialmente adquirido. A tabela a seguir mostra a situação com a recompra do equipamento, já que o outro deverá ser baixado.

Análise da decisão de imobilizar ou alugar – RECOMPRANDO O IMOBILIZADO		
ATIVO FINAL – Período 2	**Imobilizando**	**Alugando**
Caixa	40 000	20 000
Capital de giro	100 000	100 000
Ativo fixo (1)	*200 000*	0
(–) Depreciação acumulada	100 000	0
Ativo fixo líquido da depreciação	100 000	0
Total	240 000	120 000

(1) Soma do valor do equipamento anterior mais o valor da nova aquisição

Verifica-se que o caixa da hipótese de imobilizar volta a representar apenas o valor do lucro acumulado dos dois anos de $ 20.000 cada ano, totalizando $ 40.000.

Todo imobilizado, com exceção provavelmente de terrenos, exige a reposição, pois ele desgasta-se por uso, deterioração ou obsolescência. Portanto, o efeito da depreciação gerando caixa periodicamente a cada resultado é anulado pela saída de caixa posteriormente com a reposição do equipamento a ser adquirido.

Em termos de ROI, a situação é a mesma, como mostra a tabela a seguir. Imobilizar ou alugar não altera a mensuração da rentabilidade do investimento.

Análise da decisão de imobilizar ou alugar – Geração de caixa x ROI – Acumulado		
Valor do investimento inicial – ativo total	200 000	100 000
Valor do investimento final – ativo total	240 000	120 000
Lucro acumulado	40 000	20 000
Caixa gerada no período	40 000	20 000
ROI	20,0%	20,0%
Percentual do caixa gerado sobre ativo inicial	20,0%	20,0%

4.6. Um pouco da história da depreciação[30]

De acordo com os historiadores, uma das primeiras referências à depreciação contábil foi no Império Romano, durante o reinado de César Augusto (27 a.C. a 14 d.C.). Segundo as informações de A. Downey, Vitrúvios, um escritor romano que escrevia sobre arquitetura, descreveu um processo de avaliação de um "muro refratário" de alvenaria que, possivelmente, foi a primeira sugestão do conceito de depreciação por linha reta (constante).

---

[30] NEPOMUCENO, Valério. Uma breve história da Depreciação Contábil. Artigo publicado na *Revista de Contabilidade e Comércio*, Vol. LVI, Série 223, pp. 469-496, Porto, Portugal, 1999.

Ele sugeriu que um oitenta avos do custo do muro fosse deduzido para cada ano que tivesse estabelecido, baseado na hipótese de que o muro tivesse uma vida de 80 anos.

No passado, pouca importância foi dada ao conceito de depreciação. Pelo menos, não há registro que enfatize tal importância. Mesmo Luca Pacioli, em sua magistral obra sobre as partidas dobras, não trata do método de depreciação (A. Downey, p. 198). No entanto, é digna de nota a descrição feita por E. H. Byrne sobre as contas mantidas pelos escribas dos navios genoveses, no final do século XIII.

Byrne aponta uma passagem que mostra o quanto eles estavam familiarizados com os princípios da *depreciação*, com a seguinte tradução livre:

> ele promete dar e pagar ao credor tanto quanto o que está de acordo com a conta [o débito], ou de acordo com o que ele ganhar no investimento com a viagem do navio, possuído por ele e por Bernardi de Rivegno, para Nápoles [cidade], para onde irá. [Do total do resultado] como mostrado nas contas do mestre [do navio], todas as despesas serão deduzidas [incluídas] nas coisas antes mencionadas [em contrato] menos [depreciação] do equipamento do navio, bem como do navio [em si]. [No caso, entretanto,] de o navio ser destruído, ou parte de seu equipamento ser quebrado ou perdido, tais [itens] não serão considerado [como] dedução.

Em 1817, Anselme Payen publica em Paris a sua obra *Essai sur la tenue des Livres d'un Manufacturier* (Ensaio sobre a administração dos livros dos Manufatureiros), onde ele já trata da questão da depreciação. É um dos primeiros registros literários sobre o assunto. Ele sugere que a depreciação seja debitada como custo de produção, mas não é bastante claro quanto ao valor a ser debitado. Godard-Demarest (1827) também manifesta as mesmas preocupações.

Adoulf Guilbault (1865), uma das maiores autoridades francesas em custos daquela época, considerava que a depreciação deveria ser concebida como sendo algo tão perpétuo quanto um custo fixo, embora ele entendesse que se o ativo não fosse usado, não haveria então o seu desgaste.

Em sua obra *Dynamische Bilanz* (Balanço Dinâmico), Schmalenbach dá grande destaque ao conceito de depreciação e à sua aplicação prática: "eu descrevi a depreciação como uma despesa a ser alocada sobre a vida útil dos ativos fixos". Ele distingue a depreciação de todas outras despesas, por duas razões: primeiro, por se tratar de uma categoria especial de despesa [não-desembolso financeiro] e, segundo, porque ela está sujeita, particularmente, à arbitrariedade e ao critério humanos.

No último quartel do século XIX, época denominada pelos norte-americanos de nascimento da teoria "pré-clássica", surgem várias tentativas de conceituar a prática contábil. Uma das mais notáveis foi a publicação, em 1980, de uma série de trabalhos de Charles E. Sprague com o título Algebra of Accounts. Em *Philosophy of Accounts*, ele defende a tese de que a depreciação "não é um passivo, embora seja frequentemente listado entre os passivos, mas uma compensação [retificação] do ativo. Em um balanço geral construído corretamente, ela não apareceria, exceto indiretamente..." (1907, reimpressão 1972: 58). De outro lado, em 1897, Frederick W. Child, membro do Institute of Accounts of New York, defende exatamente o contrário: a formação de um fundo de reserva (*special reserve accounts*).

Cenário Atual da Depreciação
A depreciação é o instrumento contábil pelo qual a empresa busca repor o capital aplicado nos ativos fixos. A reposição desse capital, basicamente, tem sido regulada pela legislação tributária de cada país.

No caso do Brasil e de muitos outros países, o fisco tem estabelecido as taxas a serem aplicadas nos diferentes ativos. O custo histórico e o método linear têm predominado na maioria dos países.

O conceito de depreciação, em sua essência, ainda permanece o mesmo até hoje, embora os processos tecnológicos altamente informatizados já suscitem novas discussões sobre o assunto.

5

A "maldição" do EBITDA III – gestores *versus* acionistas: adversários ou inimigos mortais?

Não há dúvida de que podemos estar exagerando. Os gestores e acionistas não devem ser adversários; ao contrário, devem ser amicíssimos, uma equipe coesa com os mesmos objetivos. Porém, será que sempre é assim?

A teoria financeira já descobriu, há muito tempo, que nem todos os gestores administram a empresa em coesão com os objetivos de seus proprietários, os sócios ou acionistas. Esse conceito é denominado teoria da agência (*Agency Theory*) e trata das questões de objetivos diferentes dos gestores e dos proprietários, um possível conflito de interesses.

5.1. Objetivo financeiro das empresas

Van Horne inicia seu trabalho de forma objetiva quando diz: "O objetivo de uma companhia deve ser a criação de valor para seus acionistas. O valor é representado pelo preço de mercado da ação ordinária da companhia, o qual, por outro lado, é uma função das decisões de investimento, financiamento e dividendos da empresa[...] Por todo este livro, o tema unificante é a criação de valor ".[31]

Como a palavra valor se presta a muitas interpretações, convém ressaltar que o conceito a que se refere o objetivo de finanças é valor econômico, ou seja, a representação do valor da empresa medido em unidades monetárias.

---

[31] VAN HORNE, James C. *Financial Management and Policy*. 11a ed., Upper Saddle River, New Jersey, Prentice-Hall, 1998, p. 3.

Portanto, criação de valor em finanças é um conceito objetivo, mensurável em moeda.

5.2. Maximização do lucro × Maximização da riqueza × Criação de valor

O conceito de maximização do lucro como o objetivo principal de finanças é muito difundido, e desde muito tempo tem sido considerado o propósito mais importante da atividade financeira. Contudo, é possível fazer distinção significativa entre o conceito de maximização do lucro e o conceito de maximização da riqueza.

O conceito de maximização do lucro parte da equação contábil tradicional de que o lucro é a resultante das receitas menos as despesas de um período:

$$\textbf{Lucro do Período = Receitas (-) Despesas}$$

Apesar de lógico, este conceito, tomado e utilizado de forma restrita, pode não conduzir o rumo das empresas a uma melhor situação. A obtenção de um bom lucro em um período não quer dizer que o futuro da empresa será beneficiado por isso. Diversas possibilidades de gestão podem levar a empresa a obter um excelente lucro num período, mas pode prejudicar o seu futuro.

Eventualmente, administradores de empresas, com interesses dissociados dos acionistas, podem tomar decisões de modo a garantir ou aumentar o resultado esperado de um período e comprometer o futuro da riqueza dos acionistas. Exemplos de possibilidades nesse sentido são:

- Redução ou suspensão dos gastos com treinamento e capacitação de funcionários.
- Redução ou suspensão dos gastos com manutenção dos ativos fixos.
- Redução dos gastos com desenvolvimento de novos produtos.
- Redução dos gastos com publicidade e promoção.
- Redução ou suspensão dos investimentos em modernização do parque operacional.

A "maldição" do EBITDA III

- Aumento do volume de vendas por meio de descontos de preços, aumentando o valor do lucro, mas diminuindo a lucratividade dos produtos, etc.

Note que esses tipos de decisões estão associados ao objetivo de obtenção de maior lucro, reduzindo as despesas e aumentando a receita, utilizando--se da fórmula tradicional contábil-financeira.

Contudo, a fórmula contábil-financeira do lucro restringe-se apenas ao período em pauta, mas não remete à questão da geração de lucros futuros. Dessa maneira, decisões que podem aumentar o lucro de um período, podem prejudicar sensivelmente a geração futura de lucros. Neste caso, tem-se a maximização do lucro, mas não a maximização da riqueza, pois esta está relacionada mais com a geração futura de lucros do que a obtenção de lucros no presente.

> O conceito de maximização de lucro é aderente a gestão de curto prazo e pode ocasionar dissociações de interesses dos administradores da empresa e seus acionistas.

O conceito de maximização da riqueza é o mesmo que criação de valor. A criação de valor representa o aumento da riqueza. Maximizando a riqueza, maximiza-se a criação de valor. A riqueza compreende o valor patrimonial de alguém ou de uma empresa, mensurado economicamente. Inclui todos os investimentos líquidos de suas dívidas e os lucros gerados por esses investimentos até o momento da mensuração da riqueza.

Nas empresas, em termos financeiros e dentro da ótica dos acionistas, a riqueza é o valor do capital próprio, que é representado pelo capital investido mais os lucros retidos. Em termos contábeis, este valor é expresso pela figura do patrimônio líquido (PL).

Considerando o conceito de maximização da riqueza, a criação de valor é a diferença entre o valor da riqueza no fim de um período com o valor da riqueza no seu início. Em outras palavras, a criação de valor é o lucro do período analisado. Na semântica contábil-financeira, é a diferença entre o valor do Patrimônio Líquido Final (PLf) menos o valor do Patrimônio Líquido Inicial (Pli), que pode ser traduzido na seguinte fórmula:

$$\text{Criação de Valor (Lucro do Período)} = \text{PLf}^{32} - \text{PLi}$$

Nesse conceito, em vez de obter o lucro pelo confronto das receitas e despesas do período, obtém-se o valor pela avaliação do patrimônio líquido da empresa ao final do período e o confronta com o valor do patrimônio líquido inicial, que terá sido avaliado pelo mesmo critério. Esse conceito de lucro é denominado lucro econômico, em contraposição ao conceito tradicional de lucro contábil.

> MUDAR TUDO. DE NOVO.
> BRF – Após um prejuízo histórico em 2016 e uma operação policial, é hora de mudar tudo outra vez. Revista *Exame*, 29/03/17, p. 77/85.
> "O jeitão financista começou a chamar a atenção de investidores, que notavam uma crescente obssessão da BRF por seu Ebitda." Houve uma piora na qualidade da transparência contábil, como forma de melhorar o Ebitda. Não é nada ilegal, está na regra, mas vale lembrar que o Ebitda é métrica que ajuda a determinar não só o valor das ações como também o pagamento de bônus.
> Um gestor da Skopos comentou que a empresa fazia mágica no Ebitda com criatividade financeira. Até 2013, todos os gastos com fornecedores eram lançados no balanço como custos, o que diminuia o Ebitda. Aos poucos, a BRF foi lançando parte desses gastos na linha de despesa financeira (que não impacta o EBTIDA).

5.3. Lucro econômico *versus* Lucro contábil

O conceito de lucro econômico é que motiva os principais critérios de avaliação de ações e investimentos. De um modo geral, quando se investe em títulos, espera-se um rendimento. O valor dos rendimentos futuros é que determinam o valor atual do investimento. Em outras palavras, o valor

---

[32] Desconsiderados aumentos ou reduções de capital e distribuição de resultados.

A "MALDIÇÃO" DO EBITDA III

atual de um investimento é o valor dos rendimentos futuros que este investimento proporcionará. Essa é a base do lucro econômico.

Podemos apresentar esse conceito com um exemplo simples. Imaginemos que um investidor tenha um imóvel que pagou $ 50.000, que é considerado seu patrimônio líquido inicial, e recebeu nos últimos doze meses $ 500 mensais de aluguel, totalizando $ 6.000 no período de um ano. Supondo que não tenha tido nenhuma despesa, o lucro contábil seria os mesmos $ 6.000.

Lucro Contábil

Receitas do ano	$ 6.000
(-) Despesas do ano	–0–
Lucro do Ano	$ 6.000

Vamos supor, também, que para o próximo período os aluguéis mensais serão de $ 600 ao mês. Sob a abordagem do lucro econômico, o valor da riqueza do proprietário do imóvel são os fluxos futuros descontados a determinado custo de capital. Imaginando um custo de capital de 1% ao mês (equivalente ao recebimento de juros) e considerando o rendimento mensal de $ 600, o valor do imóvel seria de $ 60.000

Valor do imóvel sob o conceito de Lucro Econômico

Valor do rendimento mensal esperado	$ 600
Custo de capital do investidor	1% ao mês
Valor do imóvel com renda	$ 60.000 ($ 600 : 0,01)

Neste exemplo, o valor atual do imóvel decorre do valor do fluxo futuro das receitas que ele irá gerar. Com este dado, podemos calcular o lucro econômico desse patrimônio:

Lucro Econômico

Valor do Patrimônio Líquido Final	$ 60.000
(-) Valor do Patrimônio Inicial	$ 50.000
Lucro Econômico do Ano	$ 10.000

O lucro contábil, como vimos, não trabalha com perspectiva de futuro. Utiliza-se apenas dos dados do passado (receitas e custos históricos, já acontecidos) para mensurar o lucro.

Dessa maneira, como objetivo de finanças, impõe-se a utilização do conceito de lucro econômico, que é coerente com o conceito de maximização da riqueza e criação de valor e que está voltado para as rendas futuras do investimento.

Para avaliação dos investimentos e empresas pelo conceito de lucro econômico, são necessário, portanto, modelos de previsão de lucros, caixa e investimentos. Como é necessário um valor que possa ser utilizado no presente, desconta-se os fluxos futuros a uma taxa de custo de capital. O valor obtido por esse modelo de avaliação pode superar o valor contábil do patrimônio líquido. Essa diferença é, normalmente, denominada goodwill, um valor que, de modo geral, representa os intangíveis da empresa, como marca, capital intelectual, ponto, fundo de comércio, etc.

O quadro a seguir, apresenta de forma comparativa os principais conceitos que desenvolvemos até agora.

Análise comparativa: maximização do lucro x criação de valor

Elemento/Fator/Variável	Maximização do Lucro	Criação de Valor
Horizonte Temporal	Curto Prazo	Longo Prazo
Modelo de Mensuração de Lucro	Lucro Contábil	Lucro Econômico
Elementos da Apuração do Lucro	Receitas e Despesas	Receitas e Despesas, e Custo de Capital
Intangíveis e Goodwill	Não Reconhece	Reconhece
Perspectiva	Histórica	Futura
Dados utilizados	Passados	Futuros
Foco	Lucro do Período	Valor da Riqueza
Objeto	Resultado das Operações Atuais	Resultado das Operações Futuras

Não há dúvida de que os dois conceitos de lucro podem ser trabalhados conjuntamente. Partindo da premissa que o *goodwill* surge da avaliação dos fluxos futuros, admitindo este valor na equação do lucro contábil teríamos:

A "maldição" do EBITDA III

Lucro Econômico a partir do Lucro Contábil
Receitas
(-) Despesas
(+/-) *Goodwill*
Lucro Econômico

A contabilidade deveria ser mais ousada na edição de suas normas contábeis e permitir a contabilização do *goodwill*, no Brasil, denominado ágio por expectativa de rentabilidade futura do ágio gerado internamente.

5.4. Teoria da agência (*Agency Theory*) : conflito de interesses

Numa empresa constituída como sociedade por ações, necessariamente os acionistas têm de constituir um conselho e uma diretoria que administrem a empresa para eles. Essa relação pode ser vista com um contrato, no qual os donos da participação acionária delegam a administradores autoridade para agir em seus nomes. Assim, os administradores podem ser vistos como agentes dos proprietários.

Os proprietários delegam a responsabilidade da tomada de decisão para os administradores, esperando que eles, os agentes, agirão no melhor dos seus interesses. Contudo, estando a propriedade e o controle separados, constata-se uma situação que permite à administração agir mais conforme interesse próprio do que, eventualmente, conforme aqueles dos acionistas. Em outras palavras, os objetivos da administração podem diferir dos objetivos dos donos da empresa. Essa situação de conflito de objetivos pode prejudicar o valor da empresa.

Para tentar contornar esse conflito, os acionistas podem desencorajar os administradores a desviar-se dos seus interesses, mediante a concepção de incentivos apropriados para os administradores (remuneração variável, prêmios por resultados, opções em ações (stock options), etc., monitorando a seguir seu comportamento.

Os conceitos de maximização do lucro, maximização da riqueza e criação de valor podem ser vinculados à teoria da agência, conforme pode ser observado na figura a seguir.

Figura *Agency Theory*

Conforme Sá:[33]

> se os sócios e dirigentes controladores e os demais sócios não-controladores, junto aos credores, tiverem interesses desalinhados sobre o futuro da companhia, um conflito distributivo se instala. O conflito pode ter por alvo a repartição do valor entre os que querem que a empresa cresça, apenas para que sobreviva e os sustente, ainda que empobrecendo os donos do capital, e os que desejam enriquecer ainda que reduzindo as dimensões da empresa. O valor das empresas é uma imensa fonte de poder político e econômico. Abuso de poder, desvio moral e oportunismo, lei e direito, mercado financeiro e racionalidade econômica são os ingredientes do centro da teoria e do exercício real do valor das empresas.

5.5. Gerenciamento do lucro (ou manipulação?): um conceito que não deveria existir

Decorrente do conflito de agência, a ciência contábil e a administração financeira têm trabalhado o conceito de gerenciamento do lucro.

Ora, quando se lê gerenciamento do lucro, o correto seria pensar que é um conjunto de atividades, atitudes, modelos e instrumentos de gestão para atingir o maior lucro possível, dentro das regras econômicas e dentro da lei, uma vez que o lucro, corretamente medido, é a melhor medida da eficácia empresarial.

---

[33] SÁ, Graciano. *O Valor das Empresas*. Rio de Janeiro, Expressão e Cultura, 2001. p. 26.

A "MALDIÇÃO" DO EBITDA III

Contudo, sob esse conceito, discute-se o que os administradores fazem para atingir e publicar um valor de lucro que lhes é conveniente. Em outras palavras: como manipular o valor do lucro. É um absurdo gerencial.

Será que a ciência deve discorrer sobre temas antiéticos? Será que ao discorrer sobre temas antiéticos não estaremos abrindo os olhos para outras pessoas também imaginarem comportamentos não desejados?

Tenho essa dúvida. Mas respeito os pesquisadores que tratam do tema. A título de exemplo apresentamos o resumo de dois trabalhos.

Previsão de lucro e gerenciamento de resultados: evidências empíricas no mercado acionário brasileiro
Renato Henrique Gurgel Mota, Augusto Cezar da Cunha e Silva Filho, Atelmo Ferreira de Oliveira, Edilson Paulo. Revista *Universo Contábil*. Blumenau, FURB, vol. 13, n.1, p.06-26, jan-mar/2017.
O trabalho tem como objetivo verificar se gestores se utilizam dos *accruals* discricionários para manipular as informações contábeis divulgadas pelas empresas listadas na BM&F Bovespa a fim de atingir ou superar o lucro previsto por analistas de mercado. Com base nos estudos anteriores foram elencadas duas hipóteses de pesquisa, a primeira diz que empresas que apresentaram variações positivas do lucro previsto em relação ao lucro divulgado (surpresas positivas do lucro), gerenciam seus resultados por meio de *accruals* discricionários. A segunda afirma que o gerenciamento de resultados contábeis ocorre apenas entre empresas com menores surpresas do lucro, positivas ou negativas. Trata-se de uma pesquisa empírico-analítica e sua amostra é composta de companhias abertas listadas na BM&F Bovespa com informações sobre a previsão de lucro dos analistas dispostas no banco de dados da Thomson Reuters®, com exceção das entidades financeiras e seguradoras. O estudo utiliza os *accruals* discricionários como *proxy* de gerenciamento de resultados, para tanto, utilizou-se o modelo proposto por Paulo (2007). Através de uma regressão do tipo *pooling of independent cross sections*, a hipótese de que as firmas que apresentaram surpresas positivas do lucro (*beat*) gerenciam seus resultados por meio dos *accruals* discricionários foi rejeitada. No entanto, a segunda hipótese de que há gerenciamento de resultados entre empresas com pequenas surpresas do lucro não foi rejeitada. Portanto, a partir dos resultados, conclui-se que somente há evidências de que as empresas brasileiras gerenciam seus

resultados para atingir (*meet*) as previsões de lucro realizadas pelos analistas de mercado.

Análise da Influência da Presença da Suavização de Resultados sobre a Persistência dos Lucros no Mercado Brasileiro[34] *Analysis of the Influence of Income Smoothing over Earnings Persistence in the Brazilian Market*

Nesta pesquisa buscou-se observar, de maneira empírica, a relação entre a presença de suavização de resultados e a persistência na série temporal, com foco no mercado brasileiro, no período de 2004 a 2013. Enquanto a persistência é vista em termos de qualidade informacional dos lucros reportados para avaliação das empresas, a suavização possui conotação ambígua, em que é uma característica desejável por refletir estabilidade no desenvolvimento dos negócios, mas é, principalmente, reconhecida como

Persistência do lucro

Persistência do lucro é uma característica da informação contábil associada à contribuição na previsão de resultados futuros da empresa – assumindo-se que lucros persistentes são mais úteis na avaliação de investimentos. Conforme Dechow et al. (2010) explicam, a lógica por trás da persistência é intuitiva: Se uma firma A apresenta lucros mais persistentes do que uma firma B na perpetuidade, então os lucros da firma A são uma medida sintética mais útil de desempenho futuro e anualizar seus lucros correntes acarretará menores erros de avaliação. fruto de gerenciamento de resultados.

Suavização de Resultados

Como um dos objetivos-alvo de práticas de gerenciamento de resultados, a suavização passou a ser discutida a partir de Hepworth (1953), que observou que a empresa, ao divulgar lucros sem um histórico de picos e

---

[34] Ana Carolina Kolozsvari Universidade Federal do Rio de Janeiro, Faculdade de Administração e Ciências Contábeis, Programa de Pós-Graduação em Ciências Contábeis, Rio de Janeiro, RJ, Brasil. Marcelo Alvaro da Silva Macedo Universidade Federal do Rio de Janeiro, Faculdade de Administração e Ciências Contábeis, Programa de Pós-Graduação em Ciências Contábeis, Rio de Janeiro, RJ, Brasil - R. Cont. Fin. – USP, São Paulo, v. 27, n. 72, p. 306-319, set./out./nov./dez. 2016

A "MALDIÇÃO" DO EBITDA III

vales, mantém melhor continuidade em suas relações institucionais, em que investidores e credores se sentem mais confiantes frente a resultados mais estáveis.

Somos convictos de que a manipulação do lucro não deveria existir, pois fere mortalmente a profissão do administrador financeiro, do contador e do *controller*, e provoca o sentimento mais indesejável na sociedade: a desconfiança em seus líderes!

Conforme Greenspan,[35] o bem-estar material, ou seja, a criação de riqueza, exige a assunção de riscos. Não temos certeza de que seremos bem-sucedidos em nossas ações para adquirir alimentos, roupas e abrigo, por exemplo. Porém, quanto maior for nossa confiança nas pessoas com quem transacionamos, maior será a acumulação de riqueza. Nos sistemas de mercado baseados na confiança, a reputação terá valor econômico significativo. A capitalização forma da reputação ou, em outras palavras, certos ativos intangíveis reconhecidos nos balanços patrimoniais sob a forma de ágio na aquisição de participações societárias, é fator importante na estimativa do valor de mercado das empresas.

A reputação e a confiança dela decorrente sempre me pareceram ser atributos essenciais do capitalismo de mercado. As leis, na melhor das hipóteses, podem regular apenas fração das atividades cotidianas que se realizam nos mercados. Quando se perde a confiança, também se solapa a capacidade do país de executar transações comerciais. A regulamentação do governo não pode substituir a integridade individual."

5.6. Manipulando o EBITDA: despesa ou investimento? Dívida certa ou incerta?

Podemos dizer que é relativamente fácil gerenciar ou manipular o lucro, no mau sentido. Basta adotar critérios contábeis que favoreçam o(s) interessado(s) em caso de dúvida de entendimento ou interpretação dos eventos econômicos ou fatos contábeis.

---

[35] GREENSPAN, Alan. *A era da turbulência*. Rio de Janeiro, Elsevier, 2008, p.248.

Somos obrigados a reconhecer que a complexidade das organizações empresariais e dos eventos econômicos e financeiros que podem ocorrer nas empresas permitem algumas interpretações divergentes de aplicação das normas contábeis. São as zonas cinzentas da contabilidade.

Porém, a ciência contábil já resolveu isso há séculos, colocando a seguinte normativa, denominada convenção do conservadorismo: na dúvida, nunca contabilize uma receita; na dúvida, sempre contabilize uma despesa. O objetivo é claro: nunca aumentar o valor do lucro em caso de dúvida.

Despesa ou Investimento

De um modo geral, a maior possibilidade de gerenciar o lucro está em tratar como investimento, eventos econômicos que são claros que são despesas. Isso faz com que, temporariamente, o lucro aumente, pois não se lança a despesa no ato do evento. A contrapartida está em aumentar o valor do ativo fixo (imobilizado, investimento ou intangível), para posteriormente, serem objetos de depreciação ou amortização.

Dívidas a Serem Reconhecidas

Outra possibilidade de aumentar o lucro é não contabilizar como dívida uma obrigação certa decorrente de um processo judicial que a empresa sofre, seja por reclamação trabalhista, seja como multa sobre compromissos ambientais não cumpridos, seja como um auto de infração tributário. Quando esse tipo de evento ocorre, e não havia sido contabilizado anteriormente, há a necessidade de lançar como despesa as obrigações decorrentes do processo judicial e dar como contrapartida um lançamento no passivo, como obrigação a pagar.

Toda vez que isso ocorre e a empresa já sabe que não tem razão, e mesmo que tome alguma atitude jurídica para possível defesa, o valor deverá ser contabilizado na data do evento.

Normas Contábeis Atuais

Além disso, as normas contábeis ainda em vigor permitem certos entendimentos que não são mais coerentes com a dinâmica empresarial, tais como:

- ativar como intangível gastos com pesquisa e desenvolvimento;

A "MALDIÇÃO" DO EBITDA III

- ativar como intangível gastos com licenciamentos de softwares;
- ativar como imobilizado gastos com aquisição de cadeiras, mesas, armários, computadores comuns, itens desse tipo que não têm valor algum a não ser de uso;
- ativar como imobilizado gastos com reformas de imóveis e de manutenção de veículos e equipamentos, etc.

As chances de manipular o lucro existem, e as normas contábeis não estão ajudando muito a impedir esse tipo de atitude.

5.7. Aumentando o EBITDA para provocar maior remuneração variável dos gestores, prejudicando o acionista

Desenvolveremos a seguir um exemplo numérico mostrando como uma decisão administrativa de ativar ou não um imobilizado pode melhorar a remuneração variável dos gestores, prejudicando a rentabilidade dos acionistas. Esse exemplo decorre de observação no mundo real dos negócios.

Uma empresa prestadora de serviços tinha como diretriz administrativa não imobilizar ativos que pudessem ser obtidos por meio de locação, fossem prédios, equipamentos de informática, móveis ou utensílios; o que é considerado uma prática saudável para empresas de serviços que não necessitam de ativos operacionais específicos como indústrias. O EBITDA é utilizado para mensuração e pagamento da remuneração variável.

A nova diretriz de novos diretores foi passar a imobilizar, comprando os imobilizados. Com isso, ao invés de despesas de aluguéis, que deduzem o EBITDA, a empresa passaria a ter despesas de depreciação, que não compõe o EBITDA.

A tabela a seguir traz um balanço patrimonial hipotético. Nela, há um exemplo numérico que apresenta a hipótese de emprestar dinheiro para a imobilização, gerando despesa financeira, que também não compõe o EBITDA. Não estamos considerando, para fins de simplificação, a questão da tributação do IR sobre o lucro líquido.

Análise da decisão de imobilizar ou alugar com remuneração variável sobre EBITDA		
	Imobilizando	Alugando
ATIVO INICIAL		
Caixa	0	0
Capital de giro	100 000	100 000
Ativo fixo adquirido com empréstimos	100 000	0
(–) Depreciação acumulada	0	0
Ativo fixo líquido da depreciação	100 000	0
Total	200 000	100 000
PASSIVO INICIAL		
Empréstimos para aquisição do ativo fixo	100 000	0
Capital Social	100 000	100 000
Lucros acumulados	0	0
Total	200 000	100 000

Na hipótese de imobilizar, temos no ativo bens contabilizados como ativos fixos adquiridos com empréstimos. Assim, o passivo reconhece como obrigação o valor do empréstimo igual ao valor do ativo adquirido, de $ 100.000. O valor investido pelos acionistas é o mesmo para as duas situações, de $ 100.000 de capital social.

Na próxima tabela, temos a demonstração do resultado do período 1.

DEMONSTRAÇÃO DO RESULTADO DO PERÍODO 1	Imobilizando	Alugando
Receita líquida	300 000	300 000
Custos de depreciação*	50 000	0
Outros custos e despesas	230 000	230 000
Custo de aluguel**	0	60 000
Lucro operacional	*20 000*	*10 000*
Despesas financeiras***	10 000	0
Lucro líquido antes da remuneração variável	10 000	10 000
Remuneração variável sobre o EBITDA****	3500	500
Lucro final para o sócio/acionista	6500	9500

*Taxa de depreciação de 50% ao ano
**O retorno desejado pelo terceirizador é de 10% ao ano do valor investido por ele
para retorno em 2 anos
***Juros pagos anualmente de 10% ao ano sobre o valor emprestado e amortização ao final do ano em duas vezes
****5% sobre o EBITDA antes do valor da remuneração variável

A hipótese de imobilizar contempla o valor de $ 50.000 de depreciação como despesa, enquanto na hipótese de alugar, o resultado é diminuído por $ 60.000 de despesas de custo de aluguel. Como a hipótese de imobilizar contempla o financiamento do imobilizado a um custo de 10% ao ano, o valor de $ 10.000 é contabilizado como despesa financeira.

É importante salientar que, o lucro líquido antes da remuneração variável é o mesmo nas duas situações: $ 10.000. Contudo, a adoção do EBITDA para cálculo da remuneração variável transforma tudo, favorecendo os gestores em detrimento dos acionistas.

A "MALDIÇÃO" DO EBITDA III

A tabela apresentada a seguir mostra o cálculo da remuneração variável sobre o EBITDA, nas duas situações hipotéticas.

Análise da decisão de imobilizar ou alugar com remuneração variável sobre EBITDA		
EBITDA – PERÍODO 1	**Imobilizando**	**Alugando**
Lucro operacional	20 000	10 000
(+) Depreciação	50 000	0
= EBITDA	70 000	10 000
Geração de caixa pelo EBITDA	70 000	10 000
Remuneração variável – 5%	3500	500

Pelo fato de o valor da depreciação ser adicionado ao valor do lucro operacional para mensurar o valor do EBTIDA, a hipótese de imobilizar mostra um EBITDA tremendamente maior do que a hipótese de alugar, o que gera uma base muito maior para o cálculo da remuneração variável.

Assim, nesse caso, os gestores estarão recebendo $ 3.000 a mais de remuneração variável do que na hipótese de alugar ($ 3.500 contra $ 500).

A tabela a seguir mostra o balanço patrimonial final após o resultado do período 1.

ATIVO FINAL PERÍODO 1	**Imobilizando**	**Alugando**
Caixa	56 500	9500
Capital de giro	100 000	100 000
Ativo fixo	100 000	0
(–) Depreciação acumulada	50 000	0
Ativo fixo líquido da depreciação	50 000	0
Total	206 500	109 500
PASSIVO FINAL PERÍODO 1		
Empréstimos	100 000	0
Capital Social	100 000	100 000
Lucros acumulados	6500	9500
Total	206 500	109 500

O caixa, na hipótese de imobilizar, mostra $ 56.500, valor muito superior ao valor no caso da hipótese de alugar. A explicação é muito simples: é pelo valor da depreciação que, tendo como referência a demonstração do resultado do período, a empresa não tira dinheiro do caixa nesse momento. Porém, a empresa terá de recomprar o imobilizado mais adiante, assim como terá de pagar o empréstimo que permitiu a imobilização.

Assim, para a que a análise seja feita corretamente, devemos fazer as apurações após a conclusão dos dois períodos de depreciação. A tabela apresentada a seguir mostra a demonstração do resultado do período 2, assim como o cálculo da remuneração variável do EBTIDA.

Análise da decisão de imobilizar ou alugar com remuneração variável sobre EBITDA – Período 2		
DEMONSTRAÇÃO DO RESULTADO DO PERÍODO 2	Imobilizando	Alugando
Receita líquida	300 000	300 000
Custos de depreciação	50 000	0
Outros custos e despesas	230 000	230 000
Custos de aluguel	0	60 000
Lucro operacional	*20 000*	*10 000*
Despesas financeiras	10 000	0
Lucro líquido antes da remuneração variável	10 000	10 000
Remuneração variável sobre o EBITDA	3500	500
Lucro final para o sócio/acionistas	6500	9500

Análise da decisão de imobilizar ou alugar com remuneração variável sobre EBITDA		
EBITDA - PERÍODO 2	Imobilizando	Alugando
Lucro operacional	20 000	10 000
(+) Depreciação	50 000	0
= EBITDA	70 000	10 000
Geração de caixa pelo EBITDA	70 000	10 000
Remuneração variável – 5%	3500	500

Apresentamos em seguida a tabela com o balanço final do período 2.

ATIVO FINAL PERÍODO 2	Imobilizando	Alugando
Caixa	113 000	19 000
Capital de giro	100 000	100 000
Ativo fixo	100 000	0
(–) Depreciação acumulada	100 000	0
Ativo fixo líquido da depreciação	0	0
Total	213 000	119 000
PASSIVO FINAL PERÍODO 2		
Empréstimos	100 000	0
Capital Social	100 000	100 000
Lucros acumulados	13 000	19 000
Total	213 000	119 000

O valor do caixa na hipótese de imobilizar, $ 113.000, é muito mais alto do que o valo no caso da hipótese de alugar. Contudo, faltam dois eventos que serão necessários ser realizados na hipótese de imobilizar. São eles:

- pagar o valor da dívida bancária de empréstimos no valor de $ 100.000;
- recomprar o imobilizado, também no valor de $ 100.000, emprestando novamente o mesmo valor ou pedindo para os acionistas integralizarem capital no mesmo montante.

A realização desses dois eventos necessários tirarão do caixa $ 100.000. Assim, o caixa realmente disponível para distribuição de lucros para os

A "MALDIÇÃO" DO EBITDA III

acionistas, na hipótese de imobilizar, é de apenas $ 13.000 ($ 113.000 de caixa, menos $ 100.000 para recomprar o imobilizado ou pagar o empréstimo).

Na hipótese de alugar, porém, esses dois eventos não são necessários. Dessa forma, o caixa de $ 19.000 fica totalmente disponível para a distribuição de lucros para os acionistas. A tabela apresentada a seguir mostra a análise final e conclusiva das duas hipóteses, mostrando como é prejudicial ao acionista a adoção da remuneração variável sobre o EBITDA.

Análise da decisão de imobilizar ou alugar com remuneração variável sobre EBITDA – Acumulado		
	Imobilizando	Alugando
Valor do investimento inicial – Capital Social	100 000	100 000
Valor do investimento final – Capital Social + Lucro acumulado	113 000	119 000
Lucro acumulado	13 000	19 000
Caixa gerado no período recomprando o imobilizado e/ou pagando o empréstimo	13 000	19 000
ROI	13,0%	19,0%
Percentual do caixa gerado sobre ativo inicial	13,0%	19,0%

Verifica-se claramente a transferência de dinheiro dos acionistas para os gestores, de $ 6.000 em dois anos, em função do critério de remuneração variável sobre o EBITDA.

Esse valor é a diferença entre o lucro acumulado na hipótese de alugar de $ 19.000, menos o valor do lucro acumulado de $ 13.000 da hipótese de imobilizar. O mesmo valor dessa diferença pode ser verificado no valor do caixa gerado das duas hipóteses.

Essa transferência também fica claramente identificada na análise do ROI. Na hipótese de imobilizar, o acionista teria um retorno de apenas 13,0% nos dois períodos, enquanto na hipótese de alugar, o seu retorno seria de 19,0%.

Penso que provamos mais do que o necessário a "maldição" do EBITDA sendo utilizado dentro das empresas para avaliar o desempenho das unidades de negócio e como base da remuneração variável dos gestores.

6
A ilusão da liquidez corrente: indicador de impossível utilização

Provavelmente, os indicadores de liquidez obtidos na metodologia de análise financeira de balanços, para mostrar a capacidade de pagamento das empresas, são os índices mais evidenciados nas salas de aula da disciplina de análise de balanços.

O que trataremos aqui não é nenhuma novidade em termos acadêmicos. Contudo, observamos a todo instante que empresários, estimulados por contadores e gerentes financeiros, e mesmos órgãos oficiais do governo, que avaliam a capacidade empresarial das empresas que fornecem produtos e serviços à eles, pensam que um índice de liquidez igual ou maior do que 1,0 demonstra uma capacidade normal de pagamento das obrigações.

Sendo um pouco duro na afirmativa, podemos dizer que, para fins de utilização gerencial, os índices de liquidez (corrente, seca, geral), não servem para nada.

6.1. Indicadores de liquidez

O objetivo dos indicadores de liquidez é verificar a capacidade de pagamento das obrigações da empresa com seus ativos realizáveis financeiramente em algum momento.

Para tanto, faz-se o confronto matemático dos valores constantes do ativo circulante e do realizável a longo prazo com os valores constantes do passivo circulante e do passivo não circulante.

O ativo circulante contempla os bens e direitos realizáveis no curto prazo; o realizável a longo prazo, como o próprio nome diz, contempla os bens e direitos realizáveis no longo prazo.

O passivo circulante contempla as obrigações e dívidas a serem pagas no curto prazo, enquanto o passivo não circulante contempla as obrigações e dívidas a serem pagas no longo prazo.

6.2. Conceito de curto e longo prazo

O conceito de curto e longo prazo, para fins das normas contábeis internacionais, aceito também pela comunidade financeira mundial, tem como referência valores a receber, a pagar e a serem realizados financeiramente, no período de um ano (ou doze meses).

Todos os valores a realizar e a pagar dentro do próximo ano, a partir da data de um balanço patrimonial, são considerados de curto prazo. Todos os valores a realizar e a pagar a partir de um ano ou doze meses, contando da data de um balanço patrimonial, são considerados de longo prazo.

Exemplo 1: num balanço patrimonial encerrado em 31.12.2017, todos os valores a receber, a realizar e a pagar até 31.12.2018 são considerados de curto prazo. Todos os valores a receber, a realizar e a pagar a partir de 01.01.2019 são considerados de longo prazo.

Exemplo 2: num balanço patrimonial encerrado em 31.08.2018, todos os valores a receber, a realizar e a pagar até 31.08.2019 são considerados de curto prazo. Todos os valores a receber, a realizar e a pagar a partir de 01.09.2019 são considerados de longo prazo.

Entende-se que essa convenção é razoável para compreensão geral da capacidade de liquidez das empresas.

6.3. O conceito de realização

Para fins contábeis e financeiros, o conceito de realização é extremamente importante. Realização contábil e financeira significa a transformação de qualquer bem ou direito em dinheiro, em unidades monetárias, em caixa.

Em termos de obrigações e dívidas, realização significa o seu pagamento também em dinheiro.

O valor em caixa e em banco são bens e direitos realizáveis a qualquer momento; portanto, são os ativos cuja realização em dinheiro é a mais rápida possível, é instantânea.

Os valores de contas a receber de clientes são realizáveis nas respectivas datas de vencimento, quando os clientes farão o pagamento para a empresa diretamente ou via depósito bancário.

Os estoques de mercadorias de uma empresa comercial são realizáveis quando as mercadorias forem vendidas. Se forem vendidas à vista, a realização da venda de estoques dá-se no momento da venda; se a venda for a prazo, a realização dar-se-á quando do vencimento do título, em este será pago pelo cliente.

Os estoques de produtos acabados das indústrias são realizáveis da mesma forma que os estoques de mercadorias de uma empresa comercial. Já estoques de matérias-primas e componentes de uma indústria são os que mais demoram no processo de realização. Primeiro, os materiais precisam ser objeto de manufatura (produção) na fábrica. Enquanto estão no processo de manufatura, são denominados estoques de produção em andamento (produção em processo, produção inacabada, produtos em elaboração. Passam a ser estoques de produtos acabados quando os produtos forem efetivamente concluídos e disponibilizados para venda.

Os estoques de produção em andamento são realizáveis quando se transformarem em estoques de produtos acabados e, posteriormente, vendidos.

Caso a empresa tenha adiantamentos (a fornecedores, a empregados), esses serão realizados quando a mercadoria ou serviço for entregue pelos fornecedores e, no caso de adiantamentos a empregados, quando os valores forem descontados nos seus holerites.

As obrigações (fornecedores, tributos, salários e encargos a recolher) e dívidas (empréstimos, financiamentos, parcelamentos tributários), quaisquer que sejam, são realizadas quando pagas.

6.4. Ativos fixos e patrimônio líquido não são considerados realizáveis

Os valores dos bens e direitos classificados no balanço patrimonial como investimentos, imobilizados e intangíveis não fazem parte do cálculo dos indicadores de liquidez. O pressuposto é claro e lógico: a ideia básica das empresas é que esses bens foram adquiridos ou obtidos para dar vazão aos seus processos operacionais e, em tese, existem na condição de permanência indefinida na empresa. Daí a analogia financeira de denominá-los ativos fixos.

É natural e óbvio que a qualquer momento possam ser vendidos e, consequentemente, serem realizados em dinheiro. Contudo, não é esta a premissa básica de a empresa tê-los. Até 31.12.2007 esses bens e direitos eram denominados ativos permanentes.

Os valores do patrimônio líquido contábil (capital social, reservas e lucros acumulados) representam o dinheiro dos donos no negócio e, também, a pressuposição básica é que não tem como objetivo serem realizados financeiramente, a não ser por dissolução da sociedade empresarial.

6.5. Exemplo numérico de cálculo dos indicadores de liquidez

Tomemos como referência um balanço patrimonial hipotético, conforme apresentado na tabela a seguir, dentro do formato contábil tradicional e normativo.

BALANÇO PATRIMONIAL – FORMATO CONTÁBIL			
ATIVO CIRCULANTE	$	**PASSIVO CIRCULANTE**	$
Saldo bancário como caixa mínimo	2000	Fornecedores	15 000
Contas a receber de clientes	40 000	Salários e encargos a pagar	14 000
Estoques	20 000	Tributos a recolher	11 000
Adiantamentos	4000	Empréstimos e financiamentos	10 000
	66 000		50 000
ATIVO NÃO CIRCULANTE		**PASSIVO NÃO CIRCULANTE**	
Realizável a longo prazo	3000	Empréstimos e financiamentos	35 000
Investimentos	7000		35 000
Imobilizado	60 000	**PATRIMÔNIO LÍQUIDO**	
Intangíveis	4000	Capital social integralizado	35 000
	74 000	Reservas	16 000
		Lucros ou prejuízos acumulados	4000
			55 000
ATIVO TOTAL	140 000	**PASSIVO TOTAL**	140 000

São quatro os indicadores de liquidez mais utilizados:

- Liquidez corrente
- Liquidez seca
- Liquidez geral
- Liquidez imediata

As fórmulas e os dados obtidos com os números do balanço patrimonial aqui apresentado são demonstrados a seguir.

Liquidez Corrente

$$Liquidez\ corrente\ =\ \frac{Ativo\ circulante}{Passivo\ circulante}\ =\ \frac{66\,000}{50\,000}\ =\ 1,32$$

Parâmetro de aceitabilidade = acima de 1,0

Esse indicador confronta o montante do ativo circulante contra o montante do passivo circulante.

Avaliação: para cada R$ 1,00 real de dívidas e obrigações de curto prazo há ativos realizáveis para pagamento dos passivos de R$ 1,32.

Liquidez Seca

$$Liquidez\ seca\ =\ \frac{Ativo\ circulante\ (-)\ Estoques}{Passivo\ circulante}\ =\ \frac{66\,000\ (-)\ 20\,000}{50\,000}\ =\ \frac{46\,000}{50\,000}\ =\ 0,92$$

Parâmetro de aceitabilidade = acima de 0,5 para comércio e 0,7 para indústria (nosso entendimento)

O objetivo desse indicador é dar um teste mais duro para a liquidez, excluindo o valor dos estoques do ativo circulante. Conforme evidenciamos no tópico 6.3, os ativos de estoques é que, em linhas gerais, precisam de mais tempo para se transformarem em dinheiro.

Liquidez Geral

$$Liquidez\ geral\ =\ \frac{Ativo\ circulante\ (+)\ Realizável\ a\ longo\ prazo}{Passivo\ circulante\ (+)\ Passivo\ não\ circulante}\ =\ \frac{66\,000\ (+)\ 3000}{50\,000\ (+)\ 35\,000}\ =\ \frac{69\,000}{85\,000}\ =\ 0,81$$

Parâmetro de aceitabilidade = não há consenso

De todos os indicadores de liquidez esse é que não tem, objetivamente, nenhuma serventia. Não serve para nada. Isso porque aglutina itens de prazos absolutamente diferentes e aleatórios. Você pode ter realizáveis a longo prazo que demorarão 20 anos para serem transformados em dinheiro.

Da mesma forma, você pode ter dívidas de longo prazo, parceladas, que podem chegar a 15 anos, como os parcelamentos tributários brasileiros decorrentes dos diversos REFIS.

As licitações governamentais entendem que esse indicador deve ser igual ou maior do que 1,0.

Liquidez Imediata

Esse indicador contempla apenas os ativos de disponibilidades financeiras (caixa, bancos e aplicações financeiras), confrontando-os com o total do passivo circulante.

$$Liquidez\ imediata = \frac{Disponibilidades}{Passivo\ circulante} = \frac{2000}{50\ 000} = 0,04$$

Parâmetro de aceitabilidade = não há consenso, quanto maior melhor

Objetivamente, esse é, de fato, o único indicador de liquidez. Mede os ativos realizáveis financeiramente de forma imediata, com o total das obrigações e dívidas de curto prazo.

A questão básica é que quanto mais dinheiro a empresa tem parado nas aplicações financeiras, caixa e saldos bancários, a rentabilidade do empreendimento tende a cair; pois, teoricamente, aplicações financeiras nunca renderão o que deve render um empreendimento operacional.

Outro agravante de ter excesso de liquidez imediata é a possível existência, concomitante, de dívidas bancárias. Na teoria de finanças, nunca empréstimos e financiamentos custarão menos do que se ganha em aplicações financeiras. Novamente, isso leva à perda de rentabilidade do acionista.

6.6. Os indicadores de liquidez são estáticos

É importante ressaltar que os indicadores de liquidez são extraídos unicamente dos dados de um balanço patrimonial.

Ora, o balanço patrimonial é a representação do patrimônio empresarial em um determinado momento, em uma única data. Portanto,

A ILUSÃO DA LIQUIDEZ CORRENTE

indicadores extraídos de uma demonstração estática são indicadores estáticos. Não conseguem refletir a dinâmica futura. E a capacidade de pagamento sempre deverá levar em conta a condição futura de liquidez da empresa.

Qualquer evento econômico significativo após a data do encerramento do balanço vai alterar a liquidez para mais ou para menos. Pode acontecer, por exemplo, que o maior cliente chave da empresa entre num processo de recuperação judicial e toda a condição de liquidez da empresa fique comprometida da noite para o dia.

Pode ocorrer um evento econômico natural (uma enchente, um incêndio) que destruirá todo o estoque da companhia e ela não terá como fazer vendas nos próximos meses. Não há dúvida de que podem ocorrer eventos econômicos positivos, que poderiam melhorem a liquidez da companhia. De qualquer forma, são indicadores estáticos.

Contudo, além disso, outra condição agravante que inibe por completo a utilização dos indicadores de liquidez corrente, seca e geral, advém de que, na realidade, os ativos circulantes, exceto as disponibilidades, não são realizáveis!

Isso será demonstrado nos tópicos seguintes.

6.7. Necessidade líquida de capital de giro: abordagem de Fleuriet

Michel Fleuriet e outros[36] desenvolveram um modelo de administração do capital de giro, que tem sido denominado Análise Financeira Dinâmica, que retoma o tema da liquidez e seus indicadores, sugerindo uma abordagem nova e diferente da abordagem da análise de balanço tradicional. Seu modelo foi retomado com algumas adaptações por Olinquevitch e De Santi.[37]

---

[36] FLEURIET, Michel, KEHDY, R. e BLANC, G. A *Dinâmica Financeira das Empresas Brasileiras*. BH, Fundação Dom Cabral, 1978.

[37] OLINQUEVITH, José Leônicas e DE SANTI Filho, Armando. *Análise de Balanços para Controle Gerencial*. 2ª edição, São Paulo, Editora Atlas, 1987.

Para desenvolver seu modelo, Fleuriet separa os elementos do giro, classificando-os em dois tipos em relação ao seu comportamento com o ciclo operacional:

- contas cíclicas, ou seja, contas de natureza operacional;
- contas erráticas, ou seja, as demais contas do circulante.

As contas cíclicas "são as que relacionam-se diretamente com o ritmo operacional, refletindo, em seus saldos, o nível de operações fins da empresa. As contas erráticas são aquelas cujos saldos evoluem sem qualquer relação com o ritmo das operações, podendo, portanto, ser zerados quando a empresa estiver desempenhando normalmente suas atividades."[38]

As contas cíclicas relevantes são: contas a receber de clientes, estoques, despesas pagas antecipadamente, no ativo; duplicatas a pagar de fornecedores, obrigações tributárias incidentes sobre o faturamento e sobre o lucro, obrigações trabalhistas, outras contas a pagar, no passivo.

As contas erráticas relevantes no ativo são: caixa, bancos, aplicações financeiras, mútuos com controladas e coligadas, outras contas correntes; no passivo: financiamentos bancários, títulos descontados, mútuos com controladas e coligadas, e parcelamentos tributários.

A nomenclatura "contas cíclicas" tem o objetivo de mostrar que essas contas refletem a dinâmica do giro da empresa, de comprar, produzir, estocar, vender e receber. São cíclicas porque seus valores têm origem no ciclo operacional da empresa, e sua existência e seus montantes são absolutamente indispensáveis para que a empresa opere continuadamente.

A característica financeira das contas cíclicas é que elas, no geral, acompanham o ciclo das operações: se a produção e as vendas aumentarem, elas aumentarão seu saldo proporcionalmente; se a produção e as vendas diminuírem, elas diminuirão seu saldo proporcionalmente.

A nomenclatura "contas erráticas" vem do "que erra ou vagueia; errante; sem curso definido; imprevisível; sem controle". Em termos estatísticos

---

[38] FIORAVANTI, Maria Antonia. *Análise da Dinâmica Financeira das Empresas: uma abordagem didática do "Modelo Fleuriet"*. Dissertação de Mestrado, Universidade Metodista de São Paulo, 1999.

A ILUSÃO DA LIQUIDEZ CORRENTE

equivale ao conceito de "aleatório", muito utilizado para simulações, notadamente no modelo de simulação Monte Carlo (que sugere roleta de cassino).

Considerando as naturezas diferenciadas das contas do giro, há uma reclassificação do capital circulante: as contas cíclicas são classificadas como giro e, consequentemente, o total dos ativos cíclicos menos o total dos passivos cíclicos indica a Necessidade Líquida de Capital de Giro(NLCG).

As demais contas de caráter financeiro e não vinculadas às operações são denominadas contas de Tesouraria e só com essas é que dever-se-ia calcular a liquidez empresarial e a capacidade de solvência da empresa no curto prazo. Seus valores são aleatórios.

Com os dados do exemplo inicial, apresentamos uma reclassificação conforme a abordagem dinâmica do Modelo Fleuriet.

BALANÇO PATRIMONIAL – FORMATO FINANCEIRO			
CONTAS CÍCLICAS DO ATIVO	**$**	**CONTAS ERRÁTICAS DO PASSIVO**	**$**
Contas a receber de clientes	40 000	Empréstimos e financiamentos-Circulante	10 000
Estoques	20 000	Empréstimos e financiamentos-Não circulante	35 000
Adiantamentos	4000		45 000
	64 000	**(–) CONTAS ERRÁTICAS DO ATIVO**	
(–) CONTAS CÍCLICAS DO PASSIVO		Saldo bancário como caixa mínimo	2000
Fornecedores	15 000		2000
Salários e encargos a pagar	14 000		
Tributos a recolher	11 000		
	40 000		
NECESSIDADE LÍQUIDA DE CAPITAL DE GIRO	**24 000**	**SALDO DE TESOURARIA**	**43 000**
ATIVO NÃO CIRCULANTE		**PATRIMÔNIO LÍQUIDO**	
Realizável a longo prazo	3000	Capital social integralizado	35 000
Investimentos	7000	Reservas	16 000
Imobilizado	60 000	Lucros ou prejuízos acumulados	4000
Intangíveis	4000		55 000
	74 000		
ATIVO TOTAL	**98 000**	**PASSIVO TOTAL**	**98 000**

Para que servem esses conceitos e essa forma de apresentação dos itens do balanço patrimonial?

Simplesmente para dizer que a Necessidade Líquida de Capital de giro (NLCG) é uma *necessidade* de existência constante e, em nenhuma hipótese, pode ser transformada em dinheiro para pagamento de qualquer dívida ou obrigação.

A NLCG é um ativo tão fixo quanto os ativos fixos.

Os únicos ativos disponíveis para pagamento e para a liquidez são os ativos erráticos, ou seja, caixa, bancos e aplicações financeiras.

6.8. Não se pode utilizar os valores de contas a receber e estoques para pagar obrigações e dívidas

Os elementos da NLCG são absolutamente necessários para o giro e não podem ser utilizados para pagamento das obrigações.

A empresa sempre precisará ter estoques de materiais, mercadorias, produção em elaboração e produtos acabados para dar vazão à sua condição de produzir e vender. Sempre que um estoque é utilizado, há a necessidade de reposição do item para recompor a capacidade de produção e vendas.

A empresa sempre precisará ter um valor em contas a receber decorrente do seu prazo médio de recebimento, porque as vendas a prazo sempre ocorrerão. Sempre que uma conta a receber é recebida, entrará outra contra a receber no seu lugar, decorrente de novas vendas a prazo.

As obrigações do passivo cíclico também existirão sempre. Paga-se o saldo de salários e tem-se a nova folha a pagar. Recolhe-se os tributos e tem-se novamente os novos tributos a recolher.

Resumindo, a NLCG é um conjunto de elementos patrimoniais que sempre existirá e não que pode ser disponibilizado para realização financeira no sentido dos índices de liquidez.

Fica claro, então, que os índices de liquidez corrente, seca e geral não medem a liquidez ou capacidade de pagamento da empresa, pois os elementos do ativo circulante e realizável a longo prazo não são realizáveis financeiramente no sentido estrito do termo.

Desconto de Duplicatas ou Títulos a Receber

Um procedimento de tesouraria que fere integralmente o conceito de NLCG é a utilização de antecipação de recebíveis, tipo desconto de duplicatas. Nesse caso, a empresa está, provisoriamente, fazendo liquidez com parte de seu ativo circulante de NLCG. Isso indica que a empresa está com problemas financeiros, pois está realizando financeiramente um ativo que não pode ser realizado, já que, imediatamente, o valor descontado terá de ser resposto para manter a NLCG.

6.9. Liquidez imediata: o único indicador correto da liquidez

Como já introduzimos no tópico 6.5, objetivamente a liquidez imediata é, de fato, o único índice de liquidez correto. Isso decorre, porque ele utiliza apenas os valores financeiramente disponíveis, das contas erráticas, e não trabalha com os demais itens das contas cíclicas do ativo circulante.

Também como já exploramos, excesso de dinheiro parado não é recomendável pela teoria financeira.

6.10. NLCG deve ser financiada por capitais de longo prazo

Uma falha muito recorrente entre analistas e profissionais é não entender que a NLCG é um ativo tão fixo quanto os demais ativos fixos. Nesse sentido, toda a NLCG, assim como todo o ativo fixo e permanente, deve ser financiada com capitais de longo prazo.

Na análise de viabilidade econômica de um investimento, o valor da NLCG, adicionado ao valor dos ativos fixos, necessários para operacionalizar esse investimento, deve ser financiado por fontes de financiamento de longo prazo.

Muitos pequenos e médios empresários não veem isso com clareza e, ao cometer este equívoco na constituição do negócio, não obtêm fontes de longo prazo para a NLCG, tendo, rapidamente, problemas de liquidez. Em razão desse tipo de visão equivocada é que estão sempre recorrendo a desconto de títulos, que são fontes de financiamento de curtíssimo prazo e não representam, de fato, fontes de financiamento sustentáveis.

> O curioso em muitas empresas que possuem uma vantagem competitiva durável é que, com bastante frequência seu coeficiente de liquidez fica abaixo do mágico 1.
>
> O que está realmente acontecendo é que seu poder de gerar lucro é tão forte que elas podem facilmente cobrir seu passivo circulante... é a consistência do seu poder de geração de lucro, uma consequência de sua vantagem competitiva durável, que garante que essas empresas possam cobrir

seu passivo circulante e não sejam vítimas das vicissitudes dos ciclos de negócios e das recessões.[39]

6.11. Como a empresa garante sua capacidade de pagamento?

Muito simples:

- Financiando a NLCG com capitais de longo prazo.
- Tendo lucro!

O lucro, corretamente medido, vira caixa.

Todas as despesas têm de ser pagas, mas todas as receitas têm de ser recebidas. Se a empresa financiou adequadamente a NLCG, esta não precisará ser disponibilizada. Assim, o lucro vira um caixa constante, e, ao final do exercício contábil, pode ser distribuído tranquilamente para os donos do negócio, sem perder a liquidez.

---

[39] BUFFETT, Mary e CLARK, David. *Warren Buffett e a análise de balanços*. Rio de Janeiro, Sextante, 2010, p.76-77.

7

Ponto de equilíbrio: uma questão de vida ou morte. Serve para quê?

Provavelmente, o tema mais charmoso de finanças e contabilidade gerencial é o famoso *break-even point*, ou ponto de equilíbrio. Tema esse que todo professor de contabilidade, de finanças, de custos, adora dar em sala de aula, principalmente, pela arquitetura e beleza plástica desse modelo gerencial de tomada de decisão.

Ponto de equilíbrio é a mensuração da quantidade de produção/vendas, com seus respectivos preços de venda, com que a empresa consegue cobrir todos os gastos gerados por essa quantidade, evidenciando lucro zero. Os volumes produzidos/vendidos a partir da quantidade do ponto de equilíbrio permitirão à empresa gerar lucros adicionais, saindo do lucro zero.

Meu caro leitor: se você já conhece bem o assunto, para não cansar, pule os itens 7.1 a 7.5 e vá direto ao item 7.6 "para que serve o ponto de equilíbrio na prática?".

7.1. Custos fixos e variáveis e o conceito margem de contribuição

A base conceitual e matemática do modelo de decisão, mensuração e informação do ponto de equilíbrio é a separação entre os custos fixos (custos e despesas fixas) e os custos variáveis (custos e despesas variáveis).

Os custos (e despesas) variáveis são aqueles cujo comportamento em valor varia na igual proporção da quantidade de produção ou vendas, conforme mostra a Figura 1.

Figura 1

Visão de comportamento de custos variáveis

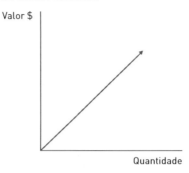

O consumo de matéria-prima e materiais diretos, despesas com comissões de vendas, são exemplos clássicos de custos e de despesas variáveis. Esses gastos não existem no ponto zero, onde ainda não há quantidade de vendas ou produção e, à medida que o volume de vendas ou produção aumenta, há aumento proporcional dos gastos variáveis.

Já os custos e despesas fixas, por sua natureza, no curto prazo,[40] têm um valor predefinido, preexistente ou predeterminado e, independente do volume de vendas ou produção, ele permanece o mesmo, conforme mostra a Figura 2.

Figura 2

Visão de comportamento de custos fixos

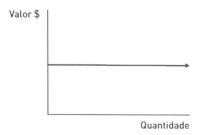

---

[40] O grande economista John Maynard Keynes tem uma frase espirituosa, e correta, sobre isso: "no longo prazo todos os custos são variáveis; mas no longo prazo, todos estaremos mortos".

Ponto de equilíbrio: uma questão de vida ou morte.

O valor já definido intersecta o eixo de valor, não partindo do zero e, independente do volume produzido ou vendido, esse valor monetário se mantém. A maioria dos gastos são de natureza fixa, como depreciação, mão de obra (mesmo a mão de obra direta), aluguéis, etc.

Margem de Contribuição

A diferença entre o valor da venda e os custos variáveis mensura a margem de contribuição dos produtos. Essa pode ser mensurada de forma unitária e de forma global, total. A margem de contribuição unitária pode e deve ser calculada para cada produto ou serviço de forma unitária, ficando então:

Margem de contribuição unitária = preço de venda unitário (–) custos e despesas variáveis unitário

A margem de contribuição total é a diferença entre as receitas totais de todos os produtos da empresa menos os gastos totais variáveis da empresa:

Margem de contribuição total = receitas totais de todos os produtos e serviços (–) total dos custos e despesas variáveis de todos os produtos e serviços da empresa

O conceito de margem de contribuição é um conceito fundamental da gestão econômica. A margem de contribuição unitária representa a contribuição objetiva e direta, de quanto de lucro a venda de uma unidade do produto ou serviço fornece para a empresa. Em outras palavras, a margem de contribuição unitária é, de fato, o lucro unitário que o produto ou serviço tem e fornece para a empresa.

Nessa linha de raciocínio (que é a correta) os custos e despesas não variáveis – os famosos custos (e despesas) fixos, não são gastos atribuíveis aos produtos e serviços, mas sim, gastos que são corporativos, da empresa, e não devem ter vínculo com o custo unitário dos produtos e serviços.

Concluindo a parte dos conceitos, a margem de contribuição unitária de cada produto ou serviço, e/ou, a margem de contribuição total de todos os produtos e serviços devem cobrir o total dos custos e despesas fixas da empresa e gerar o lucro operacional desejado.

A análise de lucratividade de cada produto ou serviço deve ser feita unicamente com o conceito de margem de contribuição, nunca contendo rateio dos custos e despesas fixas, incorporados ao custo variável deles.

7.2. Ponto de Equilíbrio em quantidade e em valor de venda

A separação dos gastos por sua natureza – fixos e variáveis –, que permite a identificação da margem de contribuição, é a base para o cálculo do ponto de equilíbrio, que representa o nível de atividade (com suas respectivas receitas e custos), no qual o lucro é zero, e a empresa consegue cobrir o total dos custos e despesas fixas gerados também por esse nível de atividade.

O ponto de equilíbrio pode ser calculado de duas formas:

- O ponto de equilíbrio em quantidade de produção/vendas – que terá como referência a margem de contribuição unitária do produto ou serviço.
- O ponto de equilíbrio em valor de vendas – que terá como referência a margem de contribuição percentual média de todos os produtos e serviços.

As fórmulas para obter o ponto de equilíbrio são:

$$\text{Ponto de equilíbrio em quantidade} = \frac{\text{Custos e despesas fixas totais}}{\text{Margem de contribuição unitária}}$$

$$\text{Ponto de equilíbrio em valor de venda} = \frac{\text{Custos e despesas fixas totais}}{\text{Margem de contribuição percentual}}$$

Vejamos exemplos numéricos, considerando um total de custos e despesas fixas de $ 560.000,00.

Vamos supor que a empresa tenha só um produto, que o venda por $ 1.700,00 e que tenha custos e despesas variáveis unitário de $ 900,00. A margem de contribuição unitária é de $ 800,00 e o ponto de equilíbrio em quantidade é de 700 unidades.

Margem de contribuição unitária

Preço de venda unitária	1700,00
Custos e despesas fixas variáveis unitário	-900,00
Margem de contribuição unitária	800,00

$$\text{Ponto de equilíbrio em quantidade} = \frac{560\,000,00}{800,00} = 700\text{ unidades}$$

Vamos supor que ela consiga vender normalmente 1.200 unidades. Assim, sua receita total seria de $ 2.040.000,00 e o total de custos e despesas variáveis seria de $ 960.000,00.

A margem de contribuição percentual seria de 47,0588% e o ponto de equilíbrio, em valor de vendas, seria $ 1.190.000,00.

$$\text{Ponto de contribuição percentual} = \frac{960\,000,00}{2\,040\,000,00} = 47,0588\%$$

$$\text{Ponto de equilíbrio em valor de vendas} = \frac{560\,000,00}{47,0588\%} = 1\,190\,000,00$$

O valor de $ 1.190.000,00, nesse exemplo que supõe um único produto, também pode ser obtido pela multiplicação do preço de venda unitário com a quantidade do ponto de equilíbrio.

Ponto de equilíbrio em valor de vendas para um único produto ou serviço	=	Quantidade no ponto de equilíbrio * preço de venda unitário

No nosso exemplo, teríamos:

Quantidade no ponto de equilíbrio (a)	700 unidades
Preço de venda unitário (b) - $	1700,00
= Vendas no ponto de equilíbrio (a × b) - $	1 190 000,00

7.3. A dificuldade de utilização do ponto de equilíbrio em quantidade

Em linhas gerais, a maioria das empresas não tem um único produto ou serviço. Geralmente, elas têm inúmeros produtos e serviços e, no mais das vezes, não são produtos homogêneos.

Se a empresa tem um único produto ou serviço (que beira à impossibilidade no mundo real) ou, se os diversos produtos e serviços têm características físicas, de custos, de processo fabril e comercial, relativamente homogêneos, a utilização do ponto de equilíbrio em quantidade dá algum significado.

Em não havendo essa condição, o ponto de equilíbrio em quantidade é inútil. Resta, então, a adoção do ponto de equilíbrio em valor de vendas (da receita líquida). Nesse caso, a margem de contribuição será percentual e será uma média de margem de contribuição de todos os produtos e serviços da empresa, que deve ser calculada de forma proporcional. Dessa forma, tem-se, então, a condição de calcular o ponto de equilíbrio em valor de vendas de múltiplos produtos.

7.4. Gráfico do ponto de equilíbrio

A Figura 3 mostra os cálculos efetuados no item anterior, de forma gráfica, deixando claro o ponto de equilíbrio, a zona de prejuízo e a zona de lucro.

Figura 3

Gráfico do ponto de equilíbrio

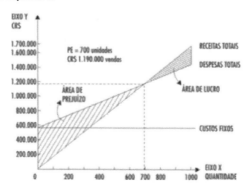

PONTO DE EQUILÍBRIO: UMA QUESTÃO DE VIDA OU MORTE. 141

Para a elaboração do gráfico deve-se:

- Traçar a reta dos custos e de despesas fixas a partir da intersecção do valor de $ 560.000 no eixo Y, de valor, que é o total dos custos e despesas fixas da empresa, para qualquer volume; portanto, a visão gráfica dos custos e despesas fixas é uma linha reta, horizontal ao eixo X de quantidade, uma vez que seu valor independe da quantidade/volume de produção ou vendas, ou do nível de atividade.
- A partir do ponto de intersecção dos custos e despesas fixas no eixo Y, deve-se traçar a reta dos custos e despesas totais (custos e despesas variáveis, mais custos e despesas fixas).
- A partir do ponto zero dos dois eixos, traça-se a reta das receitas totais.
- O ponto de equilíbrio dar-se-á pela intersecção das reta das receitas totais com a reta dos custos e despesas totais, evidenciando a quantidade do ponto de equilíbrio no eixo X e o valor das vendas no ponto de equilíbrio no eixo Y.

O gráfico é de uma beleza plástica indubitável, deixando claro o ponto em que as receitas de vendas atingem o lucro zero e as áreas de lucro ou prejuízo.

7.5. Empresas que não têm custos variáveis: como ficam?

É comum no mundo dos negócios empresas que não têm ou têm poucos custos variáveis, principalmente empresas de serviços, como consultorias, auditorias, publicidade e propaganda, serviços de tecnologia, projetos, empresas do ramo financeiro, instituições de ensino, etc.

Não é o caso clássico do comércio, onde a mercadoria vendida é claramente um custo variável. No caso de indústria, as matérias-primas, componentes (os materiais diretos que compõe o produto ou serviço final), são claramente variáveis. Mas existem indústrias em que a participação de materiais diretos é muito pequena, havendo, então, pouca relevância de custos variáveis.

Empresas que não têm custos variáveis, em princípio, não têm um produto ou serviço que é vendido de forma unitária. Assim, o conceito de margem de contribuição não existe, tecnicamente e teoricamente falando. Como fica então a questão do ponto de equilíbrio?

Aplicando as fórmulas do ponto de equilíbrio em quantidade e valor, no excel, obtemos o seguinte:

$$\text{Ponto de equilíbrio em quantidade} = \frac{560\ 000,00}{0,00} = \#\text{DIV/0! unidades}$$

$$\text{Ponto de equilíbrio em valor de vendas} = \$\ \frac{560\ 000,00}{0,0000\%} = \#\text{DIV/0!}$$

Objetivamente, o ponto de equilíbrio nesses casos é a totalidade dos custos e despesas fixas, já que não existem custos nem despesas variáveis.

7.6. A dificuldade de mensurar o ponto de equilíbrio na prática

A razão é relativamente simples: a grande dificuldade de separar o que é custo fixo e custo variável numa empresa em ação, em operação diária, com variações constantes de crescimento e redução do nível de atividades, bem como variação dos preços dos insumos e recursos, entre outros eventos e acontecimentos.

A dificuldade já começa em classificar: mão de obra direta será tratada como custo fixo ou como custo variável? Materiais indiretos da produção estão mais próximos de serem custos variáveis ou custos semi-variáveis? Energia elétrica, gás, etc., são custos fixos ou variáveis? A depreciação deve ser tratada como custo variável por unidades produzidas ou deve ser tratada como custo fixo? E assim vai...

Outra questão importante é o nível de atividade. As empresas, quando fazem o orçamento, assumem um nível de atividade esperado, e que tende a dar certo, em linhas gerais, na realização, em ambientes econômicos relativamente estáveis.

Contudo, no dia a dia, a realidade das operações é muito diferente! A produção de um mês é diferente do mês anterior, que é diferente do próximo mês, mesmo quem com pequenas variações. Cada mês tem uma quantidade de dias úteis, regimes de férias, mix de produção diferente, produtividade diferente etc.

Resumo da questão: a mensuração periódica (mensal, anual etc.) do ponto de equilíbrio mostra resultados que se alteram a cada cálculo efetuado, não dando indicações claras para utilização desse instrumento de gestão.

7.7. Por que o Ponto de Equilíbrio não tem utilização prática?

Essa resposta é muito simples: é porque nenhuma empresa busca lucro zero. Qualquer empresa, qualquer investimento, busca lucro. Ninguém faz investimento para ter lucro zero.

O ponto de equilíbrio é uma informação que mostra que você vai trabalhar arduamente, comprar, produzir e vender e não ganhar nada. Naturalmente, nenhum empresário vai querer isso. Essa é a razão da irrelevância, no mundo real, do conceito de ponto de equilíbrio.

7.8. Para que serve então o Ponto de Equilíbrio? Vida e morte empresarial

Digamos que o ponto de equilíbrio pode servir em dois momentos: na vida e na morte.

Na vida: quando você está fazendo um plano de negócios, um novo investimento, abrindo uma empresa, no momento do nascedouro, na vida: pode ser uma informação relativamente útil.

Entre as várias informações necessárias, qual seria o ponto de equilíbrio, talvez para o primeiro ou segundo ano, quando a empresa tem de desamarrar o negócio, deslanchar. Qual é o mínimo que uma empresa precisa vender para não ter problemas financeiros? Talvez tenha algum sentido no início das operações.

Na morte: quando a empresa, por algum motivo ou outro, entrou em dificuldades financeiras. Aí talvez também seja uma informação útil. Quanto é preciso vender, no mínimo, para cobrir todos os gastos e tentar sair, nem que seja devagarzinho, do buraco?

Exceto nessas duas situações, a meu ver, o ponto de equilíbrio não serve para absolutamente nada.

7.9. A "Descontribuição" do SEBRAE para os pequenos e médios empresários

Nos primeiros contatos que tive com as cartilhas do SEBRAE, notava uma ênfase muito forte para ensinamento do ponto de equilíbrio.

Navegando no dia 04.01.2019 pelo site do SEBRAE, ainda vi os resquícios disso, como segue, retirado do site.

GESTÃO FINANCEIRA
'Ponto de equilíbrio

O ponto de equilíbrio é uma importante ferramenta de gestão financeira para identificar o volume mínimo de faturamento para não gerar prejuízos.

O ponto de equilíbrio é um indicador de segurança do negócio, pois mostra o quanto é necessário vender para que as receitas se igualem aos custos. Ele indica em que momento, a partir das projeções de vendas do empreendedor, a empresa estará igualando suas receitas e seus custos. Com isso, é eliminada a possibilidade de prejuízo em sua operação.

Ponto de equilíbrio. É o valor das vendas que permite a cobertura dos gastos totais (custos, despesas fixas e despesas variáveis). Nesse ponto, os gastos são iguais à receita total da empresa, ou seja, a empresa não apresenta lucro nem prejuízo.

As perguntas mais frequentes são:

Quanto terei de faturar para conseguir pagar os meus custos, despesas fixas e variáveis?

Quais as quantidades que terei de produzir/vender para ter lucro?

Finanças Textos

Ponto de equilíbrio

O ponto de equilíbrio é uma importante ferramenta de gestão financeira para identificar o volume mínimo de faturamento para não gerar prejuízos.

Finanças Textos

Como apurar os lucros operacionais?

Despesas variáveis e despesas fixas, e possui fórmulas fáceis de serem aplicadas para determinar a margem de contribuição, o ponto de equilíbrio e o lucro operacional. Para saber mais, clique aqui.

Conteúdos relacionados:
Cálculo da lucratividade do seu negócio
Custos e preço de venda no comércio
Entenda e aplique os controles financeiros
Como saber se um negócio é viável

O exemplo do SEBRAE, embora se destine a empresários que estão aprendendo os fundamentos da administração de um negócio, não é ideal para ser usado para sempre, pois ensina a operar com lucro zero.

7.10. Modelo de gestão: se o Ponto de Equilíbrio não serve, o que é certo?

Uma empresa nunca pode adotar como modelo básico de gestão o ponto de equilíbrio, exatamente porque este postula lucro zero.

Ao longo dos anos, com base em nossos contatos com diversos empresários e executivos, verificamos que muitas empresas ainda adotam como modelo de gestão o ponto de equilíbrio. O modelo mais comum é, mensalmente, identificar o ponto de equilíbrio de valor de vendas e divulgar essa informação para toda a empresa, principalmente, para os setores de vendas, controladoria e financeiro. Isso é muito ruim, pois pode provocar frouxidão na busca de melhores resultados.

Fundamentalmente, existem apenas dois modelos de gestão que devem ser obrigatoriamente adotados por todas as empresas, de qualquer segmento ou tamanho:

- a busca do retorno do investimento que cubra o custo de capital dos investidores;
- o plano orçamentário, como meio para atingir o retorno esperado.

Todos os demais instrumentos de gestão de controladoria e finanças devem estar alinhados com esses dois modelos de gestão.

7.11. O conceito de Margem de Contribuição é indispensável

Vimos que o modelo de decisão, mensuração e informação do ponto de equilíbrio contempla o conceito de margem de contribuição. Alguns poderão colocar em dúvida esse conceito, já que colocamos em xeque a utilização prática do conceito de ponto de equilíbrio. Então, o conceito de margem de contribuição também é dispensável?

Não, em hipótese alguma. O conceito de margem de contribuição, que mostra o quanto de fato o lucro de um produto ou serviço dá para a empresa é indispensável.

Esse é o modelo para inúmeras informações e processos decisórios, tais como:

- Identificar e analisar a lucratividade unitária de cada produto ou serviço, que é a sua margem de contribuição unitária.
- Mensurar a margem de contribuição do total das vendas de cada produto ou serviço, e sua participação na margem de contribuição total da empresa.
- Mensurar a lucratividade por cliente ou segmentos de clientes (também denominada *cost to serve*, custos para servir).
- Decidir qual produto ou serviço manter, ampliar, reduzir ou eliminar.
- Simular novos preços de venda, combinando preços, quantidade e margens de contribuição;
- Decidir sobre terceirização ou não de componentes fabricados ou serviços internos operados, etc.

Um dos pontos fundamentais do conceito de margem de contribuição como grande modelo decisório é que ele não mistura gastos de natureza fixa com gastos de natureza variável. Em outras palavras, é um modelo que não admite rateios de custos fixos ou indiretos, que, cientificamente, é o único modelo decisório correto.

8
Administração pelo fluxo de caixa: o caminho pavimentado para o fracasso

Outro mito ou lenda, que desanda para a falácia, é que uma empresa tem de ser administrada pelo fluxo de caixa.

Esse conceito subverte a ciência contábil cuja base decisória está relacionada à dois grandes modelos: o balanço patrimonial e a demonstração de resultados, estruturados pelo regime de competência de exercícios. Subvertendo a base científica da contabilidade, subverte-se, naturalmente, todo o conjunto da teoria de administração financeira.

Conforme Ross e outros, toda a estrutura de administração financeira está contida no balanço patrimonial, em conjunto com a DRE,[41] quando falam sobre "O que são finanças de empresas". Imaginemos que você decida montar uma empresa para fabricar bolas de tênis. Para esse fim, contrata gerentes para adquirir matéria-prima e organiza um grupo de empregados para produzir e vender as bolas de tênis. Na terminologia de finanças, faz investimento em ativos, tais como estoques, máquinas, instalações e mão-de-obra. O montante de dinheiro aplicado em ativos deve ser contrabalanceado por um montante equivalente em termos de financiamento. Ao começar a vender as bolas de tênis, sua empresa está gerando caixa. Essa é a base da criação de valor para você, seu proprietário. O valor está refletido no arcabouço do modelo simples de balanço patrimonial da empresa".[42] E o balanço patrimonial é estruturado sob o regime

---

[41] DRE é a abreviação coloquialmente utilizada para a demonstração dos lucros de um período, oriunda do nome oficial Demonstração do Resultado do Exercício.

[42] ROSS, Stephen A., WESTERFIELD, Randolph W. e JAFFE, Jeffrey F. *Administração Financeira*. São Paulo, Atlas, 2002.

de competência. Só lembrando, o princípio do regime de competência do exercício é necessário para apurar o lucro no momento dos fatos gerados, independentemente de quando as receitas e despesas serão recebidas ou pagas. O regime de caixa, que não é utilizado pela contabilidade, presume controles gerenciais apenas de recebimentos e pagamentos, independentes de quando os eventos, que necessitam de recebimento e pagamento, foram gerados.

A necessidade do regime de competência impõe-se pela lógica. Quando você vende, você já sabe quando lucrou, independente de quando o valor da venda será recebido ou quando o valor do custo será pago. Além disso, o regime de competência é necessário para o controle dos elementos patrimoniais do ativo e passivo de realização futura. Assim, o balanço patrimonial contempla as contas a receber e a pagar, os empréstimos e financiamentos e outros valores a receber e a pagar gerados pelas operações da empresa, além dos elementos patrimoniais de utilização na operação como os estoques e imobilizados.

8.1. O caixa ainda é rei?

Entre o final da década de 1980 e início da década de 1990, quando a inflação em nosso país tinha níveis pré-hiperinflacionários, adquiri um livro de uma das principais editoras do ramo de contabilidade e finanças, tratando sobre administração pelo caixa. Infelizmente, não tenho mais o exemplar, nem me lembro do seu título correto, nem do nome do autor.

No início do livro tinha a imagem de uma geladeira e, dentro dela, um desenho representando o balanço patrimonial. O autor enfatizava: o balanço patrimonial é uma informação congelada, estática! Não serve para nada; a empresa tem de ser administrada pelo fluxo de caixa.

Aquela frase, profissionalmente e academicamente, me causou revolta. Joguei o livro no lixo, depois de uma afirmativa tão tresloucada.

Posteriormente, o livro de Keith,[43] que leva o nome deste tópico, mas sem o ponto de interrogação, me chamou de imediato a atenção quando

---

[43] KEITH, Checkley. *O caixa ainda é rei*. Rio de Janeiro, Record, 2005. p. 80, 86, 114, 141, 201, 220

tive a oportunidade de saber de sua existência e obter um exemplar. Algumas frases me chamaram a atenção, pois discordo delas:

p. 11 – "O caixa é o combustível para mover a empresa – sem ele, ela certamente irá fracassar".

p. 11 – "... o relato dos resultados financeiros das empresas cotadas no mercado de ações continua a enfatizar medidas simples, como índices P/L,[44] com pouca ênfase na capacidade das empresas gerar caixa".

p. 13 – "... vemos hoje muito mais ênfase na identificação e análise dos fluxos de caixa em oposição à abordagem tradicional de dados derivados da Demonstração de Resultados e Balanço Patrimonial".

Por outro lado, o próprio autor se contradiz, quando, ao longo de grande parte de seu trabalho, ele dá ênfase ao fluxo de caixa pelo método indireto; demonstração essa que é, essencialmente, uma forma diferente de apresentar os itens da demonstração de resultados e do balanço patrimonial.

Não há que desmerecer o trabalho de Keith. Provavelmente, a forma de expressar "caixa" tenha sido um pouco enfática demais. É impensável gerir uma empresa sem balanço e sem demonstração de resultados.

Dessa maneira, nosso propósito é deixar claro que o caixa é importante, porém não deve ser o único modelo de controle de gestão.

8.2. A primeira grande falácia: a empresa tem lucro, mas não tem caixa

Quantas vezes já ouvi isso? Perdi a conta. E quantas vezes vários colegas ouviram isso e ficaram quietos ou concordaram? Perdi a conta.

Em tese, em condições normais de operação, isso é impossível. Se a empresa tem lucro, ela tem caixa. Por quê? Porque toda a receita é recebida e é toda despesa é paga. Como o lucro é igual a receitas (-) despesas, sendo toda receita recebida e toda despesa paga, a empresa tem o valor de caixa igual ao valor de lucro.

---

[44] Índice Preço/Lucro, sendo preço o preço atual da ação na bolsa de valores e lucro o último lucro por ação obtido pela empresa.

Conforme diz Iudícibus,[45] "em última instância, no longo prazo, todos os fluxos de lucro se transformam em fluxos de caixa".

Temos de reconhecer, igualmente, que há um descompasso ou descolamento natural de um período de tempo entre a geração de lucro e a geração de caixa.

8.3. Descolamento entre lucro e caixa: como é resolvido

São duas condições naturais dentro das empresas que evidenciam o descolamento entre a geração de lucro e a geração de caixa, que são:

A necessidade líquida permanente de capital de giro.

A necessidade de investimentos em ativos fixos (imobilizados etc.).

Para que as transações dos eventos econômicos sejam controladas, é necessário que a maior parte dessas transações tenha um prazo para pagar ou receber. Em linhas gerais, desconsiderando eventuais planejamentos financeiros, há a necessidade de um determinado período mínimo de tempo para que as transações de compras sejam registradas, contabilizadas, para que depois possa efetuar os pagamentos com segurança. Da mesma forma, há a necessidade de se estipular um determinado período mínimo de tempo para que as transações de venda sejam recebidas, pelos mesmos motivos.

Assim, os prazos de efetivação financeira das transações de compra e venda são necessários, não para fins de ganhos financeiros, mas, sim, para ter condições normais de serem internalizadas nos sistemas de informações operacionais, para fins societários, fiscais, contábeis e gerenciais.

Os prazos de efetivação financeira, assim como os prazos de utilização dos estoques e imobilizados, implicam na necessidade de investimentos, que são os investimentos em capital de giro e ativo fixo.

A solução do descolamento entre lucro e caixa é resolvida como manda o figurino da gestão financeira: na decisão de investimento e na decisão de financiamento.

Quando se vai fazer um investimento, deve-se saber qual é o montante de valor a ser investido no capital de giro, assim como no imobilizado.

---

[45] IUDÍCIBUS, Sérgio de. Por uma teoria abrangente de contabilidade. In: *Boletim do IBRA-CON*, Ano XVII, no. 200, 1995. p.6.

Administração pelo fluxo de caixa

A soma desses dois montantes é que determinará o quanto deverá ser captado de fontes de financiamento, sejam recursos próprios ou de terceiros. Essas fontes de financiamento, necessariamente, precisam ter características de fontes de longo prazo.

Fontes de financiamento de longo prazo caracterizam-se quando não há necessidade de devolver o valor emprestado, bastando pagar os juros combinados, no caso de capital de terceiros, e distribuindo os dividendos mínimos esperados, no caso de capital próprio. Sempre haverá dinheiro para financiar as empresas que têm condições de gerar lucro com fontes de longo prazo.

Como vimos no Capítulo 6 sobre o índice de liquidez corrente, a NLCG – Necessidade Líquida de Capital de Giro – não é disponível, é um ativo tão fixo quanto o ativo fixo. Assim, determinado o volume adequado de capital de giro, haverá o turn-over natural: as vendas a prazo da NLCG anterior serão recebidas; as vendas a prazo atuais recomporão a NLCG, num ciclo ininterrupto.

Similarmente, é o ativo fixo. O investimento em imobilizado será depreciado, que diminuirá o lucro contábil, mas não diminuirá o caixa. O valor da depreciação deverá ser reinvestido em imobilizado (como regra normal), fazendo com que, em linhas gerais, o valor da depreciação "não desembolsável" seja anulada com o reinvestimento em novos imobilizados.

Portanto, todo lucro é caixa. Contudo, convém deixar claro: é preciso saber medir o lucro.

8.4. Lucro corretamente medido

Provavelmente, o problema que gera a dicotomia de entendimento entre lucro e caixa é a falta de técnica para medir, mensurar, o lucro. Se o lucro é composto de receitas e despesas, e as receitas devem ser recebidas e as despesas devem ser pagas, considerando a NLCG, todo lucro vira caixa.

Por que algumas (para não dizer inúmeras) empresas evidenciam geração de lucro, mas não evidenciam geração de caixa?

Provavelmente é porque a maioria dos contadores não sabe medir o lucro, não conseguem fazer o lucro corretamente medido.[46] Conforme Catelli,

---

[46] Sem entrar em precisão, é possível que parte disso seja decorrente das próprias práticas contábeis obrigatórias.

provavelmente, o maior nome em controladoria do Brasil e do mundo, "o lucro, corretamente medido, mede a eficácia empresarial".[47]

O lucro corretamente medido depende da avaliação correta dos contadores sobre os eventos econômicos[48] que gerarão os lançamentos contábeis. Se o contador interpreta que um evento econômico gera um ativo e não representa uma despesa, nesse momento, ele estará aumentando o lucro periódico, aumentando um ativo, no pressuposto que esse ativo provocará ganhos futuros.

Contudo, se a avaliação do contador, no ato da interpretação do evento econômico, é equivocada, ele estará distanciando o lucro do caixa. Caso a decisão de ativar o item, provoque um ativo que não será depreciado, a distância do lucro ao caixa nunca será resolvida, possivelmente, provocando decisões equivocadas posteriormente.

Provavelmente, a interpretação de uma série de eventos econômicos que ficam na "zona cinzenta" entre investimento ou despesa é que provoca a distorção na visão do lucro que não gera caixa.

8.5. Lucro corretamente medido: é despesa ou investimento?

Apresento alguns exemplos de interpretações equivocadas sobre despesas/e ou investimento, colhidas do mundo real, ao longo de minhas andanças no ramo da consultoria.

Estoques Podres

Uma empresa de tecnologia, que entre outras coisas produz mísseis, estava com problemas financeiros e com um endividamento da ordem de 60 milhões de reais. Pergunto para o contador:

---

[47] "O modelo de gestão econômica é um modelo gerencial baseado em resultados econômicos, que busca a excelência empresarial e a otimização do resultado econômico da empresa. Contempla, portanto, um modelo de mensuração da eficácia da empresa, de modo a operacionalizar o conceito de eficácia no dia a dia dos gestores. Ao se preocupar com a mensuração correta dos resultados da empresa ... o modelo de gestão econômica estrutura propõe o que denominamos modelo econômico de mensuração da eficácia, que tem como indicador o resultado econômico." CATELLI, Armando. *Controladoria*. São Paulo, Atlas, 1999. p. 69-70.

[48] Evento econômico é um acontecimento no âmbito da empresa que provoca alteração no seu patrimônio, antigamente denominado fato contábil ou administrativo.

— A empresa está dando lucro?

— "Sim." Ele me responde. —"Veja, nos últimos três anos deu em média 9 milhões de lucro."

É uma constatação conflitante. Dá lucro, não tem caixa e tem dívida alta.

Olho para o ativo, identifico que o valor dos estoques equivale a 1,5 ano de produção, o que para uma empresa de tecnologia é um absurdo.

Conclusão: na realidade a empresa não estava tendo lucro; estava tendo prejuízo. Só falta baixar do ativo estoques obsoletos (podres) de mais ou menos 30 milhões de reais.

Gastos com Engenharia como Intangível

Empresa de acessórios para veículos. Dívida de 50 milhões de reais, há anos sem distribuir dividendos, com problemas financeiros.

A DRE dos últimos três anos apontava lucros ao redor dos 25 milhões.

Novamente, constatação conflitante. Dá lucro, mas não tem caixa, tem dívida.

Motivo: a empresa ativava como intangível os gastos com os departamentos de engenharia de desenvolvimento e de processos.

Objetivamente, a empresa estava tendo prejuízos há anos, e este procedimento/intepretação incorreta provocava a visão "tem lucro, mas não tem caixa."

Tributos a Recuperar, Irrecuperáveis

Alguns contadores contabilizam como tributos a recuperar, seguindo a prática tradicional de contabilidade, de valores que, na prática, nunca serão recuperáveis.

Exemplos: ISS a recuperar por retenção duplicada; ICMS a recuperar de exportação que nunca serão devolvidos, etc.

Essa interpretação provoca lucro que não vira caixa. A solução é simples: baixar esses tributos, mesmo como provisão retificadora. Caso, no futuro, por sorte, algum venha a ser recuperado, volta a lançar como receita.

Outra questão importante nesse aspecto é a formação de preços de venda. Se tributos a recuperar não são recuperáveis na prática, esses têm de fazer parte do custo para formar o preço de venda. Caso contrário, o preço de venda não conseguirá trazer o lucro esperado.

Intangível de Atualização de Software

Empresa de auditoria externa e prestação de serviços contábeis, subsidiária de multinacional.

Identifico estorno de despesas. Pergunto ao controller:

– O que é esse estorno de despesa?

Ele me responde com convicção:

– São gastos que nosso setor de TI faz para atualizar o software de contabilidade que utilizamos para prestar serviços para nossos clientes. Estornamos da despesa e ativamos como intangível.

Pergunto eu:

– O software de contabilidade é seu?

– Não, é licenciado, ele responde.

– Então, se você não pode revendê-lo ou relicenciá-lo, não é seu ativo. Portanto, não é intangível. É despesa pura e simples.

Curiosamente, nessa empresa, essa interpretação tirava o período analisado de prejuízo para lucro. Na realidade, estava com prejuízo. Além disso, em função do lucro equivocado, estava emprestando dinheiro para pagar pró-labore aos sócios.

Obsessão por Imobilizar

Empresa de alimentos. Verifiquei que havia excelentes montantes de lucros em todos os anos, mas o saldo de caixa não aumentava. Perguntei ao controller:

– Vocês devem distribuir todo o lucro, pois o caixa não aumenta.

Ele me responde:

– Não. No máximo quarenta por cento.

Pergunto em seguida:

– Para onde vai o resto do lucro?

Ele me responde:

– Vai para o imobilizado.

Passando em revista os itens imobilizados, verificamos que a maioria era referente a reformas, até do pavimento do pátio. Havia equívocos constantes na interpretação; inúmeros gastos de manutenção eram dados como ativo imobilizado.

Dessa forma, fica difícil o lucro ir para o caixa.

Obsessão por Imobilizar II

Em outra empresa, indústria de artefatos de consumo doméstico, qualquer nova atividade um pouco diferente das usuais, era tratada como projeto e, consequente, imobilização.

Projetos como mudança de layout na fábrica, adaptação do ERP para novo release, gastos para revisão do plano orçamentário, etc., considerados como projetos, eram objeto de contabilização.

Individualmente, alguns projetos tinham valor de pouca expressão. Mas somando todos os tais projetos, o valor alcançava até 90 milhões de reais por ano; valor significativo para uma empresa que fatura 600 milhões por ano.

Dessa maneira é muito difícil do lucro se tornar caixa.

Outras interpretações equivocadas provocam distorções como essas, algumas induzidas pelas normas contábeis, como:

- ativar despesas pré-operacionais;
- ativar licenciamento de softwares, principalmente ERP;
- ativar reformas de valor relevante, unicamente pelo montante. Reforma é reforma, mesmo que os valores sejam relevantes;
- ativar gastos com manutenção relevantes;
- ativar bens de pequeno valor, móveis e utensílios, computadores, etc., que não têm mais relevância no mundo atual, etc.

Obter o lucro corretamente medido parece simples, mas não é!

8.6. Como a empresa gera caixa

A empresa gera caixa, fundamentalmente, de duas maneiras:

- gerando lucro operacional e resultado financeiro que alavanca o retorno do investimento do sócio ou acionista;
- mantendo uma gestão eficaz em todo o conjunto de suas atividades operacionais e financeiras.

Em resumo, a base de tudo é a gestão eficaz. A gestão eficaz compreende:

- gestão das operações;
- gestão dos ativos;
- gestão de tesouraria.

Esse conjunto de gestão é que produz o resultado. O caixa é consequência da gestão.

O caixa é o resultado da gestão. O caixa é efeito, é consequência da eficácia do conjunto de gestão em todos os aspectos das atividades empresariais.

A figura 1 resume esse conjunto de conceitos.

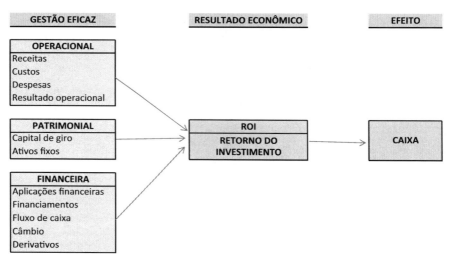

Figura 1 – Caixa como consequência do lucro e da eficácia da gestão

A gestão deve ser eficaz em todos os elementos que compõe o resultado operacional. Precisamos gerir eficazmente as vendas e seus preços, os mercados, etc., para termos a gestão eficaz das receitas.

Precisamos gerir eficazmente os custos e despesas[49] para obtermos sua máxima eficácia: montantes menores de gastos e a manutenção de todas as atividades eficientes. Como consequência, teremos o resultado das operações que alcança o máximo de resultado econômico possível.

O outro conjunto de gestão é a gestão patrimonial. Aplica-se tendo o menor montante investido no capital de giro, que suporta toda a atividade operacional de forma eficiente. Da mesma forma, a gestão dos ativos fixos (imobilizados, etc.), de tal forma que eles produzam o máximo de benefícios futuros.

O terceiro bloco de gestão é a gestão de tesouraria. De nada adianta ser bom na operação, na eficiência dos ativos, se a tesouraria faz má gestão do dinheiro.[50] É indispensável saber administrar as entradas e saídas de caixa, saber aplicar, saber captar, saber como tratar o câmbio, etc.

O resultado das três gestões é evidenciado pelo valor da última linha da DRE: o lucro líquido. Esse lucro líquido deve estar em consonância com o ROI esperado que, de um modo geral, deve ser um ROI que iguale ao retorno esperado ou, melhor ainda, dê EVA.[51]

Fazendo tudo isso, que é o certo, haverá caixa. Portanto, fica claro que o caixa é apenas consequência da gestão e não é ele que deve ser administrado unicamente. Administrar pelo caixa é similar à analogia popular de "o rabo abanando o cachorro".

8.7. Quem administra o caixa só administra um elemento patrimonial

Outro aspecto relevante na questão de "só administrar pelo caixa" é que o caixa é apenas um entre inúmeros outros elementos patrimoniais do ativo e do passivo.

---

[49] Técnicas como orçamento base zero e orçamento matricial são exemplos de modelos de gestão que focam com objetividade a gestão de gastos.

[50] Exemplo clássico é a *debacle* da Sadia, que, por não saber usar derivativos, faliu a empresa.

[51] EVA – *Economic Value Added*, é quando o lucro obtido é superior ao retorno desejado pelos investidores.

Se você administra só pelo caixa, em tese, você está administrando apenas um elemento do ativo. E os demais?

- Não vai administrar contas a receber?
- Não vai administrar os estoques?
- Não vai administrar os adiantamentos?
- Não vai administrar os tributos a recuperar?
- Não vai administrar os imobilizados?
- Não vai administrar as obrigações com fornecedores?
- Não vai administrar os tributos a recolher?
- Não vai administrar os empréstimos e financiamentos?
- Não vai administrar as contas cambiais ativas e passivas?
- Não vai administrar as provisões de 13°. Salário e férias?
- Não vai administrar os juros de empréstimos que serão pagos no futuro?

Voltamos ao velho (e bom) balanço patrimonial. Sem ele é impensável a gestão empresarial. Como o balanço patrimonial reflete, entre outros, os elementos de receitas, custos e despesas, a administração da DRE caminha lado a lado. O caixa é apenas consequência, efeito, da eficácia da gestão patrimonial e de resultados.

8.8. A empresa não tem de ter caixa

Teoricamente, não é função da empresa ter caixa excedente. Tendo como referência que o lucro corretamente medido vira caixa, e o lucro é o retorno do investimento, todo o lucro tem de ser distribuído aos acionistas. A Figura 2 mostra a sequência da gestão e da utilização do lucro.

Figura 2 – O fluxo da eficácia da gestão e a manutenção de caixa

Tudo começa com a mensuração correta da necessidade do investimento, dos ativos, que compreende o capital de giro necessário ao volume esperado das operações e do correspondente conjunto de ativos fixos.

Esse conjunto de investimentos deve ser financiado com recursos de longo prazo, sejam eles fontes de capital próprio ou de terceiros. Nessa etapa, resolve-se a questão do descolamento entre o regime de competência e o regime de caixa, já que a necessidade líquida de capital de giro está financiada com recursos de longo prazo.

As operações geram o lucro, que, corretamente medido, vira caixa. O caixa, vindo do lucro, deve ser, em tese, distribuído totalmente para os sócios ou acionistas, porque representa o retorno do investimento esperado, e o lucro obtido no investimento é dos donos do capital próprio.

Com o lucro obtido no caixa, os sócios e acionistas poderão optar por reter parte do lucro/caixa obtido para financiar o crescimento da empresa nos próximos anos, caso a decisão seja de aportar mais capital próprio. Isso porque, a decisão de suportar as necessidades de investimentos dos próximos anos pode ser financiada também com capital de terceiros.

O único montante de dinheiro que de fato necessita ser mantido na empresa é o caixa mínimo para fazer frente às necessidades de caixa de curto prazo. O caixa mínimo depende do tipo de atividade: se comércio, esse pode ser proporcionalmente menor do que indústria; se serviço que depende basicamente de mão-de-obra, pode estar vinculado às necessidades de caixa para pagamento de folha.

Em linhas gerais, o caixa mínimo deve ser um montante que cubra o pico de saída de caixa de um mês. Essa concepção parte da premissa de que a empresa está em continuidade de operações e as operações dão lucro. Assim sendo, excetuando-se o montante de caixa mínimo, a empresa não deve ter caixa.

8.9. Quando se tem lucro mas não se tem caixa e vice-versa

Uma empresa pode estar com lucro, corretamente medido, e momentaneamente não ter caixa. Quando isso pode acontecer?

- A empresa distribui todos os lucros para os sócios e acionistas: sem problemas, teve lucro, distribuiu, ficou sem caixa, mas conseguirá lucros futuros.

- Quando decide investir todo o lucro em novos empreendimentos. Também, sem problemas.
- Quando investe em negócios já "mortos": nesse caso é problemático, pois o futuro não trará os lucros desejados e a situação financeira deverá piorar.
- Quando investe em ativos fixos de baixa qualidade, ou de rentabilidade futura igual a zero, tais como prédios suntuosos administrativos, plantas operacionais com capacidade muito maior do que o mercado pode absorver, etc. É uma situação relativamente comum; o futuro reserva, nesse caso, novas dificuldades financeiras.
- Quando investe em negócios que só causarão custos futuros, tipo clube de recreação, projetos culturais, etc.

Pode também acontecer o contrário: a empresa ter caixa e não ter lucro. Algumas situações são especialmente perigosas, tais como:

- Refinanciar os tributos junto à Receita Federal. Pode fazer caixa hoje, mas seu futuro financeiro seguramente estará comprometido.
- Levantar empréstimos e financiamentos para custear prejuízos. Se não houver lucros futuros suficientes para pagar o endividamento, a situação começa a ficar alarmante.

Tudo isso mostra que, mesmo sabendo que o caixa é consequência da eficácia da gestão, é necessário monitorar sua evolução. Se a geração de caixa não for decorrente da geração dos resultados operacionais e da eficácia da gestão de tesouraria, os problemas financeiros futuros logo estarão à sua porta.

8.10. Monitoramento do caixa: fluxo de caixa pelo método indireto

O método do fluxo de caixa denominado indireto é a metodologia adequada para complementar a análise financeira do balanço patrimonial e de resultados, pois ele tem a lógica conceitual de unir a gestão dos resultados mostrada na DRE e as interligações do balanço patrimonial dos itens de ativo e passivo que demandaram ou geraram caixa.

O Quadro 1, a seguir, mostra os conceitos para analisar o fluxo de caixa pelo método indireto.

BLOCO 1	LUCRO LÍQUIDO
Análise da gestão operacional por meio da DRE	(+) Depreciações (+/-) Equivalência patrimonial (+/-) Resultados financeiros* = Lucro das operações

BLOCO 2	(+/-) AJUSTES DO CAPITAL DE GIRO
Análise da gestão patrimonial de curto prazo	Variação de contas a receber Variação dos estoques Variação das obrigações do giro

BLOCO 3	FLUXO DE CAIXA DAS ATIVIDADES DE FINANCIAMENTO
Análise da gestão da estrutura de capital	Variação dos empréstimos e financiamentos Aumento de capital e distribuição de lucros

BLOCO 4	FLUXO DE CAIXA DAS ATIVIDADES DE INVESTIMENTO
Análise da gestão patrimonial de longo prazo	Aquisição de imobilizados e intangíveis Investimentos em coligadas e controladas Baixa ou alienação de ativos fixos

BLOCO 5	RESULTADOS FINANCEIROS*
Análise da gestão de tesouraria	Despesas financeiras Receitas financeiras Variação cambial Resultados de derivativos

BLOCO 6	VARIAÇÃO DO CAIXA
Análise da variação do caixa	Variação do período Saldo inicial Saldo final

* Desloca-se a análise dos resultados financeiros para fora do lucro das operações

Quadro 1 – Conceitos de gestão do fluxo de caixa pelo método indireto

A Tabela 1 apresentada a seguir mostra os conceitos dentro da formatação classicamente utilizada.

Tabela 1 – DEMONSTRAÇÃO DOS FLUXOS DE CAIXA – Método Indireto	
	Ano 1 - $
Lucro líquido do exercício	7900
(+) Depreciações e amortizações	6000
(+/−) Equivalência patrimonial	300
(+) Despesas financeiras	3924
(−) Receitas financeiras	−405
Lucro gerado pelas operações	17 719
(+/−) Ajustes por mudança no capital de giro	
(−) Aumento de duplicatas a receber	−3000
(−) Aumento dos estoques	−3800
(−) Aumento de outras contas realizáveis	−20
(+) Aumento de duplicatas a pagar	500
(+) Aumento de salários e encargos a pagar	530
(+) Aumento de tributos a recolher	200
	−5590
Fluxo de caixa das atividades operacionais	*12 129*
(Lucro gerado para o caixa)	
Variação de empréstimos e financiamento	1000
Distribuição de resultado	−4900
Aumento de capital social	0
Fluxo de caixa – atividades de financiamento	*−3900*
Aumento do imobilizado e intangível	−2550
Variação do realizável a longo prazo	−60
Fluxo de caixa – atividades de investimento	*−2610*
Despesas financeiras	−3924
Receitas financeiras	405
Gestão de tesouraria	*−3519*
Variação do saldo de caixa no período	*2100*
Saldo inicial de caixa e aplicações financeiras	2900
Saldo final de caixa e aplicações financeiras	5000

Análise e Entendimento

O ponto de análise mais importante é a necessidade do saldo positivo do fluxo de caixa operacional, uma vez que seu principal formador é o lucro operacional. Esse fluxo representa a razão de ser da organização, porque o lucro operacional reflete a eficácia empresarial. Confrontando com o valor do ativo operacional (o valor do investimento da empresa), obtém-se a medida do retorno do investimento.

Os ajustes por mudança no capital de giro são excluídos (ou aumentados) do lucro das operações porque o capital de giro está intrinsecamente ligado às operações, e o valor de seus elementos tende a acompanhar o ritmo das operações. Assim, se a empresa aumenta o volume das operações, com o aumento das receitas, deve aumentar o lucro. Consequentemente, deverá ter aumento nos itens do balanço patrimonial relacionados com o capital de giro, porque se as receitas aumentam, provavelmente, haverá aumento no valor dos estoques, das duplicatas a receber, dos fornecedores, etc.

Não há dúvida de que pode haver saldo negativo do fluxo operacional em algum período. O que não pode acontecer é saldo negativo constante. De um modo geral, saldos negativos constantes do fluxo de caixa operacional indicam prejuízo ou excesso de retenção no capital de giro (por excesso de estoques, aumento de inadimplência, etc.).

O fluxo de caixa das atividades de investimentos normalmente é negativo, no sentido de que a empresa tende a estar sempre investindo e raramente "desinvestindo". O fluxo de caixa das atividades de investimentos deve ser analisado em relação ao futuro da empresa, uma vez que os investimentos são feitos no pressuposto de retorno futuro, em horizontes temporais normalmente acima de cinco anos.

Caso haja constante fluxo negativo das atividades de investimentos e fluxos de caixa das atividades operacionais de períodos futuros negativos, isso significará que o lucro esperado dos investimentos não aconteceu, resultando em problemas para a empresa.

O saldo positivo de fluxo de caixa de financiamentos tende a ser confrontado com o saldo negativo do fluxo de caixa das atividades de investimentos. O mais comum é que as empresas financiem seus investimentos ou com recursos de emissão de ações ou com captação de recursos de terceiros, cujo pagamento será no futuro à medida que os lucros do investimento acontecerem.

Quando a empresa está em momentos de maturação do investimento, há a tendência de o fluxo de caixa das atividades operacionais ser positivo, o fluxo de caixa das atividades de investimento ser nulo ou pouco negativo, e o fluxo de caixa das atividades de financiamento ser negativo, em razão da amortização dos financiamentos feitos anteriormente e do pagamento dos dividendos aos acionistas.

8.11. O fluxo de caixa proposto pelo CPC é fraco e confuso

O Pronunciamento Técnico CPC 03 (R2) Demonstração dos Fluxos de Caixa tem boa intenção, mas os resultados são frustrantes.

Tomando como referência o método indireto, basicamente deixa a desejar em três pontos principais:

- Quer ser extremamente analítico, provocando uma confusão geral no seu entendimento, olhando para um leitor comum, um investidor, um leigo em práticas contábeis.
- Não considera eventos de investimentos que não passam pelo caixa, quando esses investimentos são vinculados a financiamentos específicos; assim, também não considera a entrada desses financiamentos.
- Os números do fluxo de caixa não deixam claro a ligação com os elementos do ativo e do passivo.

A meu ver, o exposto no item b é o mais grave. O fato de não considerar os investimentos com seus financiamentos vinculados, porque não transitaram por caixa, joga fora o conceito de origens de aplicações de recursos. Assim, o leitor vê o aumento do imobilizado, mas não vê a saída de caixa; o leitor vê o aumento da conta de endividamento financeiro, mas não vê a entrada de caixa.

O fato de ser extremamente analítico faz perder a noção de conjunto. Seria bom que esse modelo fosse reestudado, para que possa ser entendido e utilizado pelos usuários comuns.

8.12. O método direto do fluxo de caixa tem pouca relevância gerencial

O método direto do fluxo de caixa é o método da tesouraria, que tem como referência o regime de caixa e, ao invés do conceito de receitas e despesas, utiliza o conceito recebimentos e pagamentos.

Contudo, os recebimentos colocados no fluxo de caixa não têm relação direta com o potencial de geração de receita da empresa. Da mesma forma, os pagamentos não têm relação direta com os fatos geradores dos custos e despesas.

Assim sendo, a diferença dos recebimentos e pagamentos, positiva ou negativa, não tem relação com a estrutura de custos e despesas da empresa nem consegue dar uma visão mínima do potencial de geração de lucros. Por isso, ouso afirmar que o fluxo de caixa pelo método direto é paupérrimo para fins gerenciais.

8.13. O SEBRAE e o fluxo de caixa

No site desta instituição, identificamos um número de instrumentos e conselhos para administrar o fluxo de caixa.

Em meu entendimento, há uma ênfase excessiva sobre essa demonstração em detrimento de ênfase para o balanço patrimonial e a DRE. Alguns textos até chegam perto do conceito correto de gestão, mas a ênfase para o caixa parece ser exagerada.

Vejamos alguns temas extraídos do site do SEBRAE em 04.01.2019.

> Tire suas dúvidas sobre fluxo de caixa.
> Cartilha Saiba Mais: Fluxo de Caixa.
> Saiba como fazer o fluxo de caixa da sua empresa.
> O que é e como implementar o fluxo de caixa?
> Tire suas dúvidas sobre fluxo de caixa.
>
> Ferramentas para ajudar o empresário a lidar com caixa, crédito, estoque, preço de venda, passivos e capital de giro.
> Finanças Textos

Cartilha Saiba Mais: Fluxo de Caixa

Material orienta, com exemplos, como montar, gerenciar e interpretar um relatório de fluxo de caixa da sua empresa.

Fluxo de caixa: o que é e como implantar

Avalie o fluxo de recursos e a disponibilidade de capital de giro na empresa, para aplicação, para provisionamentos e reserva de caixa, investimentos ou gastos.

Como considerar os efeitos da inadimplência no fluxo de caixa

Saber como calcular a probabilidade de não receber pelas vendas realizadas possibilita um controle financeiro estável da sua empresa.

Implantando a planilha de fluxo de caixa no seu dia a dia

Saiba como controlar as entradas e saídas de dinheiro do caixa no seu empreendimento.

Planilha de fluxo de caixa para controle de pagamento a fornecedores

Material de exemplo para registrar os valores e as datas dos pagamentos e dos recebimentos, com foco em fornecedores.

Seis dicas para um fluxo de caixa eficaz

Artigo de Paulo Dortas, especialista em auditoria e suporte a transações, mostra como fazer do fluxo de caixa um elemento cotidiano de gestão e planejamento.

Finanças Textos

Para ter uma empresa saudável é preciso controlar o fluxo de caixa

A análise do fluxo de caixa permite traçar estratégias para o crescimento da empresa ou reverter as situações negativas.

Planilha ajuda a fazer fluxo de caixa da sua empresa

Este é o primeiro passo para a análise financeira e deve projetar, para períodos futuros, todas as entradas e as saídas de recursos financeiros.

A importância do controle de gastos para o equilíbrio do caixa

Documento apresenta planilhas que servem como modelos para o controle de seus registros diários do fluxo de caixa.

O que são e como aplicar os controles financeiros?

Para a gestão do capital de giro da sua empresa. Entre os principais temos:

Controle de caixa

Controle de bancos

Controle de contas a receber

Controle de contas a pagar

Controle de estoques Fluxo de caixa

Para saber mais sobre o que é cada um deles e como aplicá-los.

Dinheiro em caixa é questão de organização

As empresas podem evitar endividamento e ter sobras para investimentos e aquisições com um controle bem organizado do fluxo de caixa.

Finanças Textos

Aprenda a conciliar prazo de pagamento com clientes e fornecedores

Estabelecer uma estratégia de vendas e compras a prazo é essencial para a saúde financeira da sua empresa e para a manutenção do seu fluxo de caixa.

Cartilha SEI Controlar o Meu Dinheiro

Material fornece orientações para a correta gestão do seu dinheiro, inclusive com passo a passo de como fazer fluxo de caixa.

Organize o pagamento aos fornecedores

Planilha ajuda a manter a gestão financeira dos pequenos negócios em dia, controlando as entradas, saídas e o fluxo de caixa.

Planeje a melhor maneira de pagar os fornecedores

O tempo que as mercadorias ficam paradas nos estoques deve ser somado ao prazo que o empresário dá a quem compra, pois influencia no fluxo de caixa.

Monitore os pagamentos a prazo e garanta o equilíbrio de suas receitas

Talvez o SEBRAE pudesse rever os conceitos a serem sugeridos para os pequenos e médios empresários.

9
A falácia das atividades que agregam valor

A todo instante, no mundo dos negócios, há mais ou menos uns 30 ou 40 anos, ouve-se dos executivos, donos de empresas, profissionais, etc. "tal coisa adiciona/agrega valor, tal coisa não adiciona/agrega valor".

Desde a primeira vez em que ouvi ou li essas afirmativas, algo me incomodava. Primeiramente, pelo uso do verbo "agregar" com o mesmo sentido de "adicionar". "Adicionar", para mim, é colocar algo sobre outro, ou no sentido matemático, somar. Vejamos algumas definições de agregar e de adicionar.

Agregar

transitivo direto
reunir em uma só todas as partes que não têm entre si ligação natural.
"agregou num só volume vários ensaios".

transitivo direto
fazer com que se juntem (pessoas ou coisas); reunir, congregar.
O que é *Agregar*. Conceito e Significado de *Agregar*: *Agregar* é um verbo
transitivo que significa juntar com o outro, reunir a algo já existente.
Significado de *Agregar*: Fazer a reunião de muitas coisas, pessoas, elementos,
etc., num só...
Significado de *agregar*. O que é *agregar*: Somar, adicionar, trazer para dentro.

Adicionar

verbo
bitransitivo
acrescentar (alguma coisa) a (outra); acrescer, juntar.
"a. ideias sensatas à elaboração do projeto".

transitivo direto e intransitivo
ARITMÉTICA
realizar a adição.
"os alunos já estão adicionando números de muitos algarismos".
Significado de *Adicionar* v.t. Agrupar em um só número as unidades ou frações de unidade...
Adicionar, o que é: v.t. Acrescentar, juntar ou misturar algo a outra coisa com o objetivo de aumentar.
O que é *adicionar*: Ato de se "acrescentar" algo (talvez a origem venha de adição, tipo assim "1 + 1 = 2").

Vamos considerar neste tópico que as palavras "adicionar" e "agregar" tenham o mesmo significado. Também convém deixar claro o que é "atividade": atividade, no mundo dos negócios e dentro das empresas, é algo, uma tarefa, que é feito, executado, realizado, para atingir os objetivos de transformar os recursos, insumos, em produtos e serviços finais entregues aos clientes, dentro do processo sistêmico empresarial, conforme pode ser ver na Figura 1 a seguir.

Atividades dentro do processo sistêmico

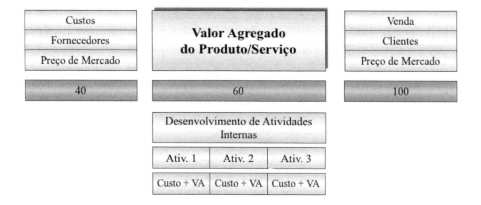

Assim, as atividades são as ações, tarefas, operações, etc. realizadas por pessoas (funcionários) para que os recursos introduzidos no sistema empresa possam ser transformados em produtos e serviços e ofertados ao mercado.

9.1. Que tipo de valor? Adicionar a quê?

A primeira questão que me incomodava era a definição de valor. Que tipo de valor? Valor moral? Valor espiritual? Valor de utilidade? Valor percebido? Valor econômico?

Entendo que no meio empresarial, no mundo dos negócios, deva ser valor econômico, medido em unidades monetárias. Assim, vamos considerar neste tópico que o significado da palavra valor, para o processo de adicionar ou agregar, seja valor econômico, dinheiro.

Vamos agora para o verbo "adicionar" ou "agregar", no sentido de "somar".

Outra coisa que me incomodava. Ao meu ver, "adicionar" deve ter algo para que possa ser adicionado. Assim, vem a questão: a atividade adiciona ou agrega valor a quê?

De um modo geral, a resposta que vem à mente da maioria é: adicionar valor ao produto, ou adicionar valor aos clientes. Vamos ver se isso está correto.

Porém, antes, vamos verificar como vários autores, alguns consagrados, falam sobre a questão do conceito de atividades que adicionam valor.

9.2. Colocações de autores sobre o tema

Grande parte do conceito de adicionar/agregar valor está relacionada a produtos ou ao custo dos produtos e serviços. Isso está presente principalmente na proposta de adoção do método de custeamento de produtos e serviços denominado ABC , do inglês *Activity Based Costing*, que tem sido apresentado em conjunto com o ABM, ou *Activity Based Management*.

Talvez o autor mais consagrado sobre o tema seja Robert S. Kaplan, da não menos famosa e consagrada Harvard University,[52] em conjunto com Atkinson, Banker e Young.

---

[52] In: ATKINSON, Anthony A., BANKER Rajiv D., KAPLAN, Robert S. e YOUNG, S. Mark. *Contabilidade Gerencial*. São Paulo, Atlas, 2000, p.3, apresentação do livro.

Sobre o tema, gestão baseada em atividades (ABM),[53] citam: "ABM inclui as seguintes tomadas de decisão:

- Modificar preços, mix de produtos e mix de clientes.
- Melhorar o relacionamento com fornecedores e clientes.
- Aprimorar o desenho de produtos e serviços.
- Executar as atividades com eficiência.
- Eliminar certas atividades que não criam qualquer valor para os clientes (grifo nosso)".

Na afirmativa do item 5, fica claro que o conceito de atividades está ligada à criação de valor para os clientes.

Em outra afirmativa, o tema é o mesmo.

> Atividades que adicionam e as que não adicionam valor e o desempenho de custo. Uma atividade que adiciona valor é uma atividade que, se eliminada, reduziria, a longo prazo, o serviço dos produtos para o cliente. Nós avaliamos cada atividade que adiciona valor pela forma que ela contribui para o produto final, em termos de serviços, qualidade e custo. Uma atividade que não adiciona valor apresenta uma oportunidade para redução de custos sem reduzir o potencial do serviço do produto para o cliente.

Outros autores também famosos conceituam de forma similar, como vemos a seguir:

> Análise de atividades que adicionam e que não adicionam valor: a atividade que adiciona valor é aquela que é necessária para atender às exigências do consumidor. A atividade que não adiciona valor não é exigida pelo consumidor, mas existe em função de erros, enganos, omissões e outras falhas de processo.[54]

---

[53] ATKINSON, Anthony A., BANKER Rajiv D., KAPLAN, Robert S. e YOUNG, S. Mark. Contabilidade Gerencial. São Paulo, Atlas, 2000. p. 53.

[54] WARREN, Carl S., REEVE, James M e FESS, Philip E. *Contabilidade Gerencial*. São Paulo, Pioneira Thomson, 2001. p. 447-448.

A FALÁCIA DAS ATIVIDADES QUE AGREGAM VALOR

Vejamos a seguir o colar de pérolas de Boisvert,[55] PHD pela famosa Stanford University (EUA) e professor da École des Hautes Études Commerciales, HEC0 de Montreal, Canadá:

> A cadeia de valor compõe-se das atividades geradores de valor aos olhos dos clientes, representadas por uma série de inter-relações fornecedores-clientes. Por exemplo, um produto idêntico é vendido por duas empresas com idêntica cadeia de valor, mas uma delas lhe aloca $ 50 de atividades de apoio e a outro $ 100. O produto para o qual foram incorridos custos de $ 100 não tem maior valor aos olhos do cliente do que aquele com custos de $ 50. [...]
>
> As atividades de apoio administrativo e técnico não agregam valor aos olhos dos clientes, embora possam ser essenciais ao exercício das atividades da cadeia de valor. [...]
>
> É necessário que seja possível obter os dados relativos ao fator escolhido como direcionador[56] a um custo razoável. Deve-se, igualmente, optar pelos direcionadores negativos (isto é, aqueles que não criam valor aos olhos dos clientes), de preferência aos direcionadores positivos (isto é, os que criam valor aos olhos dos clientes). [...]
>
> Por exemplo, o número de modelos, que é um fator de consumo de recursos de uma atividade de desenvolvimento dos produtos, constitui também um fator positivo, porque um modelo suplementar constitui um valor aos olhos do cliente. Ao contrário, o número de reclamações, que é também um fator de consumo dos recursos de uma atividade de desenvolvimento dos produtos, constitui um fator negativo, porque uma reclamação adicional não tem valor aos olhos do cliente.

A possível relação de atividades que não adicionam valor com a possibilidade de redução de desperdícios é enfatizada por Nakagawa.[57] Na abordagem deste autor, atividades adicionam ou não valor ao produto.

---

[55] BOISVERT, Hugues. *Contabilidade por Atividades*. São Paulo, Atlas, 1999. p.19; 63; 75-76.
[56] Direcionador de custo é algo (ação, relatório, tarefa) feito pelos funcionários da atividade que provocam os custos das atividades. Os direcionadores devem permitir a mensuração quantitativa de sua quantidade executada, para permitir, posteriormente, a alocação aos diversos produtos e serviços da empresa.
[57] NAKAGAWA, Masayuki. *Gestão Estratégica de Custos*. São Paulo, Atlas, 1991. p. 25; 38; 43.

O princípio da eliminação de desperdícios implica reconhecer que o desperdício é algo que não adiciona qualquer valor ao produto, sob a ótica do consumidor. Para um adequado entendimento deste princípio, valor é algo que se adiciona à matéria-prima e/ou materiais/partes adquiridas de terceiros (externos e internos). Ou seja: ao serem transformados do estágio em que foram recebidos para um estágio mais elaborado, o produto resultante encontra alguém que deseja adquiri-lo. [...]

O desempenho das atividades é que desencadeia o consumo de recursos e que, portanto, merece ser observado e analisado cuidadosamente, com o objetivo de discriminar as atividades que adicionam o valor e as que não adicionam nenhum valor aos produtos.

sobre a eliminação de custos de atividades que não adicionam valor. Como já se mencionou, as empresas que buscam tornar-se competitivas no mercado global estão adotando a filosofia de excelência empresarial, e experiências recentes indicam que as empresas bem-sucedidas são as que têm assumido firme compromisso com a eliminação de custos de atividades que não adicionam valor. Uma atividade que não adiciona valor ao produto é aquela que pode ser eliminada, sem que os atributos do produto (desempenho, função, qualidade, valor reconhecido) sejam afetados.

Ching[58] invoca os dois conceitos, como pérolas da ciência, como segue:

> Processo de negócio pode ser definido como um conjunto de atividades estruturadas e inter-relacionadas que produzem um resultado de valor para o cliente. [...]
>
> O ponto inicial para gerenciar atividades é entender os recursos, o equilíbrio entre o fornecimento de recursos à disposição da empresa e a demanda desses mesmos recursos exigidos pelas atividades. E quem determina que as atividades ocorram? A princípio deveriam ser produtos, clientes, fornecedores, porém o que ocorre é a determinação de inúmeras

---

[58] CHING, Hong Yuh. *Gestão baseada em custeio por atividades.* 2ª. Edição, São Paulo, Atlas, 1997. p. 33; 39; 62; 81.

atividades pela própria organização. Tais atividades não agregam nenhum valor a seu produto (grifo nosso). [...]

A classificação de atividades, principalmente ressaltando aquelas que não agregam valor, é a melhor forma de gestão de custos". Agrega valor a quê? (colocação minha). [...]

Todo e qualquer processo inclui atividades de valor agregado (VA) e atividades de valor não agregado (NVA). Para quem se agrega valor ou não? Prioritariamente, agrega-se valor para o cliente final que compra o produto ou serviço, satisfazendo e atendendo às suas necessidades e expectativas. Num segundo nível, pode-se agregar valor para a empresa, o que vai resultar indiretamente em benefício para o cliente.

Das colocações desses autores, extrai-se a seguinte conclusão:

As atividades internas desenvolvidas pela empresa podem ou não adicionar valor ao produto e valor ao cliente. As atividades que não agregam valor ao produto devem ser eliminadas, assim como aquelas atividades que não agregam valor aos olhos dos clientes.

Veremos que essa conclusão, nos tópicos 9.4 e 9.5, está incorreta nos seus dois aspectos.

9.3. Eficiência do ciclo de fabricação ou produção (ECP)

Dentro da mesma linha de raciocínio de adiciona/não adiciona valor, desenvolveu-se a equação da eficiência do ciclo de fabricação.

Conforme Nagawa, "nas atividades relacionadas com a produção, o conceito de valor não adicionado pode ser visualizado mais facilmente. A fórmula a seguir realça o problema:

- Período de produção = Tempo de processamento + Tempo de inspeção + Tempo de movimentação + Tempo de espera.
- Período de produção = Tempo de processamento + Tempo de atividades que não adicionam valor

Dessa forma, a eficiência do ciclo de produção (ECP) pode ser medida pelo seguinte índice:

$$ECP = \frac{\text{Tempo de Processamento}}{\text{Tempo de Processamento} + \text{Tempo de Inspeção} + \text{Tempo de Espera} + \text{Tempo de Movimentação}}$$

O objetivo a ser perseguido pelas empresas deveria ser a obtenção de um ECP = 1 pela redução total dos tempos de atividades que não adicionam valor". Esse conceito soa um tanto equivocado.

Quem diz que tempo de inspeção não adiciona valor? Quem garante que tempo de espera não adiciona valor? Quem diz que tempo de movimentação não adiciona valor?

Há dois pontos que não podem ser confundidos:

Deve-se buscar o menor tempo possível para executar uma tarefa, uma operação, todo um processo de execução de uma atividade, etc., no pressuposto que a redução dos tempos de execução das atividades e dos processos operacionais reduz os custos, possibilita fornecer mais produtos a preços menores, etc.

Por outro lado, se as atividades de inspeção, espera, movimentação, e seus respectivos tempos, são necessárias, não é possível, nem lógico, nem científico rotulá-las como "não adicionam" valor.

Por exemplo, o tempo de espera de estoque de produtos acabados nas prateleiras a fim de não perder venda é necessário; o tempo de movimentação para movimentar o produto acabado da fábrica até o estoque é necessário para liberar a fábrica e disponibilizá-lo para venda; o tempo de inspeção definitiva para assegurar a qualidade desejada do produto final destinado ao cliente é necessário para garantir a satisfação dos compradores.

Assim, reduzir o tempo é necessário. Soa um tanto descabido afirmar que determinado tempo de determinada atividade adiciona ou não valor![59] Aliás, adiciona ou não adiciona valor ao quê?

---

[59] Creio que há 30 anos, me recordo de ter lido em uma reportagem do jornal de negócios Gazeta Mercantil, que uma empresa norte-americana produtora de relógios (provavelmente de alto consumo) tinha como processo produtivo básico enviar de avião os kits de componentes para a China, para uma empresa montadora de lá. Em linhas gerais, o mesmo avião que chegava com os componentes, carregava os relógios montados e os levavam para serem vendidos nos EUA. Ou seja, o tempo de movimentação citada nesse exemplo, poderia ser considerado como "não adiciona valor"?

9.4. Nenhuma atividade agrega valor ao cliente

Qualquer cliente está interessado no produto ou serviço que lhe é oferecido, e estará disposto a pagar o preço ofertado, se isso lhe trouxer utilidade.

Por outro lado, o cliente não tem a mínima ideia como o produto é produzido.[60] Eu não tenho a mínima ideia de quais atividades uma montadora de automóveis tem para produzir carros. Eu compro ou não um carro se eu tiver dinheiro e ele despertar meu interesse. Também não tenho a mínima ideia de como uma televisão é fabricada. Me interessam o produto e o serviço que ele me presta, mas não há nenhuma preocupação em como o produto é fabricado e disponibilizado para eu comprar.

O cliente compra um produto ou serviço pelo valor percebido, pelo valor da utilidade que o produto e o serviço lhe oferece, que não tem nada a ver com as atividades desenvolvidas internamente na empresa.

9.5. Nenhuma atividade agrega valor ao produto

As atividades internas também não agregam valor econômico ao produto. Como já conceituamos, valor aqui é definido como valor econômico, medido em unidades monetárias.

Por que nenhuma atividade agrega valor econômico ao produto? A resposta muito simples. O valor econômico de um produto ou serviço é seu preço de venda, preço esse que é dado pelo mercado!

Assim, como está apresentado na Figura 1, a empresa adquire os recursos a serem consumidos a preços de mercado e os vendem também a preços de mercado. Portanto, nenhuma atividade agrega valor econômico ao produto ou serviço, porque seus preços de venda são dados pelo mercado, independente das atividades internas desenvolvidas.

---

[60] Quando um cliente adquire algum serviço pessoal em vez de um produto, ele pode ter ideia de como esse serviço é feito. No caso de um serviço somado a um produto, como restaurante, por exemplo, o cliente pode ter noção de como o prato é preparado, mas não tem condições de avaliar as atividades internas de um restaurante.

9.6. As atividades podem e devem agregar valor econômico à empresa

O objetivo do desenvolvimento das atividades internas é gerar o maior lucro possível para a empresa.

Todo o produto ou serviço tem seu valor agregado. Valor agregado é a diferença entre o preço de venda a ser obtido no mercado menos o preço de compra dos insumos, também a preços de mercado.

Dessa maneira, quando uma empresa decide-se para ofertar um produto ou serviço ao mercado, ela já sabe, de antemão, qual é o valor agregado desse produto ou serviço. Em outras palavras, o valor agregado de um produto ou serviço é o máximo de lucro que este pode dar para a empresa.

Porém, para que o produto ou serviço seja ofertado aos clientes, a empresa precisa realizar, executar, desenvolver atividades internas. E essas atividades custam dinheiro e "roubam" parte do valor agregado dado pelo produto ou serviço.

Processo de Apropriação de Valor

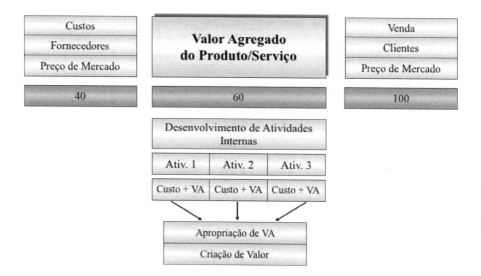

Contudo, é importante frisar que nenhuma atividade tem apenas custo. Toda atividade produz algum produto ou serviço que tem um valor

A FALÁCIA DAS ATIVIDADES QUE AGREGAM VALOR   183

econômico (seu preço de venda, mesmo que seja um preço de venda interno). Assim, o processo de criação de valor econômico (lucro) é um processo de apropriação do valor agregado dado pelo produto ou serviço.

As atividades adicionam ou não valor à empresa por meio da obtenção de lucro em cada atividade desenvolvida. Dessa maneira, o modelo de gestão para obtenção de lucro é a busca da máxima apropriação do valor agregado, dado pelo produto ou serviço, por meio da máxima eficiência e eficácia do desenvolvimento das atividades internas realizadas pela empresa.

Em resumo, uma atividade adiciona valor à empresa quando ela é desenvolvida com a máxima eficiência, produzindo um produto ou serviço interno que vale mais do que ela custa. Uma atividade não adiciona valor à empresa quando ela é desenvolvida sem a eficiência desejada, custando mais do que vale.

Por exemplo, você pode ter um tesoureiro na empresa que gere lucro, ou outro que gere prejuízo. Igualmente, um chefe de recursos humanos que gere lucro ou prejuízo. Finalizando, cada funcionário da empresa pode dar lucro ou prejuízo. Há funcionários que produzem grandes lucros e funcionários que estão mantidos na empresa mas que dão prejuízo.

Como as atividades são desenvolvidas por pessoas, funcionários, você pode ter atividades (processos, setores, etc.) que dão lucro e atividades que dão prejuízo.

9.7. Transmutando pedra em ouro, transmutando custos fixos em variáveis

Para finalizar este tema e tendo como referência que o conceito básico de atividades que adicionam ou não valor é amplamente utilizado pelos propositores do custeamento ABC, apresentamos nossa visão sobre a falha conceitual desse método de custeamento de produtos e serviços.

A metodologia ABC/ABM, que citamos no item 10.2, tem como ponto de partida o processo de alocação (rateio) dos custos indiretos aos produtos baseado em atividades, razão da denominação da metodologia de Custeamento Baseado em Atividades (*Activity Based Costing*).

Conforme Kaplan e outros, já citados, "quando os gerentes usam sistemas de custos baseados em atividades como base para seus sistemas orçamentários, muitos custos organizacionais previamente considerados como fixos, tornam-se variáveis, porque os gerentes podem ajustar a oferta dos recursos às potenciais demandas para suas utilizações".

Continuando com mesmos autores, "sistemas de custeio baseados em atividades: sistemas de custeio de produtos que atribuem os custos de apoio aos produtos, na proporção da demanda que cada produto exerce sobre várias atividades".

Boisvert, vai mais além, dizendo "na contabilidade por atividades, todos os custos são variáveis", configurando desconhecimento.

O conceito que está atrás dessa linha de raciocínio é de que as atividades da empresa, mesmo as indiretas e fixas, têm relação direta com os produtos ou serviços finais. Esse é um conceito equivocado, porque as atividades indiretas são para a empresa e não para os produtos ou serviços.

Não é possível, por meio de cálculos matemáticos de apropriação (rateio) de custos indiretos, mesmo pela metodologia ABC, transformar pedra em ouro, ou transformar custos fixos em variáveis.

Não é possível mudar a natureza de um gasto ou atividade apenas com uma metodologia de cálculo.

10

O paradoxo: quanto maior o retorno, menor o risco

Você, leitor, que tem algum conhecimento financeiro, provavelmente pensou: essa frase está errada. É o inverso. Quanto maior o retorno, maior o risco. Deve ter sido um erro....

Não, meu caro leitor, é isso mesmo.

Vejamos duas colocações que põe em xeque a velha frase "quanto maior o risco, maior o retorno".

Conforme Graham:[61]

> Há um princípio antigo e saudável que deveria ser seguido por aqueles que não podem se dar ao luxo de correr riscos, a saber, contentarem-se com um rendimento relativamente baixo derivado dos recursos investidos. Decorre daí a ideia geral de que a taxa de retorno a ser almejada pelo investidor deve ser mais ou menos proporcional ao grau de risco que ele está preparado para assumir. Pensamos de modo diferente. A taxa de retorno buscada deve depender de quanto esforço inteligente o investidor está disposto e é capaz de envidar. O rendimento máximo seria obtido pelo o investidor atento e empreendedor, que exercita ao máximo sua inteligência e capacidade. Em muitos casos, pode haver um risco real menor associado à compra de ações subvalorizadas, que oferece a oportunidade de um lucro grande.

---

[61] GRAHAM, Benjamim. *O investidor inteligente*. Rio de Janeiro, HarperCollins Brasil, 2015. p. 111

Bernstein[62] fala sobre a questão citando Warren Buffett:

> para investidores realmente de longo prazo – aquele pequeno grupo de pessoas como Warren Buffett que podem fechar os olhos às flutuações a curto prazo e que não têm dúvidas de que o que cai voltará a subir – a volatilidade representa uma oportunidade e não um risco, pelo menos, na medida em que papéis voláteis tendem a fornecer retornos superiores aos de papéis mais plácidos. Não há um forte consenso sobre o que faz a volatilidade flutuar ou mesmo sobre qual é a sua causa original. Podemos dizer que a volatilidade se manifesta quando o inesperado acontece. Mas isso não ajuda em nada, pois, por definição, ninguém sabe como prever o inesperado.

Ora, o que importa é quanto a empresa está ganhando, quanto está tendo de retorno do seu investimento. E o retorno de seu investimento depende de sua capacidade de gerir seu negócio. Se o gestor da empresa tem habilidade de tocar o negócio de maneira mais eficiente e eficaz do que seus concorrentes, ele terá mais retorno. E se tiver maior retorno, maior lucro, terá menos riscos.

10.1. O que é risco na abordagem tradicional de finanças

Tecnicamente, em finanças, risco significa a variabilidade em relação ao retorno esperado. A variabilidade, portanto, pode ser para mais ou para menos. Contudo, como um resultado inferior ao planejado é o que prejudica o processo de investimento, o risco pode ser definido como probabilidade de perda em relação a resultados esperados.

É amplamente aceito que empreendimentos com mais probabilidades de risco devem ser recompensados com retorno maior. Essa concepção parte do princípio de que há retornos livres de risco, como no caso de títulos governamentais. Como, em tese, o governo nunca pode falir, qualquer investimento em títulos governamentais pode ser considerado sem risco, ou livre de risco. Consequentemente, quais outros investimentos têm um risco, que deve ser remunerado com um retorno maior.

---

[62] BERNSTEIN, Peter L. *Desafio aos deuses: a fascinante história do risco.* 2ª. Ed., Rio de Janeiro, Campus, 1997. p.260-261.

Todavia, é possível fazer uma inversão do conceito. Se um risco maior exige um retorno maior, um retorno maior deve ter um risco maior. Em outras palavras, quando um investidor se depara com várias alternativas de investimento, aquele que oferece maior retorno pode (ou deve) estar contemplando, associativamente, um risco maior.

Considerando essa abordagem é que o dilema se instala. O administrador financeiro em busca de um retorno maior pode estar incorrendo em um risco maior, aumentando a probabilidade de dificuldades financeiras, caso um retorno muito baixo prejudique a geração de caixa para as operações. Sob a ótica de um investidor externo à empresa, que busca a todo instante melhores alternativas de investimento, isso pode estar correto. Contudo, sob a ótica exclusiva da empresa não tem sentido algum. Toda empresa faz seu investimento sabendo o quanto pode ganhar e como pode ganhar em cima do que investiu, porque conhece o necessário para entrar no negócio (mesmo que seja um negócio novo, inédito).

Na abordagem de investidores externos às empresas, um dos modelos mais utilizados para minimizar o efeito dos riscos associados aos investimentos é buscar a diversificação desses investimentos. Construindo uma carteira de investimentos adequadamente diversificada há possibilidades de redução do risco e maximização do retorno.

10.2. Preferências com relação ao risco: aversão ao risco ou aversão à perda? A nova abordagem: finanças comportamentais

Na abordagem tradicional de finanças, as empresas são de propriedade de e administradas por pessoas que têm comportamentos específicos. Tais comportamentos se refletem nas mais variadas atividades empresariais dentro dos diversos modelos decisórios.

As preferências das pessoas com relação ao risco são:

- Indiferentes ao risco – não exige mudanças de retorno caso o risco aumente.
- Tendentes ao risco – a taxa de retorno pode diminuir mesmo que aumente o risco.

- Avessos ao risco – exige um aumento da taxa de retorno caso o risco aumente.

Podemos definir finanças comportamentais como a área de estudo em finanças que incorpora os conceitos da psicologia no processo de tomada de decisões diante de investimentos financeiros. O ponto fundamental da área de finanças comportamentais é colocar em cheque os fundamentos da teoria financeira de que os agentes econômicos tomam as decisões financeiras dentro de bases racionais ou técnicas. As finanças comportamentais procuram desvendar a mente do investidor e o seu comportamento racional.

As concepções de finanças comportamentais não são totalmente novas (Keynes já falava do "espírito animal" no processo de tomada de decisão), mas tiveram um salto de qualidade com o trabalho inovador de Kahneman e Tversky.[63]

Segundo esses autores, as pessoas tendem a reduzir a complexidade do problema para simplificar sua solução no processo de tomada de decisão. Agindo dessa forma, elas tomam a maior parte de suas decisões baseadas em um pequeno número de crenças fundamentadas em princípios heurísticos e em probabilidades subjetivas. Ou seja, as pessoas se valem de julgamentos intuitivos de probabilidades. Esse processo, na maioria das vezes, tende a gerar julgamentos e decisões corretas. Por outro lado, também podem induzir erros graves e sistemáticos em razão dos vieses de avaliação no processo decisório.

Os autores também demonstram que as pessoas tomam decisões que envolvem riscos de forma parcialmente racional, questionando a Teoria da Utilidade Esperada, pedra fundamental do pensamento econômico racional. Suas pesquisas indicam que a dor causada por uma perda supera o prazer oferecido por um ganho.

A aversão à perda explica porque é tão difícil para a maioria das pessoas realizar um prejuízo resultante de uma aplicação financeira. É comum esperar muito tempo para que o valor nominal volte a ser o inicial para efetuar o resgate. O mesmo vale para a venda de algum bem que perdeu valor ou para o abandono de um projeto que se mostra inviável, mas que já consumiu muitos recursos.

---

[63] Kahneman, Daniel e Tversky, Amos. *Prospect theory: an analysis of decision under risk.* Econometrica, Chicago, v. 47, n. 2, p.313-327, 1979.

O PARADOXO: QUANTO MAIOR O RETORNO, MENOR O RISCO

A seguinte situação serve de exemplo:[64]
Numa aposta de lançamento de uma moeda são oferecidas as seguintes possibilidades:

- Se sair coroa, perdem 100 dólares.
- Se sair cara, ganham 150 dólares.

Para fazer essa escolha, é preciso equilibrar o benefício psicológico de ganhar 150 dólares com o custo psicológico de perder 100 dólares. Embora o valor esperado da aposta seja obviamente positivo, pois as pessoas receberão mais do que aquilo que podem perder, possivelmente não gostarão dela – a maioria das pessoas não gosta. Para a maioria, o receio de perder 100 dólares é mais intenso do que a esperança de ganhar 150. A conclusão dos autores é que "as perdas têm maior peso do que os ganhos" e que as pessoas têm aversão às perdas e, não necessariamente, aversão ao risco.

Dessa maneira, as concepções financeiras do comportamento do investidor de preferências em relação ao risco (indiferentes, tendentes ou avessos) devem receber a adição do resultado das pesquisas de finanças comportamentais.

A abordagem de finanças comportamentais teve recentemente uma nova contribuição feita por John Coates, pesquisador da Universidade de Cambridge, que dá uma nova explicação para a irracionalidade das bolsas: a culpa dos altos e baixos é dos hormônios. Quando o gestor acerta, o corpo produz mais testosterona e a euforia toma conta. É nesse ponto que a avaliação dos riscos fica prejudicada. Coates diz que ficou muito impressionado com o fato de que quase todos os estouros envolvendo mais de US$ 1 bilhão foram obra de um operador que se encontrava no fim de um período de resultados excepcionais.

O trabalho de Coates – *The Hour Between Dog and Wolf* – está inserido numa ampla área do debate econômico que coloca em dúvida a ideia da racionalidade das decisões. O problema com os bancos é que seus sistemas de gerenciamento de riscos e planos de remuneração estão ampliando essas ondas biológicas quando deveriam fazer o contrário. Em vez de sempre aumentar os limites de risco de operadores que acumulam vitórias,

---

[64] Extraído de Kahneman, Daniel. *Pensar, Depressa e Devagar*. Lisboa, Ed. Temas e Debates, 2012, p. 374

deveriam limitá-los ou até mesmo instruí-los a liquidar suas posições e tirar três semanas de férias para reequilibrar os hormônios.[65]

Mesmo considerando que as pesquisas de finanças comportamentais estejam centradas na avaliação do risco financeiro, seus conceitos devem ser estendidos para a visão mais ampla que é o gerenciamento do risco corporativo, principalmente quando os elementos são financeiros. Assim, por exemplo, entre as variáveis que devem ser incorporadas na gestão do risco de aplicações financeiras, financiamentos, derivativos, de aquisição de novos investimentos etc., devem ser considerados o momento e o comportamento dos responsáveis por essas áreas, nos momentos decisórios sobre esses elementos financeiros.

10.3. Tipos de risco

Considerando a empresa dentro do mercado como uma opção de investimento, o risco é classificado em dois tipos:

- Risco de mercado ou sistemático – um risco a que todas as empresas dentro de um mesmo ambiente acabam por sofrer, decorrente de aspectos conjunturais, políticos, recessões, guerras, aumentos gerais de commodities, etc.
- Risco não sistemático – afeta especificamente cada empresa e pode ser diversificável numa carteira de investimentos.

Considerando a empresa isoladamente, podemos identificar dois tipos de riscos que, associados, dão o risco da empresa:

- Risco operacional – decorre da opção por uma determinada estrutura de ativos que, por sua vez, conduz a uma estrutura de custos (proporção de custos fixos e variáveis).
- Risco financeiro, que decorre da opção por uma determinada estrutura de passivos, que conduz a um nível de endividamento financeiro e à necessidade de absorção dos custos fixos financeiros.

---

[65] Revista *Exame*, 22/08/2012, p. 194 a 196.

- Risco da empresa – a combinação do risco operacional com o risco financeiro.

Pode-se falar, também, em risco do negócio ou risco da indústria, considerando que cada ramo de atividade tenha características peculiares que conduzam a determinado nível de risco diferente de outro ramo. Assim, pode-se imaginar que o ramo de comercialização de alimentos tenha um risco menor que o ramo agrícola; que o ramo automobilístico tenha um risco maior do que o ramo de energia elétrica; que setores ligados a produtos supérfluos incorporem riscos maiores do que setores ligados ao consumo básico, etc.

Entendemos necessário adicionar como um risco relevante a questão da gestão empresarial decorrente do modelo de gestão adotado presentemente pela empresa, que denominamos de risco de gestão. Falamos em "presentemente" porque a possibilidade da empresa mudar seu corpo diretor está sempre presente na vida empresarial. A figura apresentada a seguir evidencia os tipos de riscos existentes para as empresas.

Tipos de riscos associados à empresa

Algumas empresas, em especial as familiares (o que é o mais comum em nosso país), conseguem adotar um modelo de gestão vencedor por décadas. Porém, nas trocas de gerações, a possibilidade de mudança no modelo de gestão é natural (espera-se que seja para melhor, mas tem sido muito comum que seja para pior).

194 MITOS E LENDAS EM FINANÇAS

Outra possibilidade clássica é trocar a administração familiar por uma administração denominada "profissional", contratando gestores do mercado, sem vínculos com a família. Da mesma forma que na mudança de troca de administração nas gerações, a mudança pode ser para melhor ou para pior. Numa mudança de gestão podem ser tomadas decisões cruciais de estrutura de ativos e passivos, e consequentemente, de estrutura de custos e despesas, de formação de preços de venda, de marketing, comercialização, distribuição, assistência técnica, modelo de produção industrial, etc. que trarão consequências econômicas e financeiras.

Portanto, o risco da empresa não é apenas decorrente da atual estrutura operacional. Dependerá das possíveis mudanças que podem advir da mudança do modelo de gestão e também da capacidade da gestão de saber lidar com o ambiente externo, onde entram os concorrentes e o ambiente econômico que provoca o risco sistemático.

10.4. Retornos de investimento de mercado

Apresentamos a seguir algumas estatísticas de rentabilidade, coletadas de várias fontes, considerando diversos períodos nas últimas décadas.

Rendimentos ao redor do mundo – 1970/1990 (%)

País	Ações (a)	Bônus do Governo (b)	Prêmios de Risco (a - b)
Austrália	9,60	7,35	2,25
Canadá	10,50	7,41	3,09
França	11,90	7,68	4,22
Alemanha	7,40	6,81	0,59
Itália	9,40	9,06	0,34
Japão	13,70	6,96	6,74
Países Baixos	11,20	6,87	4,33
Suíça	5,30	4,10	1,20
Reino Unido	14,70	8,45	6,25
EUA	10,00	6,18	3,82
Média	10,37	7,09	3,28

Fonte: Damodaran, Aswath. Avaliação de Investimentos.
Rio de Janeiro, Qualitymark Ed., 1997, p. 61

Rendimento anual médio da bolsa de valores de Nova York dos anos 1995/2003.

Taxas Anuais – Final de ano	NYSE*
1995	19,57%
1996	27,48%
1997	28,69%
1998	15,76%
1999	21,66%
2000	2,03%
2001	-6,23%
2002	-16,76%
2003	10,69%
Média	11,43%

*New York Security Exchange

É interessante sempre observar a média, uma vez que oscilações positivas e negativas ao longo dos anos são típicas do mercado de títulos de remuneração variável.

	ÍNDICES COMPOSTOS DA STANDARD & POORS (1)	
Ano	Preço/lucro do último ano	Lucros/ valor contábil
1948	6,3 vezes	11,2%
1953	9,9 vezes	11,8%
1958	18,4 vezes	12,8%
1963	18,6 vezes	10,5%
1968	18,0 vezes	11,5%
1971	19,2 vezes	11,5%
Média	15,1 vezes	12%

(1) Graham, Benjamim. O investidor inteligente.
Rio de Janeiro, HarperCollins, 2015, p. 99.

Os dados dos últimos anos da BOVESPA mostram também grandes oscilações anuais; provavelmente, fruto do ambiente econômico brasileiro que tem se caracterizado nas últimas décadas por grandes intervalões de instabilidade com redução do PIB em muitos anos.

Rentabilidade anual da BOVESPA - 1998 a 2017 -%	
1998	-18,5%
1999	100,0%
2000	-10,3%
2001	-10,3%
2002	-16,5%
2003	93,5%
2004	17,8%
2005	28,4%
2006	32,4%
2007	47,8%
2008	-39,2%
2009	73,4%
2010	0,6%
2011	-14,7%
2012	2,9%
2013	-15,7%
2014	1,3%
2015	-11,3%
2016	32,4%
2017	24,4%
Média simples aritmética	15,9%
Média geométrica - CAGR*	10,44%

*Compound Annual Growth Rate
(Taxa de crescimento anual composta)

Entendemos que é fundamental compreender a média geométrica desse período dos últimos 20 anos de evolução do índice IBOVESPA.

Verifica-se que a média geométrica – CAGR – é de 10,44% ao ano, percentual este alinhado com as demais médias observadas em outras épocas e praças.

10.5. Rentabilidade do patrimônio líquido: o indicador final, o que o investidor espera

Tudo em finanças gira em torno do retorno do investimento. E o retorno do investimento mais importante é o retorno do investidor individual, seja ele pessoa física ou jurídica. Quando você investe, você quer um retorno.

- Uma empresa que compra outra empresa para investir quer que a investida dê o retorno esperado.
- Um investidor da bolsa de valores quando adquire uma ação quer que o valor dessa ação e os dividendos adjacentes deem o retorno esperado.
- Um investidor quando adquire imóveis para locação quer que os valores futuros dos aluguéis deem o retorno esperado.
- Um investidor quando aplica num fundo de investimento, num CRI, num CRA etc. quer que o investimento dê um retorno esperado.
- Acionistas de uma empresa querem que a empresa dê um lucro anual que satisfaça seu retorno esperado.
- O sócio de uma empresa limitada quer que a empresa dê um lucro anual que satisfaça seu retorno esperado.
- O proprietário único de um empreendimento quer que esse empreendimento dê um lucro que satisfaça seu retorno esperado, e assim sucessivamente.

Tudo gira em torno de investir e aguardar o rendimento em cima do retorno esperado.

Tendo como referência investimento em empresas, o único indicador que mede o retorno esperado é o retorno do investimento do dono, sócio ou acionista.

O investimento do dono, sócio, ou acionista é representado na contabilidade pela figura do patrimônio líquido.

O valor do patrimônio líquido é a somatória de:

Capital social integralizado

(+)

Reservas

(+) Lucros acumulados ou retidos (lucros não distribuídos)

O retorno do patrimônio líquido (retorno do investimento do dono, sócio ou acionista), considerando o formato clássico de retorno anual, é obtido pela fórmula:

$$\text{Retorno sobre o patrimônio líquido} = \frac{\text{Lucro líquido do exercício}}{\text{Patrimônio líquido}}$$

Buffett descobriu que as empresas que se beneficiam de uma vantagem competitiva durável ou de longo prazo apresentam um retorno sobre o patrimônio líquido acima da média. Um retorno alto sobre o patrimônio significa que a companhia está usando bem o lucro que está sendo retido.[66]

Patrimônio Líquido (PL) Inicial, Final ou Médio?

Essa é uma questão, digamos técnica, que sempre é levantada. Qual é a base para calcular o retorno do patrimônio líquido?

Devemos utilizar o valor do patrimônio líquido inicial, o final ou a média dos dois?

Tecnicamente, temos de dizer que é sobre o patrimônio líquido inicial, uma vez que o retorno do investimento é calculado após um ano de atividades. Assim, deve-se pegar o lucro líquido obtido ao final do exercício contábil e dividi-lo pelo patrimônio líquido inicial.

O único ajuste que pode ser feito é se, durante o ano, houve aumento ou redução do capital social. Caso esses eventos tenham ocorrido, deverá se fazer um patrimônio líquido proporcional, considerando os meses sem os aumentos ou reduções, e os meses com os aumentos ou reduções do capital social.

---

[66] BUFFETT, Mary e CLARK, David. *Warren Buffett e a análise de balanços*. Rio de Janeiro, Sextante, 2010, p. 118.

Tecnicamente, calcular sobre o PL final é um erro, pois o PL final pode conter lucros não distribuídos do exercício, que estarão aumentando seu valor e reduzindo o retorno sobre o PL. O PL médio também não resolve, pois contém o mesmo problema do PL final.

Contudo, para fins de simplificação, numa análise comparativa e em séries temporais, utilizar o PL final acaba sendo uma facilidade, razão porque a maioria dos analistas e revistas especializadas utiliza o PL final que, em nosso entendimento, é aceitável, como análise comparativa.

Uma pessoa com grande senso de perspicácia nos negócios irá supor quanto dinheiro é possível ganhar com seus ativos. Que tipo de retorno está sendo gerado pelo uso deles? Em resumo, qual é o seu retorno sobre os ativos, seu ROA (do inglês Return on Assets)? O seu retorno está sendo satisfatório.

Algumas pessoas preferem falar em retorno sobre investimentos, ROI (do inglês Return On Investiment), ou retorno sobre o patrimônio líquido (patrimônio líquido é o capital investido pelos acionistas da empresa). A diferença entre essas nomenclaturas é técnica. Mas o conceito é o mesmo para todas: quanto de dinheiro você está obtendo pelos investimentos ou com o dinheiro investido pelos acionistas?[67]

10.6. Rentabilidade do patrimônio líquido no Brasil dos últimos anos

A revista *Exame* publica anualmente, no caderno especial MELHORES & MAIORES, a rentabilidade das 500 maiores empresas do país.

A figura apresentada a seguir é uma compilação que fizemos das últimas edições da revista, mostrando a rentabilidade média das 500 maiores empresas brasileiras no período de 2002 a 2017.

---

[67] CHARAN, Ram. *O que o presidente da sua empresa quer que você saiba: como a sua empresa funciona na prática*. São Paulo, Negócio Editora, 2001, p. 43-44.

O PARADOXO: QUANTO MAIOR O RETORNO, MENOR O RISCO

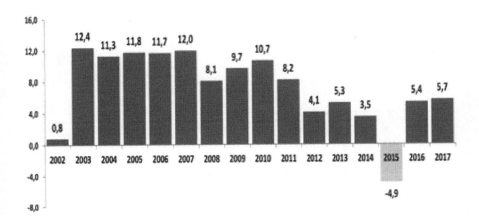

Verifica-se que no período de 2003 a 2011, quando não se havia ainda enfrentado a crise do governo Dilma, as rentabilidades oscilaram entre 12,4% a 8,1% ao ano.

Fazendo um cálculo, excluindo os anos claramente atípicos (2002, 2012 a 2017), teríamos a seguinte rentabilidade média nos anos considerados.

Ano	Rentabilidade Percentual	Rentabilidade Percentual
2002	0,8	—
2003	12,4	12,4
2004	11,3	11,3
2005	11,8	11,8
2006	11,7	11,7
2007	12,0	12,0
2008	8,1	8,1
2009	9,7	9,7
2010	10,7	10,7
2011	8,2	8,2
2012	4,1	—
2013	5,3	—
2014	3,5	—
2015	-4,9	—
2016	5,4	—
2017	5,7	—
Média	**7,2**	**10,7**

Rentabilidade do Patrimônio 500 Maiores Revista Exame

A média dos anos que foram levados em consideração é de 10,7% ao ano de rentabilidade média das 500 maiores empresas brasileiras. É importante ressaltar que a maioria das empresas não é companhia aberta. Outro ponto a ressaltar é que não há como dizer que o risco, e seu consequente retorno, é diferente de uma empresa para outra.

10.7. O número mágico como parâmetro de investimento: 12% ao ano!

Podemos dizer que o parâmetro mínimo de rentabilidade anual, para qualquer investidor, em qualquer lugar do mundo, para qualquer investimento, em qualquer tempo, situa-se ao redor de 12% ao ano.

Esse indicador deve levar em conta um ambiente de inflação controlada. Segundo os economistas, inflação controlada numa economia é quando ela fica em torno de 1,5% a 2,5% ao ano.

O quadro apresentado a seguir mostra uma média das médias de vários outros quadros de retorno do investimento que foram apresentados nesse tópico.

Quadro	Retorno médio do patrimônio líquido ou investimento
Quadro Damodaran – Rendimento das ações ao redor do mundo – 1970/1990	10,37%
Rendimentos da bolsa de Nova York – NYSE – de 1995 a 2003*	11,43%
Índices compostos da Standard & Poors Lucros/valor contábil – 1948/1971	11,60%
Rendimentos da BOVESPA – Índice Ibovespa 1998 a 2017 – Média geométrica	10,44%
Rentabilidade do patrimônio – 500 maiores Revista Exame – 2003 a 2010	10,70%
Média	10,91%

Esses dados corroboram nossa afirmativa sobre o parâmetro de rentabilidade anual de 12% ao ano.

Assim, fazemos as seguintes colocações:

• Rentabilidade de 10% ao ano – aceitável
• Rentabilidade de 11% a 12% ao ano – normal

- Rentabilidade acima de 12% até 15% – ótima
- Rentabilidade acima de 15% – excelente
- Rentabilidade acima de 20% – espetacular

Sabemos que o mundo dos negócios e o ambiente econômico sempre contemplam ciclos de grande crescimento e de desaceleração econômica. Dessa maneira, é difícil de performar seguidamente, ano após ano, taxas de rentabilidade anuais maiores que 12% ao ano.

10.8. Porque as rentabilidades não crescem. Motivo: inveja

Uma vez, em sala de aula num MBA, um aluno me perguntou: professor, por que o parâmetro de rentabilidade anual é 12% ao ano?

Após pensar um minuto, respondi de forma brincalhona: é por causa da inveja. (Todos riram).

Eu disse:

– Veja bem, você é um empregado e seu vizinho também é um empregado. Ambos têm uma renda que dá para viver razoavelmente bem. Vamos supor agora que seu vizinho, que era empregado como você, abra um negócio para tentar ganhar mais dinheiro. Vamos supor que, passado uns 8 ou 10 anos, você verifica que seu vizinho, agora empreendedor, está numa situação bem melhor do que você, ganhando mais e tendo mais conforto, uma caminhonete nova na garagem, casa reformada, etc. Você não vai ficar com inveja; você vai pensar e dizer para si mesmo:

"Ele merece! Abriu um negócio, trabalhou que nem um camelo esses últimos 8 ou 10 anos, e aí está a recompensa."

Agora, vamos supor que daí a 1 ou 2 anos do empreendimento do colega da casa ao lado, você já vê a caminhonete nova na garagem da casa reformada de seu vizinho, o que vai acontecer?

Você vai ficar com uma baita de uma inveja! O que você vai pensar?

"Como será que ele conseguiu isso tão rápido?"

Assim, penso que a sociedade foi entendendo que é razoável pensar que o retorno do investimento se dê entre 8 ou 10 anos. Uma taxa de 12% ao ano provoca o retorno do investimento ao redor de 8 anos. Uma taxa de

10% ao ano provoca o retorno do investimento ao redor de 10 anos (de forma aritmética, para não complicar o cálculo).

Por outro lado, uma explicação possivelmente mais científica seria a lei da oferta e procura. Quando os agentes econômicos verificam que determinado tipo de investimento ou negócio está dando muito retorno, outros agentes econômicos querem também ter uma fatia desse bolo (a inveja, novamente) e buscam entrar nesse mercado, indústria ou atividade.

À medida que novos entrantes conseguem participar do mercado, e esse não tem um crescimento na proporção da entrada de novos participantes, a rentabilidade média cairá, em função de novas forças concorrenciais, retornando ao patamar histórico médio de 12% ao ano, que a sociedade julga razoável como retorno de um investimento de risco.

Tudo isso era uma contradição completa da máxima de Wall Street de que, para maximizar seus ganhos, você precisa aumentar o risco subjacente. Buffett havia descoberto o Santo Graal dos investimentos: um negócio no qual, enquanto seu risco diminuía, seu potencial de ganhos aumentava". (risco menor ganhos maiores).[68]

10.9. Rentabilidade e risco por indústria

A teoria financeira prediz que existe um risco específico para cada tipo de atividade de negócio, ou como também é chamado, para cada tipo de indústria.

O segmento farmacêutico, por exemplo, pode conter mais risco que outros segmentos; o segmento de consumo pode conter menos risco que outros etc., justificando rentabilidades diferentes.

Não compartilho dessa teoria. Para mim, não há retorno diferente nem risco diferente para segmentos diferentes. Todos se enquadram no parâmetro geral de retorno médio de investimento de 12% ao ano.

A tabela apresentada a seguir, também extraída da Revista *Exame*, edição especial de agosto de 2018, MELHORES & MAIORES, mostra as rentabilidades por setores classificados pela revista.

---

[68] BUFFETT, Mary e CLARK, David. *Warren Buffett e a análise de balanços*. Rio de Janeiro, Sextante, 2010, p. 17.

Rentabilidade do Patrimônio
Lucro líquido ajustado após IR sobre patrimônio líquido ajustado – em %

	SETORES	2008	2009	2010	2011	2012	2013	2014	2015	2016	2017	Média
1	Atacado	11,0	16,3	11,7	11,7	16,3	17,2	17,3	15,6	17,1	15,9	15,0
2	Autoindústria	11,4	12,1	17,6	14,0	8,4	12,5	6,0	-6,2	3,0	5,8	8,5
3	Bens de Capital	11,5	18,1	17,8	7,4	7,8	16,4	10,6	3,2	6,0	8,2	10,7
4	Bens de Consumo	3,6	15,9	16,5	10,5	14,8	11,0	16,7	14,1	11,6	10,8	12,6
5	Eletroeletrônico	0,8	9,6	10,2	8,4	10,3	8,2	3,5	7,5	1,8	13,8	7,4
6	Energia	13,1	12,9	15,7	12,4	8,7	11,0	12,6	11,0	11,8	10,2	11,9
7	Farmacêutico	9,1	16,0	18,9	14,5	16,2	17,8	12,0	7,4	19,0	18,9	15,0
8	Indústria da Construção	9,7	16,0	11,7	9,4	8,0	11,2	2,3	2,0	3,3	-3,3	7,0
9	Indústria Digital	4,6	7,5	5,4	8,0	9,1	14,1	5,1	8,6	6,8	10,8	8,0
10	Infraestrutura					15,0	11,2	11,5	7,9	8,8	9,0	6,3
11	Mineração	32,5	14,2	18,9	11,7	3,6	0,4	2,5	-3,4	7,6	2,5	9,1
12	Papel e Celulose	-2,5	18,6	9,5	3,4	2,2	3,2	5,5	5,1	11,7	7,8	6,5
13	Química e Petroquímica	4,3	6,3	4,5	6,3	7,3	9,8	15,0	5,9	13,2	6,9	8,0
14	Serviços	12,2	12,1	15,9	13,8	11,4	12,7	8,8	24,9	18,6	20,1	15,1
15	Serviços de Saúde					6,5	9,5	6,5	8,0	15,8	16,8	6,3
16	Siderurgia e Metalúrgia	10,5	11,9	6,0	0,8	-0,1	1,8	2,9	-1,7	-1,3	1,4	3,2
17	Telecomunicações	8,0	9,0	8,9	5,2	6,2	6,7	6,5	0,7	6,2	10,1	6,8
18	Têxteis	8,8	8,2	8,4	8,6	8,9	13,5	11,1	7,6	12,5	16,6	10,4
19	Transportes	7,2	17,1	17,0	10,9	14,8	13,3	2,7	0,1	1,2	3,1	8,7
20	Varejo	7,7	12,7	12,5	9,7	13,3	16,4	15,2	10,4	11,2	12,1	12,1
	Mediana dos setores	9,0	12,8	12,1	9,6	8,8	11,9	8,6	7,5	10,0	10,2	8,6
	Média da Mediana dos Setores				10,1							

Se adotarmos o conceito de que rentabilidade maior decorre de risco maior, então a tabela mostra que o setor de Atacado é o que apresenta mais risco. Essa seria uma afirmativa científica? Particularmente, entendo que não.

É possível que o setor de Atacado, pelo fato de ter poucos elos da cadeia de valor, seja o que oferece menos risco; portanto, é o que apresenta a maior chance de maior retorno. O mesmo se pode dizer do setor de Serviços.

Será que o setor Farmacêutico é o que oferece mais risco? Nós dessa área, acreditamos que o setor farmacêutico, devido ao evidente oligopólio e imprescindibilidade à saúde, é o que oferece menor risco e que goza de maior lucro, propiciando maior rentabilidade para o setor, como mostra a tabela.

Será que o setor de Siderurgia e Metalurgia é o que oferece menor risco, porque dá o menor retorno? Não seria o contrário? O fato de oferecer mais risco dá o menor retorno. O mesmo acontece com Papel e Celulose e Telecomunicações.

E o setor de Bens de capital? Muitos defendem que é o setor mais difícil de administrar que existe, devido às suas características clássicas de produção de longo prazo. Como consegue uma rentabilidade média de 11%?

10.10. Microsoft e Ambev: exemplos dogmáticos

Mesmo em períodos de crise, empresas bem administradas, com domínio de seus produtos e mercados, e por força de sua capacidade de gestão, conseguem excelentes desempenhos continuadamente e geram retornos. Dois exemplos mundiais desse tipo de caso são apresentados a seguir.

RENTABILIDADE DO PATRIMÔNIO LÍQUIDO											
Empresa	2008	2009	2010	2011	2012	2013	2014	2015	2016	2017	Média
MICROSOFT											
Valor do Patrimônio Líquido – Em milhões US$	36 286	39 558	46 175	57 083	66 363	78 944	89 784	80 083	71 997	72 394	
Lucro Líquido do Exercício – Em milhões US$	17 681	14 569	18 760	23 150	16 978	21 863	22 074	12 193	16 798	21 204	
Retorno sobre o Patrimônio Líquido – %	*48,7%*	*36,8%*	*40,6%*	*40,6%*	*25,6%*	*27,7%*	*24,6%*	*15,2%*	*23,3%*	*29,3%*	*31,2%*
AMBEV											
Valor do Patrimônio Líquido – Em milhões R$	17 278	22 296	24 565	25 829	29 924	44 225	43 645	50 334	46 651	47 983	
Lucro Líquido do Exercício – Em milhões R$	3060	5789	7712	8641	10 508	11 399	12 362	12 879	13 083	7851	
Retorno sobre o Patrimônio Líquido – %	*17,7%*	*26,0%*	*31,4%*	*33,5%*	*35,1%*	*25,8%*	*28,3%*	*25,6%*	*28,0%*	*16,4%*	*26,8%*

Fonte: Demonstrações Financeiras no site das empresas: Relações com Investidores

É interessante ressaltar que o menor retorno anual da Microsoft foi em 2015, com 15,2%, que já é considerado excelente. O mesmo aconteceu com a AMBEV, com retorno de 16,4% em 2017. E em nenhum ano houve prejuízo, mesmo diante de crises nacionais e mundiais.

Empresas que têm produtos, têm mercado. Tendo gestão, têm lucros excelentes, e o risco claramente é menor.

10.11. Quanto maior o retorno, menor o risco

Para finalizar o tema, o que importa, realmente, é a capacidade contínua da gestão empresarial obtendo os resultados esperados, já que todos estão expostos apenas ao risco sistemático que afeta igualmente todas as empresas.

As empresas que conseguem manter vantagem competitiva sempre terão retornos maiores do que as concorrentes, não importa o segmento em que atuam. Ao ter vantagem competitiva e retorno elas inibem o risco sistêmico na maior parte de sua trajetória empresarial ao longo dos anos.

Conforme Buffet:[69]

---

[69] BUFFETT, Mary e CLARK, David. *Warren Buffett e a análise de balanços*. Rio de Janeiro, Sextante, 2010, primeira capa.

Ele descobriu que essas se beneficiavam de algum tipo de vantagem competitiva que criava uma situação econômica semelhante a um monopólio, permitindo que cobrassem mais por seus serviços ou vendessem mais produtos e, assim, ganhassem muito mais dinheiro do que a concorrência. Como tinham modelos de negócios tão fantásticos a seu favor, não havia chance de aquelas companhias algum dia declararem falência.

Portanto, retorno maior, risco menor.

11

CAPM e diversificação: conceitos brilhantes, mas questionáveis e inúteis

Duas das maiores dúvidas em finanças sempre foram:

- qual é a estrutura ótima de capital da empresa?;
- qual é o custo do capital próprio dos sócios e acionistas?

A primeira grande dúvida foi resolvida por Modigliani e Miller, tendo como premissa-chave mercados perfeitos e simetria das informações: é irrelevante a estrutura de capital.

Solução perfeita, mas que não resolve nada, porque o mercado não é perfeito e não há simetria das informações. Em outras palavras, sobre estrutura de capital, continuamos num mato sem cachorro.

A segunda dúvida teve uma solução proposta por Harry Markowitz e William Sharpe dentro do estudo de diversificação e busca por uma carteira ótima de ações. No mundo real, contudo, sua utilização tende a zero, portanto, são teorias inúteis para o mundo empresarial.

11.1. Custo do capital próprio: introdução ao modelo CAPM[70]

O conceito prevalecente nesse modelo é que a taxa de juros a ser utilizada para o desconto dos fluxos de benefícios futuros deva ser uma taxa que reflita o risco de cada empresa. Essa taxa é expressa pela seguinte equação:

---

[70] *Capital Asset Pricing Model* – Modelo para Precificação de Ativos de Capital

RI = Taxa Livre de Risco + Beta × (Retorno de Mercado – Taxa Livre de Risco)

Onde:

RI = Retorno Esperado de um Investimento
Taxa Livre de Risco = Rentabilidade de títulos governamentais
Beta = Coeficiente que representa o risco específico da empresa em relação à média do mercado
Retorno de Mercado = Retorno médio esperado de determinada carteira de investimentos no mercado

Os conceitos básicos então são:

- considera-se como risco específico da empresa a variação de sua rentabilidade em relação à rentabilidade média de um conjunto de investimentos existentes e alternativos no mercado, que é medido pelo coeficiente Beta.
- esse risco específico deve ser adicionado ao retorno médio de mercado para incorporação no modelo de VPL e descontar os fluxos futuros de benefícios.
- um empreendimento deve sempre ter uma rentabilidade superior à uma taxa livre de risco.

Em linhas gerais, no modelo CAPM busca-se medir o risco de cada empresa em relação ao mercado, transferindo o risco para o custo de capital próprio, que ficará maior ou menor em razão do risco apurado pelo modelo.

11.2. O Beta no Modelo CAPM

O conceito de Beta surgiu dentro do modelo CAPM (Capital Asset Pricing Model) – Modelo de Precificação de Ativos, desenvolvido nos anos 60 pelos professores Harry Markowitz e William Sharpe, objetivando a busca de carteira eficiente de títulos, ou seja, aquela que tivesse o maior retorno e o menor risco. Esse modelo foi consagrado e é o mais utilizado pelo mercado financeiro.

CAPM E DIVERSIFICAÇÃO

O beta representa a covariância do retorno de um título ou investimento individual com o da carteira (mercado), dividido pela variância do retorno dessa carteira. Em outras palavras, o beta significa a reação média da rentabilidade da empresa em relação à rentabilidade média do mercado. Como se entende que há total relação entre risco e retorno, se há retornos maiores é porque há riscos maiores e vice-versa. Portanto, a reação da rentabilidade de uma empresa individual em relação à rentabilidade média do mercado indica o risco da empresa, que é medido pelo beta.

Apresento a seguir dois exemplos de cálculos de beta. Vejamos primeiramente um exemplo hipotético da Empresa A.

Ano	Retorno Empresa A Ra	Retorno do Médio de Mercado Rm	RA-RAM	RM-RMM	(RM - RMM)^2	(RA -RAM)(RM-RMM)
1	5%	4%	2,2%	1,8%	3,24%	3,96%
2	8%	6%	5,2%	3,8%	14,44%	19,76%
3	-4%	-3%	-6,8%	-5,2%	27,04%	35,36%
4	-7%	-6%	-9,8%	-8,2%	67,24%	80,36%
5	12%	10%	9,2%	7,8%	60,84%	71,76%
Média	2,80%	2,20%			172,80%	211,20%

Beta = $\dfrac{211,20\%}{172,80\%}$ 1,222

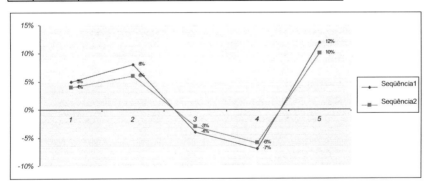

Figura: Beta – empresa A

RA = Retorno da Empresa

RAM = Retorno Médio da Empresa – Média dos períodos considerados (5 anos no exemplo)

RM – Retorno de Mercado

RMM – Retorno Médio de Mercado – Média dos períodos considerados (5 anos no exemplo)

O beta da Empresa A de 1,222 significa que é uma empresa que tem uma reação sempre excedente ao mercado, tanto no aspecto positivo quanto no aspecto negativo. Em linhas gerais, podemos dizer que é uma empresa mais alavancada que a média do mercado. Toda empresa que tem um beta maior que 1 deve indicar empresa com essa estrutura de negócios e, portanto, com maior grau de risco que a média do mercado. Do mesmo modo, como contrapartida natural, com maiores possibilidades de lucros adicionais que a média do mercado em situação de crescimento.

O gráfico espelha bem a situação. Os retornos da empresa são maiores que o mercado em caso de rentabilidades positivas (Anos 1, 2 e 5). Da mesma maneira, as perdas são maiores que o mercado em caso de rentabilidades negativas (Anos 3 e 4).

A figura a seguir indica uma empresa de característica oposta, a empresa hipotética B.

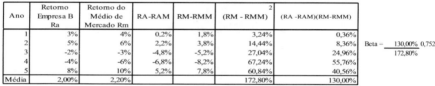

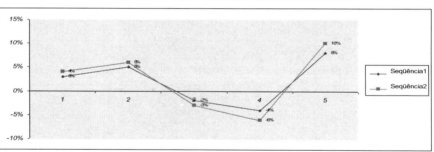

Figura Beta – empresa B

O beta da Empresa B é 0,752. Isso significa que a empresa tem uma reação inferior à média do mercado, sendo, em linhas gerais mais conservadora e menos alavancada. A empresa tende a apresentar rentabilidades menores que a média do mercado apresenta em situação positiva. Contudo, em situação negativa, os prejuízos tendem também a ser menores. O gráfico deixa bem claro esta tendência. Quando uma empresa tem um beta igual a 1, significa que essa empresa tem uma reação igual à média do mercado.

CAPM E DIVERSIFICAÇÃO

11.3. Risco e volatilidade

Conforme Bernstein,[71]

> podemos dizer que a volatilidade se manifesta quando o inesperado acontece. Mas isso não ajuda nada, pois, por definição, ninguém sabe como prever o inesperado. Por outro lado, nem todos se preocupam com a volatilidade. Embora o risco signifique que podem acontecer mais coisas do que acontecerão – uma definição que capta a ideia de volatilidade –, essa afirmação não especifica nenhuma dimensão de tempo. Uma vez introduzido o elemento temporal, a ligação entre risco e volatilidade começa a diminuir. O tempo altera o risco em vários aspectos, não apenas em sua relação com a volatilidade.

Ainda conforme o mesmo autor:

> para investidores realmente de longo prazo – aquele pequeno grupo de pessoas como Warren Buffett que podem fechar os olhos às flutuações a curto prazo e que não têm dúvidas de que o que cai voltará a subir – a volatilidade representa uma oportunidade, e não um risco, pelo menos na medida em que papéis voláteis tendem a fornecer retornos superiores aos de papéis mais plácido.

Essas afirmativas deixam claro que o CAPM foca horizontes temporais de curto prazo e, portanto, o risco calculado pelo modelo não ajuda em nada.

Alguns investidores consideram apenas aqueles fluxos de caixa de ativos que são previsíveis, ignorando os fluxos de caixa com risco ou de natureza especulativa ao avaliarem o ativo. Warren Buffett expressa seu desdém pelo CAPM e outros modelos de risco e retorno e defende o uso da taxa sem risco como taxa de desconto. Suspeitamos que ele logra sucesso com esse ponto de vista em função de uma combinação dos tipos de companhias

---

[71] BERNSTEIN Peter. *O Desafio aos Deuses: A Fascinante História do Risco.* 2ª. Ed. Rio de Janeiro, Campus, 1997. p. 260-261.

Mitos e Lendas em Finanças

que escolhe para investir e de seu arraigado conservadorismo quando da estimativa de fluxos de caixa.[72]

11.4. Críticas ao CAPM

Após a aceitação inicial pela comunidade financeira e acadêmica dos conceitos do CAPM, a partir de sua divulgação, vários pesquisadores e cientistas das áreas de economia e finanças, estudando com mais profundidade o tema, apontaram questões que colocaram em xeque o modelo.

Da obra de Lobão,[73] extraímos um resumo dos questionamentos ao modelo CAPM. Em primeiro lugar, fica claro que o CAPM incorpora o conceito do paradigma racional em conjunto com o conceito de que os mercados são eficientes. Quando o CAPM se combina com a hipótese da eficiência, as duas teorias permitem a previsão de que, num mercado informacionalmente eficiente, os preços serão também eficientes na acepção do valor fundamental.

Em seguida, o autor apresenta questões que colocam em xeque os conceitos que embasam o CAPM, que são:

- Os mercados não podem ser totalmente eficientes: se toda a informação disponível se repercutisse de forma rápida e completa nos preços como postula a hipótese dos mercados eficientes, os investidores não teriam incentivos para pesquisar novas informações, e os profissionais de mercado não poderiam gerar as mais-valias que lhes permitiriam permanecer em atividade.
- A hipótese de eficiência dos mercados é tautológica:[74] as restrições impostas pelas finanças racionais na definição da hipótese da eficiência do mercado são de tal forma fortes — elevado número de investidores racionais, ausência de custos de transação, informação

---

[72] DAMODARAN, Aswath. *Gestão Estratégica do Risco*. Porto Alegre, Bookman, 2009.

[73] LOBÃO, Júlio. *Finanças Comportamentais: quando a Economia encontra a Psicologia*. Lisboa/Coimbra, Actual, 2015, p.58/77.

[74] Tautologia: proposição analítica que permanece sempre verdadeira, uma vez que o atributo é uma repetição do sujeito (p.ex., o sal é salgado).

CAPM E DIVERSIFICAÇÃO

perfeita – reveste a hipótese de uma natureza quase tautológica. Se de partida se estabelece um conjunto de pressupostos de tal forma exigentes, que se eliminam todas as possibilidades de que possam existir fricções na transmissão da informação aos preços, só poderá ser que a informação se transmite aos preços.

- O CAPM é uma tautologia: se supõe-se que todo o risco sistemático é diversificado, o que senão o risco sistemático – representado pelo parâmetro beta – poderá afeitar o preço dos ativos? Também o modelo pressupõe que todos os investidores partilham as mesmas expectativas de rentabilidades futuras e dos riscos associados aos ativos. O CAPM parte do princípio de que todos os investidores estão de acordo entre si. Como o CAPM é usado para defender que os preços de mercado dos ativos refletem de forma correta as rentabilidades esperadas e os riscos dos ativos, o raciocínio torna-se circular: se os investidores têm estimativas idênticas sobre as rentabilidades esperadas e riscos futuros dos ativos, é inevitável que o mercado reflita essa "melhor" estimativa, porque apenas existe uma estimativa – a estimativa do investidor homogêneo.

- A carteira de mercado não é observável: o CAPM implica estimar a rentabilidade esperada da carteira de mercado. Embora um índice de ações seja normalmente tomado como *proxy*[75] a essa carteira, a carteira de mercado deveria ser bem mais abrangente do que um índice de ações, incluindo, por exemplo, imóveis, commodities, etc. Ora, uma vez que a carteira de mercado mundial não é transacionada, as rentabilidades de todas as oportunidades de investimento não são observáveis.

- O CAPM apresenta problemas graves na sua aplicação empírica: os testes empíricos iniciais ao CAPM proporcionaram alguns resultados relativamente satisfatórios. No entanto, em estudos posteriores nos quais foram utilizadas séries temporais mais longas e completas, os resultados contrariam o modelo de tal forma que hoje a opinião largamente majoritária na literatura é a de que o CAPM não se

---

[75] Um *proxy* é algo que atua em substituição a outra coisa, em representação de outra coisa. Por exemplo, o EBITDA ser um *proxy* para a capacidade de uma empresa gerar dinheiro, significa que o EBITDA é uma forma substituta de aferir a capacidade de uma empresa gerar dinheiro.

verifica empiricamente. O repúdio ao CAPM, como modelo útil para realizar previsões, foi declarado por Fama e French. Em primeiro lugar, os estudos mostram que outros modelos apresentam melhores resultados em termos de previsão. Em segundo lugar, um conjunto de fatos não conseguem ser explicados pelo modelo. Uma parcela significativa da rentabilidade das ações não consegue ser justificada pelo risco sistemático.

Ainda conforme Lobão, a constatação de que o CAPM se mostra incapaz de prever a rentabilidade das ações torna o debate entre as correntes das teorias de finanças comportamentais e racionais mais presente. Para as finanças comportamentais, considerando os limites de racionalidade dos investidores, eles são levados a formar expectativas atribuindo demasiada importância ao desempenho das ações no passado.

Para as finanças racionais, as falhas do CAPM corresponderiam aos fatores de risco que não são possíveis de identificar. A disputa entre as duas abordagens parece ser difícil de resolver, porque a falha do CAPM tanto pode ser atribuída à ineficiência do mercado (ótica comportamental) como a um problema do modelo (ótica racional).

Entendemos que a questão temporal – passado versus futuro – é fundamental para a utilização do modelo CAPM. O CAPM trabalha com dados passados para calcular as expectativas de rentabilidade futura, assim como o custo do capital próprio de cada empresa.

Contudo, para projetos de investimento, a única questão temporal que é necessária é o futuro específico da empresa e do próximo investimento a ser realizado, e não o futuro da empresa em relação às outras.

11.5. CAPM e VPL e o futuro de investimentos

O critério de VPL – Valor Presente Líquido com o critério da TIR – Taxa Interna de Retorno,[76] é o critério clássico recomendado por todos autores

---

[76] Fundamentalmente, a diferença entre VPL e TIR é a seguinte: no VPL, o decisor dá a taxa de desconto para trazer os fluxos futuros a preços atuais. Se houver VPL nulo ou positivo, o investimento deverá ser aceito. Na TIR, o decisor não dá a taxa de desconto, obtendo a taxa

CAPM E DIVERSIFICAÇÃO

consagrados na área de finanças para o processo decisório de avaliação de investimento para tomada de decisão de aceitar ou não fazer determinado investimento.

Os dois critérios consideram, no cálculo dos fluxos de entrada e saída, o horizonte temporal completo de cada projeto. Ora, ao incorporar o horizonte temporal completo de cada projeto os dois critérios de avaliação de investimentos incorporam qualquer volatilidade dos fluxos futuros que conhecem.

Não há sentido em incorporar no VPL/TIR o custo de capital obtido pelo CAPM, porque ele resulta de dados passados, decorrente de variáveis, elementos e eventos que não necessariamente ocorrerão no futuro.

Além disso, não há porque, na avaliação da viabilidade de um projeto de investimento, que necessita da adoção de um custo de capital para trazer os fluxos futuros a valores atuais, utilizar-se de dados passados, uma vez que as expectativas são naturalmente do futuro.

Esses fundamentos também se aplicam à questão do risco de um projeto. O risco de um novo projeto de investimento é específico, mas não, necessariamente, igual ao eventual risco do atual conjunto de projetos em andamento de cada empresa. Da mesma forma, não existe risco da empresa que deva ser comparado com o mercado; no máximo, só deve ser feita a comparação com os riscos específicos de cada empresa.

Por exemplo, vamos imaginar que uma companhia atuante na indústria de alimentação deseje agora entrar no ramo de concessões rodoviárias. Ela deve utilizar o custo do capital próprio obtido pelo modelo CAPM (que é fruto do passado) como o custo de oportunidade desse novo projeto?

Entendemos que não, uma vez que são projetos distintos, com futuros possível e provavelmente distintos. Também, como já demonstramos no capítulo anterior, o custo de capital a ser incorporado nos projetos de investimentos deve se pautar por quanto o investidor que obter de rentabilidade do seu investimento, o que pode ser totalmente diferente da rentabilidade que ele obtém com seus atuais investimentos.

Dessa maneira, a utilização dos conceitos de risco e custo de capital próprio do modelo CAPM não são vinculados aos modelos clássicos de

---

de desconto, que iguala a preços atuais os fluxos futuros de entrada com os fluxos de saída, pelo critério da TIR. Se a taxa obtida pelo critério da TIR for igual ou superior ao seu custo de oportunidade de taxa de juros, o investimento deverá ser aceito.

avaliação da viabilidade de investimentos, o que resulta da inutilidade do modelo para esse tipo de utilização no mundo real.

11.6. Risco diversificável e não diversificável

O estudo do CAPM permite incorporar o conceito de risco de mercado (não diversificável) e risco diversificável, que, conjuntamente, formam o risco da ação ou da empresa. O risco de mercado também é chamado de risco sistemático e o risco da empresa de não-sistemático.

O risco de mercado (sistemático ou não diversificável) decorre de variáveis conjunturais e sistêmicas, que, de modo geral, afetam todas as empresas, tais como inflação, recessão, guerras, taxas de juros etc. O risco diversificável ou não-sistemático, decorre de variáveis que afetam especificamente cada empresa, tais como sua própria operação, campanhas de marketing, grandes vendas etc.

A parcela do risco da empresa que pode ser minimizada ou otimizada (eventualmente, até eliminada) é o risco não-sistemático, via diversificação da carteira. A parcela do risco sistemático ou não diversificável não pode ser eliminada por uma carteira ótima de ações, uma vez que é inerente, na média, a todas as empresas.

O risco de uma carteira bem diversificada depende do beta médio dos títulos incluídos na carteira. Assim, a contribuição de um título para o risco da carteira depende do beta do título. Assim, o risco de mercado da carteira é medido pelo beta.

11.7. Diversificação para quê?

A teoria financeira da diversificação é a teoria da média. Não deixa de ser, claramente, também a teoria do medo: "nunca coloque todos os ovos numa mesma cesta". Por outro lado, imagine uma empresa que só vende ovos; ela não tem que transportar todos os ovos no mesmo caminhão? E aí, como fica?

A teoria da média/medo é para quem não quer arriscar, totalmente contrária ao mundo dos negócios, cuja essência é o risco, que, por sua vez, é a essência do capitalismo, do empreendimento, da geração de riquezas. Assim diz Bernstein (p. 21):

CAPM E DIVERSIFICAÇÃO

o comércio também é um negócio arriscado. À medida que o crescimento do comércio transformou os princípios do jogo em geração de riqueza, o resultado inevitável foi o capitalismo, a epítome de correr riscos. Mas o capitalismo não poderia ter florescido sem duas novas atividades que haviam sido desnecessárias, enquanto o futuro fora uma questão de acaso ou vontade divina. A primeira foi a contabilidade, atividade humilde, mas que encorajou a disseminação das novas técnicas de numeração e contagem. A segunda foi a previsão, uma atividade bem menos humilde e bem mais desafiadora que associa assumir riscos com as compensações diretas.

Assim, a diversificação é um conceito que afronta totalmente o capitalismo. O capitalismo vive de correr riscos, de apostar num negócio, de buscar renda e recompensar por arriscar.

Quem quer diversificar não quer arriscar. Diversificação é para quem não tem coragem; é para quem tem medo ou não sabe avaliar o investimento que pode ser feito.

Conforme Lowenstein[77]:

> Buffett criticava também o processo de decidir através de comitês e pensar em grupo, predominante em Wall Street. Tais decisões através de consenso – naquele tempo e ainda agora, a regra em Wall Street – tendiam a fazer com que os diferentes fundos ficassem muitos parecidos uns com os outros, e a reforçar o sedutor argumento de que "a média é segura" e o heterodoxo é arriscado. Na verdade, contrapunha Buffett, o raciocínio lógico pode levar a ações convencionais sim, mas com frequência gera soluções heterodoxas.
>
> O portfólio de Buffett decididamente não era convencional. Ele ridicularizava os gerentes de fundo que escolhiam a linha de ação oposta – ou seja, a maioria dos que trabalhavam em Wall Street. A diversificação se transformar em artigo de fé; os gerentes de fundos comumente enchiam seus portifólios com centenas de diferentes ações. Um portifólio com dezenas de papéis fica relativamente inalterado caso uma das ações caía, mas de maneira similar também não é afetado com a elevação do valor de uma delas. Na verdade, à medida que o número de ações cresce, a tendência do

---

[77] LOWENSTEIN, Roger. *Buffett: a formação de um capitalista americano*. Rio de Janeiro, Nova Fronteira, 1997. p. 122-123.

portfólio é imitar as médias de mercado. Tal tendência pode representar um objetivo seguro e talvez razoável para um novato, mas, na visão de Buffett, contraria o próprio objetivo do investidor profissional que, supostamente, é pago para conseguir resultados melhores que a média. Ter uma variedade grande de ações é admitir que não se pode escolher os vencedores. Buffett achava que podia preservar sua cesta de ovos sem espalhá-los. Sob o véu de sua aparente modéstia, na verdade ele estava com isso fazendo uma atrevida afirmação.

Numa reportagem da revista *Exame* de 02/05/2012, sobre investidores de sucesso, a seguinte frase ficou registrada: eles compartilham a opinião do bilionário americano Warren Buffett: quem sabe o que está fazendo não precisa diversificar.

11.8. Diversificação e as empresas comerciais, industriais e de serviços

Quando se fala em diversificação, aborda-se a questão de vários tipos de investimentos, como vários tipos de ações de empresas, títulos do governo, títulos de dívidas empresariais, etc.

Porém, não é esse mercado de investimento que gera riqueza. O que gera riqueza são as empresas produtoras, as empresas que comercializam produtos, as empresas que prestam serviços. Portanto, o conceito da diversificação esquece ou afasta o óbvio: o que provoca riqueza mundial, no capitalismo, são as empresas não financeiras. E a diversificação foca apenas investimentos financeiros.

Toda empresa, no seu início, tem apenas um único negócio. Portanto, como aplicar o conceito de diversificação para o que é mais importante para a sociedade, para as empresas? Assim, trabalha-se bastante um tema absolutamente inútil.

Vamos dar exemplos, só para tentar deixar mais claro, de como as empresas se caracterizam como investimentos:

- Um humilde trabalhador pega suas economias para tentar ser empreendedor e abre uma sorveteria. O que seria diversificação:

CAPM E DIVERSIFICAÇÃO

os diversos tipos de sorvetes? Não, não tem sentido, é um negócio único, com o risco natural de empreender.

- Um grande empresa entra no negócio de cimento. O que é diversificação? Os vários tipos de cimento com suas várias embalagens? Não, é apenas um tipo de investimento, em cimento, que os investidores resolveram correr o risco para obter um retorno esperado.

É possível que, com o tempo, as empresas cresçam e optem por fazer outros investimentos. Mas o objetivo não é a diversificação; o objetivo é ganhar dinheiro em cima de novos investimentos, sejam eles em qualquer atividade, produto ou serviço.

11.9. Como sair do risco sistemático: gestão empresarial

Não há dúvida de que os fatores do risco sistemático tendem a afetar a maioria das empresas. Porém, cada empresa tem sua própria gestão, e cada empresa procura meios para adaptar-se aos movimentos do risco sistemático, tanto para minimizar fatores negativos, quanto para aproveitar oportunidades trazidas pelos fatores do risco sistemático.

Assim, para perder menos ou ganhar mais em função dos fatores do risco sistemático é que existe a gestão empresarial. O risco sistemático pode afetar a todos, mas não afeta a todos de forma igual. Os fatores do risco sistemático, considerados negativos, podem se tornar positivos para determinadas empresas em determinados momentos. Da mesma forma, fatores do risco sistemático considerados positivos podem afetar negativamente os resultados de determinadas empresas em determinados momentos.

Em outras palavras, nada subsiste sem gestão. A gestão pode transformar investimentos bons em resultados ruins, e investimentos ruins em resultados bons. Finalizando, a diversificação não tem nenhum sentido no mundo dos negócios reais.

12
Não existe custo médio ponderado de capital (WACC) porque não existe custo do capital próprio

Se o conceito de ponto de equilíbrio, pela própria eloquência econômica do modelo, é o tema que os professores dos cursos de Ciências Contábeis e de Administração mais gostam de apresentar, os professores de Administração Financeira vibram de felicidade quando falam sobre o custo médio ponderado do capital. E não há dúvida que arrematam a introdução com o nome em inglês: WACC (*Weighted Average Capital Cost*), vibrando de prazer ao ouvir suas próprias palavras quando finalizam com a locução inglesa: "UÓQUI"!

12.1. O que é capital próprio e o que é capital de terceiros e para que servem

Em finanças, capital próprio é o dinheiro investido pelos proprietários das empresas, sejam empresários ou investidores individuais, sócios de empresas limitadas ou acionistas de companhias abertas (aquelas empresas que têm ações cotadas nas bolsas de valores).

Capital de terceiros é o montante captado pela empresa de instituições financeiras (bancos) ou entidades assemelhadas, ou por meio de outros tipos de instrumentos financeiros, que devem ser remunerados seguindo determinada taxa de juros e, portanto, tem um custo financeiro recorrente até o seu resgate.

Em termos contábeis, o capital próprio é representado no balanço patrimonial pela figura do patrimônio líquido. Apesar de haver diversas contas contábeis dentro do grupo patrimônio líquido (capital social, reservas, ajustes de avaliação patrimonial, resultados abrangentes, lucros ou prejuízos acumulados), fundamentalmente a composição do patrimônio líquido decorre do valor acumulado de:

- capital social integralizado na empresa ao longo de sua vida;
- lucros acumulados ou lucros retidos, que representam a parcela dos lucros obtidos ao longo da vida da empresa, e que não foram distribuídos aos sócios, mas mantidos na empresa para sustentar o seu crescimento.

O capital de terceiros é representado pelas contas de empréstimos e financiamentos, debêntures etc., classificados no passivo circulante e no passivo não circulante.

O objetivo e a serventia, seja capital próprio ou capital de terceiros, é fornecer os fundos para o investimento nos ativos da empresa, para que ela estruture e acione suas operações e gere lucros suficientes para compensar o investimento feito.

A característica essencial desses elementos patrimoniais, capital próprio e de terceiros, é que eles devem ser remunerados, ou seja, eles exigem um retorno. O capital de terceiros exige o retorno por meio do pagamento de juros. O capital próprio exige o retorno do lucro operacional que excede ao custo dos juros do capital de terceiros e dos tributos sobre o lucro, sob a forma de dividendos ou lucros distribuídos. Enquanto o pagamento dos juros ao capital de terceiros caracteriza-se como um custo financeiro fixo, o retorno financeiro do capital próprio é variável, pois depende de três fatores:

- quanto de lucro operacional gera a empresa;
- quanto de juros do capital de terceiros são pagos ou contabilizados no período;
- o IR/CSLL devido ao governo.

O que sobra desses três montantes é o valor do ganho do capital próprio. Dessa maneira, o retorno para o capital próprio é considerado uma renda variável residual.

Ora, o "retorno do capital próprio" sendo considerado ganho, automaticamente não pode ser um custo. Portanto, há uma confusão semântica entre ganho e custo que vamos elucidar neste capítulo.

Warren Buffett: um exemplo a seguir[78]

Nos anais dos investimentos, Warren Buffett ocupa um lugar único. Começando do nada, simplesmente escolhendo ações e companhias para investimento, Buffett acumulou uma das maiores fortunas do século XX. Durante um período de quatro décadas – mais do que suficiente para anular os efeitos fortuitos da sorte –, Buffett suplantou o mercado de ações por uma margem assombrosa e sem correr riscos indevidos ou sofrer um único ano de perdas. Trata-se de um feito que os sábios do mercado, os corretores de Main Street[79] e acadêmicos há muito proclamaram ser impossível. Por virtude deste desempenho constante e superior, Buffett adquiriu um patrimônio líquido aparentemente mágico de 9 bilhões de dólares, e ainda crescente.

Nota: em 2017, vinte anos depois, a fortuna de Buffett está avaliada em US$ 75,6 bilhões, sendo o segundo homem mais rico do mundo, depois de Bill Gates (US$ 86 bilhões), pelo ranking publicado anualmente pela revista *Forbes*.

12.2. Custo médio ponderado de capital

Quando se opta por trabalhar avaliação de empresas e investimentos desconsiderando-se o acionista em particular, focando no valor operacional da empresa, o conceito mais utilizado é a adoção, como taxa de juros para desconto dos fluxos futuros, do custo médio ponderado de capital, em inglês, *Weighted Average Cost of Capital* – WACC.

O custo médio ponderado de capital leva em consideração a estrutura de capital da empresa, ou seja, participação de capital de terceiros e capital

---

[78] LOWENSTEIN, Roger. *Buffett: a formação de um capitalista americano*. Rio de Janeiro, Nova Fronteira, 1997, p.13.

[79] *Main Street* é um termo coloquial usado para se referir a investidores individuais, empregados e toda a economia. É para contrastar como Wall Street, que compreende o mercado financeiro, as grandes instituições financeiras e grandes corporações, bem como os administradores de alto nível dessas empresas. Main Street representa os pequenos investidores individuais, com serviços personalizados, enquanto Wall Street representa as enormes instituições financeiras reconhecidas mundialmente, que trabalham com investidores multimilionários. Veja mais em <https://www.investopedia.com/terms/m/mainstreet.asp>. Acesso em: set. 2019.

próprio no investimento total. A taxa de juros do capital de terceiros a ser considerada deve ser líquida dos impostos sobre o lucro. Vejamos um exemplo numérico.

Uma empresa tem $ 1.000.000 de investimentos, dos quais 60% são financiados por recursos próprios e 40% por capital de terceiros, com um custo financeiro de 14% ao ano. Os impostos sobre o lucro são de 35%. O custo de capital dos acionistas, assumido nesse exemplo, é de 12% ao ano, já líquido dos impostos.

Primeiramente, calcula-se o custo de capital de terceiros líquido dos impostos:

$$14\% \times 0,75 \ (1 - 35\%) = 10,5\%$$

Em seguida, faz-se o cálculo ponderando a participação dos capitais na estrutura de capital da empresa em relação ao custo líquido de capital de cada tipo de recurso de capital:

Capital Próprio	= 60% × 12%	= 7,2%
Capital de Terceiros	= 40% × 10,5%	= 4,2%
Custo Médio Ponderado de Capital	= 100%	= 11,4%

Para que exista então custo médio ponderado de capital, deveríamos ter o custo do capital próprio. Como este não existe, logo a fórmula matemática do custo médio ponderado de capital não tem sentido nenhum.

12.3. A abordagem tradicional de custo de capital e estrutura ótima de capital

A abordagem tradicional ou ortodoxa assume que há uma estrutura ótima de capital e que a empresa pode aumentar o seu valor através do uso adequado do efeito alavancagem. Centra-se na questão de minimizar o custo médio de capital da empresa (ko). Assim, define o valor da empresa como o valor de mercado de suas fontes de capital, ou seja, o valor dos empréstimos e o valor das ações.

Ki é definido como o custo da alavancagem, ou custo dos empréstimos;

Não existe custo médio ponderado de capital [...]

Ke é o custo das ações, ou o custo exigido pelos acionistas.

O valor dos acionistas é o lucro após os Juros.

Portanto, temos as seguintes equações para trabalhar a estrutura de capital.

$$Ki = \frac{\text{Custo Anual dos Juros}}{\text{Valor de mercado das dívidas}}$$
(capital de terceiros)

$$Ke = \frac{\substack{\text{Lucro Disponível aos Acionistas} \\ \text{(Lucro Operacional Depois dos Juros)}}}{\text{Valor de mercado do patrimônio líquido}}$$
(capital próprio)

$$Ko = \frac{\substack{\text{Lucro Operacional} \\ \text{(Lucro antes dos Juros)}}}{\text{Valor de mercado da empresa}}$$
(capital de terceiros + capital próprios)

Valor da Empresa (VE) = Capital de Terceiros + Capital Próprio

Exemplo

Uma empresa tem a seguinte carteira de empréstimos:

Empréstimo I – $10.000 a 11% aa

Empréstimo II – 20.000 a 10% aa

Debêntures – 20.000 a 9% aa

O lucro operacional (antes dos juros) está estimado em $ 15.400 e o valor da empresa em $ 120.000.

Custo Médio Ponderado de Capital de Terceiros

Capital × Taxa de Juros = Custo Anual

Empréstimo I –	$ 10.000	11% aa	=	$ 1.100
Empréstimo II –	20.000	10% aa	=	2.000
Debêntures	20.000	9% aa	=	1.800
Total	50.000		=	4.900

$$Ki = \frac{\$4.900}{\$50.000} = 9,8\% \text{ aa}$$

Custo Médio de Capital dos Acionistas

Valor da Empresa	=	$ 120.000
(-) Valor do Capital de Terceiros	=	(50.000)
= Valor do Capital dos Acionistas	=	70.000

Lucro Operacional	=	$ 15.400
(-) Custo dos Juros	=	(4.900)
= Lucro para os acionistas	=	10.500

$$Ke = \frac{\$10.500}{\$70.000} = 15,0\% \text{ aa}$$

Custo Médio de Capital da Empresa (Custo Médio Ponderado de Capital – CMPC)

$$Ko = \frac{\$15.400}{\$120.000} = 12,83\% \text{ aa}$$

Essa abordagem leva a confundir custo de capital com rentabilidade, remetendo a um paradoxo. O custo do capital próprio (ke) é a rentabilidade do acionista. Ora, quanto maior o custo de capital de terceiros, menor será o custo do capital próprio, como se isso fosse bom. Acontece que não é, porque a redução do custo do capital próprio é a redução de sua própria rentabilidade.

12.4. Abordagem MM (Modigliani & Miller) e estrutura ótima de capital

A abordagem MM sobre a estrutura de capital da empresa difere significativamente da abordagem ortodoxa e é similar à abordagem do lucro operacional. Ela parte do pressuposto de que em mercados perfeitos é irrelevante a estrutura de capital e, consequentemente, a política de dividendos.

Conforme Brealey e Myers:

> Modigliani e Miller mostraram que a política de dividendos não é relevante nos mercados de capitais perfeitos. A sua famosa "proposição I" estabelece que uma empresa não pode alterar o valor total dos seus títulos por meio da simples repartição dos seus fluxos de tesouraria em diferentes correntes: o valor da empresa é determinado pelos seus ativos reais e não pelos títulos que emite. Desse modo, a estrutura de capital é irrelevante, desde que as decisões de investimento da empresa sejam consideradas como dados... O valor de mercado de qualquer empresa é independente da estrutura do seu capital.[80]

Dentro das condições de mercados de capitais perfeitos haveria abundância de capital. Portanto, os investidores estariam dispostos a correr os mesmos riscos dos tradicionais proprietários. O suporte para essa posição está em que a empresa não consegue fazer pelos seus acionistas mais do que eles conseguem fazer por si mesmos. Dentro da condição de mercados perfeitos e de que as informações estão disponíveis a todos, os acionistas poderão fazer suas alavancagens financeiras e mudar seus investimentos nas empresas, mas as mudanças das fontes de capital das empresas não aumentam seu valor.

Dentro dessa linha alguns pontos podem ser levantados como premissas da abordagem MM:

- não há "donos" na empresa;
- não é relevante a fonte de capital; todas têm uma remuneração, cuja diferença é apenas de nome (juros, prêmio, dividendos);
- não há risco financeiro (todos são identicamente fornecedores de capital);
- portanto, não há alavancagem financeira que possa maximizar o valor da empresa;
- há apenas o risco do negócio (risco não sistemático).

MM provam matematicamente em seus trabalhos suas teses, e não há como refutá-las dentro de uma abordagem teórica. Contudo, nem o

---

[80] BREALEY, Richard A. e MYERS, Stewart C. *Princípios de Finanças Empresariais*. Portugal, Mc-Graw Hill, 1992. p. 395-400.

mundo real nem os mercados de capitais é perfeito. As empresas são analisadas e avaliadas na sua relação de capital próprio versus capital de terceiros, e o objetivo tem sido a maximização do valor da empresa, sob a ótica do patrimônio líquido contábil (ou do capital próprio) que é de propriedade de seus acionistas ou donos.

Conforme Ross et al.,[81] "os resultados de MM indicam que os administradores não são capazes de alterar o valor de uma empresa mudando a combinação de títulos emitidos para financiá-la". Isso quer dizer que o valor da empresa não depende da sua estrutura de capital, mas sim apenas do ativo. O valor da empresa é dado pelo ativo, já que é irrelevante a estrutura de capital. Além disso, não existe estrutura ótima de capital. Também conforme Ross et al. "não há fórmula exata disponível para determinar o quociente ótimo entre capital de terceiros e capital próprio. Por causa disso, recorremos a evidências encontradas na prática".

A abordagem MM deixa claro mais uma vez que não existe custo médio ponderado de capital. O que existe é rentabilidade para quem financia a empresa, seja capital de terceiros ou capital próprio.

Além disso, se não há estrutura ótima de capital, o que existe é apenas "rentabilidade do ativo operacional" que, de fato, é que gera o valor da empresa.

Assim, o valor da empresa é fruto da capacidade desta de gerar lucros operacionais. A estrutura de capital, o passivo, é apenas para fazer o procedimento de distribuição dos lucros gerados pelo ativo. Quanto mais capital de terceiros, maior a porção do lucro operacional que será destinado a este, sobrando menos para o capital próprio e vice-versa.

12.5. O que é custo e a validade do conceito de custo de oportunidade

De um modo geral, na semântica, o significado de custo é:

esforço, trabalho empregado na produção de bens e serviços. 2. p.ext. esforço que se emprega com o fito de se obter algo. 3. Quantia que uma coisa custa. 4. O que se paga por ela. 5. Dificuldade; trabalho; esforço. a (muito) custo •

---

[81] ROSS, WESTERFIELD e JAFFE. *Administração Financeira*. São Paulo, Atlas, 2002. p. 329; 362.

Com muito esforço, com grande dificuldade; com (muito) custo (ex.: levantou-se da cadeira a custo). a custo de • Ao preço de; mediante a todo o custo • Seja por que preço for; fazendo todos os esforços possíveis.

Segundo Sandroni, "custo é avaliação em unidades de dinheiro de todos os bens materiais e imateriais, trabalho e serviços consumidos pela empresa na produção de bens industriais, bem como aqueles consumidos também na manutenção de suas instalações."[82]

Contudo, uma concepção importante sobre o que é custo foi incorporada ao conjunto de conceitos financeiros pelo economista Alfred Marshall. Segundo esse conceito, os custos não devem ser considerados como absolutos, mas iguais a uma segunda melhor oportunidade de benefícios não aproveitada. Ou seja, quando a decisão para as possibilidades de utilização de A exclui a escolha de um melhor B, podem-se considerar os benefícios não aproveitados decorrentes de B, como custos de oportunidade (Sandroni, p. 87).

O primeiro conjunto de definições de custo trata de custos como valores absolutos. Assim, o conceito de custo de oportunidade é um conceito alternativo, não absoluto, podendo até ser considerado como virtual ou conceitual.

Em outras palavras, o conceito de custo de oportunidade é um conceito filosófico, que incorpora a questão da relatividade e a psicologia do investidor. Se o investidor entende que o conceito de custo deve ser absoluto, ele toma um direcionamento para avaliar suas possibilidades de investimentos; se ele entende que o conceito de custo de oportunidade é válido, ele pode tomar outro direcionamento para avaliar as possibilidades de seus investimentos.

12.6. Lucro contábil *versus* lucro econômico[83]

O lucro contábil, que constitui basicamente o confronto entre receita realizada e custo consumido, é respaldado pelo conservadorismo, convenção da objetividade e Princípios Contábeis Geralmente Aceitos.

---

[82] SANDRONI, Paulo. *Novo Dicionário de Economia*. 5ª. Ed., São Paulo, Best Seller, 1994, p.86.
[83] FUJI, Alessandra Hirano. O conceito de lucro econômico no âmbito da contabilidade aplicada. Rev. contab. finanç. vol. 15, n. 36, São Paulo. Set./Dez., 2004. Disponível em: <http://dx.doi.org/10.1590/S1519-70772004000300004>. Acesso em: set. 2019.

O lucro econômico, que é o incremento do valor presente do patrimônio líquido, envolve aspectos subjetivos, mas é considerado (inserção nossa) superior ao lucro contábil, mormente no processo decisório dos usuários internos e externos.

O lucro contábil é, basicamente, o resíduo do confronto entre receita realizada e custo incorrido, apurado em consonância com a convenção da Objetividade e Princípios Contábeis Geralmente Aceitos e prioriza o usuário externo das demonstrações contábeis.

O lucro econômico é, essencialmente, apurado pelo incremento no valor presente do patrimônio líquido, envolvendo aspectos ligados à subjetividade. Trata-se de um conceito mais amplo, rico e adequado do que o lucro contábil, principalmente, no tocante ao processo decisório, sendo que se volta tanto ao usuário externo como ao interno.

O conceito de lucro contábil possui raízes filosóficas nos conceitos econômicos de lucro, capital e manutenção do capital ou da riqueza.

Adam Smith, na obra *A Riqueza das Nações* (1776), foi o primeiro a definir lucro como quantia a ser consumida sem prejudicar o capital, incluindo tanto o capital fixo quanto o capital circulante.

J. R. Hicks, na obra *Value and Capital* (1946), definiu lucro como "a quantia que uma pessoa pode consumir durante um período de tempo, estando essa pessoa tão bem no final do período como estava no início". Tanto para Smith quanto para Hicks, o lucro está relacionado com a manutenção da riqueza ou do capital do indivíduo.

Chang define o lucro da empresa como "a quantia máxima que a firma pode distribuir como dividendos e ainda esperar estar tão bem no final do período como estava no começo".

Solomon adotou o conceito de lucro proposto por Hicks para uma entidade de negócios, definindo-o como "a quantia pela qual seu patrimônio líquido aumentou durante o período, com os devidos ajustes sendo feitos para qualquer novo aporte de capital contribuído por seus donos ou para qualquer distribuição feita pela empresa para seus proprietários". O autor diferencia o lucro hicksiano do lucro contábil, ao asseverar que "o lucro hicksiano demanda que, na avaliação do patrimônio líquido, capitalizemos os recebimentos líquidos futuros esperados, enquanto o lucro contábil requer somente que avaliemos os ativos com base em seus custos não expirados".

Nesse contexto, há três pontos fundamentais que devem ser destacados, a saber:

- o lucro econômico é apurado pelo incremento do patrimônio líquido;
- o patrimônio líquido é mensurado pela capitalização dos recebimentos líquidos futuros;
- o lucro contábil não guarda nenhuma relação com o lucro econômico, sendo os ativos avaliados tão somente por seus custos não expirados.

A essência do conceito de lucro econômico reside, portanto, no incremento do patrimônio líquido, decorrente das operações da entidade ou da valorização de seus ativos. O lucro econômico, ao ser mensurado pelo incremento do patrimônio líquido, requer avaliação de todos os ativos da empresa com base nos recebimentos líquidos futuros esperados, com o cálculo do valor presente dos fluxos dos benefícios futuros.

12.7. Capital de terceiros como visitante

Uma maneira não ortodoxa e simplista de entender que não existe custo médio ponderado de capital é fazer e responder a seguinte pergunta de um leigo.

O banco é seu sócio ou não? A resposta normal é não.

O fato de uma empresa emprestar dinheiro de banco não quer dizer que o empreendedor entenda que parte da empresa é do banco. Essa abordagem deixa claro que o único custo de capital que existe é o custo do capital de terceiros e que os donos da empresa esperam uma rentabilidade que suplante o valor dos juros que pagam para os bancos.

> Passivo como ônus, não como parceiro, e nível de endividamento.
>
> A companhia com uma vantagem competitiva durável usa o seu poder de geração de lucro para financiar as próprias operações e, portanto, deveria teoricamente mostrar um nível mais elevado de patrimônio líquido e um nível mais baixo de passivo total.

A equação do nível de endividamento é: Passivo total / Patrimônio Líquido. A regra é simples para empresas não financeiras: toda vez que vemos um coeficiente corrigido de endividamento em relação ao patrimônio líquido abaixo de 0,80 (quanto mais baixo melhor), há uma boa chance de a empresa em questão ter a cobiçada vantagem competitiva durável que estamos procurando.[84]

12.8. Custo ou rentabilidade do capital próprio?

Não comungamos em hipótese alguma com o conceito de custo do capital próprio, uma vez que o objetivo dos sócios e acionistas é obter o maior rendimento possível de seu investimento. Ora, custo é algo que se paga, retorno é algo que se recebe. Desse modo, não existe, em tese, custo do capital próprio.

A utilização de empréstimos de capital de terceiros, configurando alavancagem financeira, é exatamente para isso: usar dinheiro de terceiros para alavancar rentabilidade para o capital próprio. Portanto, sendo a rentabilidade do capital próprio uma renda, o capital próprio não tem custo contábil ou financeiro.

Isso é visível na mensuração econômica das operações do sistema empresa. Um sistema se caracteriza pelo conjunto de entradas, processamento e saídas. O sistema empresa, dentro dessa abordagem, pode ser entendido conforme o esquema apresentado a seguir.

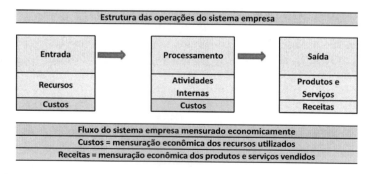

---

[84] BUFFETT, Mary e CLARK, David. *Warren Buffett e a análise de balanços*. Rio de Janeiro, Sextante, 2010, p.105–108.

Fica clara a distinção entre receitas e custos. O lucro é a diferença entre o valor econômico das receitas dos produtos e o valor econômico do custo dos recursos e das atividades internas.

Considerando que para financiar o empreendimento a empresa se valha, além de recursos próprios, também de capital de terceiros, a abordagem sistêmica da empresa incorpora o custo de mais um dos recursos utilizados para sua operação, que é o custo do capital de terceiros, como mostra o esquema a seguir.

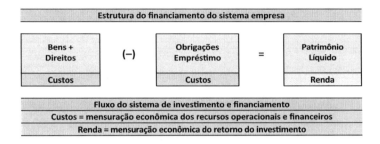

Não vemos nenhuma condição de entender que o retorno do patrimônio líquido é um custo de capital.

12.9. O Paradigma Tautológico[85]

De acordo com Sá:[86] "custo de capital, sendo um paradigma, é algo determinado por alguém, não por capricho ou preferência, mas por um mecanismo de hábitos e costumes próprios de um momento econômico, fixados pelos investidores e pelas autoridades de um país naquele momento".

---

[85] Paradigma: um exemplo que serve como modelo; padrão a seguir. Tautologia: 1. um vício de linguagem que consiste em repetir o mesmo pensamento com palavras sinônimas; 2. Erro que apresenta, como progresso do pensamento, uma repetição em termos diferentes. De origem grega (*tautos* exprime a ideia de **mesmo**, de **idêntico**, e *logos* significa assunto), o termo tautologia é outra denominação para o temido **pleonasmo vicioso** – temido porque é um efeito indesejado em qualquer redação.

[86] SÁ, Graciano. *O Valor das Empresas*. Rio de Janeiro, Expressão e Cultura, 2001. p. 61.

Para calcular o WACC, Titman e Martin[87] sugerem:

> use custos de oportunidade com base no mercado. O segundo problema de avaliação, ao calcular o WACC da empresa refere-se as taxas de retorno ou custos de oportunidade de cada fonte de capital. Esses custos devem refletir as taxas de retorno exigidas agora, em vez de taxas históricas, na época em que o capital foi levantado. Isso reflete o fato de que o WACC é uma estimativa de oportunidade do custo de capital no dia de hoje.

Esses autores mostram também o conflito entre as semânticas a) retorno e b) custo de capital, em outra afirmativa, quando dizem: "o custo de capital próprio é simplesmente a taxa de retorno que os investidores esperam do investimento nas ações da empresa. Esse retorno vem sob a forma de distribuição em dinheiro (isto é dividendos e recursos obtidos com a venda das ações)".

Conforme os mesmos autores, para calcular o custo do capital próprio são utilizadas basicamente duas abordagens:

O modelo de apreçamento de ativos do CAPM (*Capital Asset Pricing Model*);

Abordagem do fluxo de caixa descontado.

Abordagem do fluxo de caixa descontado: Primeiramente estima-se o fluxo de caixa esperado de dividendos e, depois, calcula o custo do capital próprio implícito, ou seja, a taxa interna de retorno, que faz o valor presente do fluxo de dividendos ser igual ao preço da ação da empresa.

$$Ke = \frac{\text{Dividendo do ano} \times (1 + g)}{\text{Preço da ação}} + g$$

Sendo *g* a taxa de crescimento esperada dos lucros da empresa.

Supondo uma empresa tenha distribuído dividendos no último ano de $ 1,24, e que o valor atual da ação seja $ 27,50, e a taxa de crescimento esperada de lucros da empresa nos próximos anos seja de 5% ao ano, teremos:

---

[87] TITMAN, Sheridan e MARTIN, John D. *Avaliação de Projetos e Investimentos: Valuation.* Porto Alegre, Bookman, 2010. p. 152; 231.

$$Ke = \frac{\$1{,}24 \times 1{,}05}{\$27{,}50} + 0{,}05 = \frac{\$1{,}302}{\$27{,}50} + 0{,}05 = 0{,}04735 + 0{,}05 =$$

$$= 0{,}09735 \text{ ou } 9{,}735\%$$

Mais uma vez, conforme Titman e Martin: "na prática, entretanto, as empresas tendem a descontar os fluxos de caixa utilizando taxas de desconto, chamadas de taxas de atratividade, que superam o custo de capital apropriado para o projeto que está sendo avaliado".

Damodaran[88] assim se expressa: "o custo do patrimônio líquido é a taxa de retorno que os investidores exigem para realizar um investimento patrimonial em uma empresa".

Guerreiro[89] também se expressa com a mesma ambiguidade, denominando custo de capital a rentabilidade desejada, quando diz "em termos práticos, o custo de oportunidade corresponde à remuneração mínima exigida pelos acionistas sobre investimento na empresa. O custo de oportunidade do acionista sobre os ativos é calculado com base em taxa de juro real de captação do mercado financeiro".

A última frase de Guerreiro diz que o custo de do capital próprio tem como base inicial o custo do capital de terceiros. Em outras palavras, em termos de custo, o custo do capital próprio seria o mesmo que o custo do capital de terceiros, que eventualmente, financiaria todo o investimento do ativo, mas nunca a rentabilidade advinda residualmente para os donos do capital próprio.

Dessa maneira, a rentabilidade do acionista ou sócio sempre deverá ser superior, minimamente, ao custo do capital de terceiros, sob pena de se fazer um investimento que só remunere o serviço da dívida bancária.

---

[88] DAMODARAN, Aswath. *Avaliação de investimentos: ferramentas e técnicas para a determinação do valor de qualquer ativo*. 1ª ed., 8ª reimp. Rio de Janeiro: Qualitymark Ed., 1997. p. 59.

[89] GUERREIRO, Reinaldo. *Modelo conceitual de sistema de informação de gestão econômica: uma contribuição à teoria da comunicação da contabilidade*. Tese de Doutoramento. São Paulo, FEA/USP, 1989, p.319).

12.10. Objetivo de finanças e o CMPC

O pequeno e simples exemplo, sobre objetivo de finanças com a abertura de uma empresa, de ROSS, WESTERFIELD e JAFFE ilustra bem a questão: "No linguajar financeiro, seria feito um investimento em ativos, tais como estoques, máquinas, terrenos e mão-de-obra. O dinheiro aplicado em ativos deve ser contrabalançado por uma quantia idêntica de dinheiro gerado por algum financiamento. Quando começar a vender, sua empresa irá gerar dinheiro. Essa é a base da criação de valor (grifo nosso). A finalidade da empresa é criar valor para o seu proprietário. O valor está refletido no modelo básico da empresa, representado pelo seu balanço patrimonial".[90]

Van Horne inicia seu trabalho de forma objetiva quando diz: "O objetivo de uma companhia deve ser a criação de valor para seus acionistas. O valor é representado pelo preço de mercado da ação ordinária da companhia, o qual, por outro lado, é uma função das decisões de investimento, financiamento e dividendos da empresa... Por todo este livro, o tema unificante é a criação de valor".[91]

Os autores falam, direta e/ou indiretamente, dos dois conceitos de lucro: lucro contábil e lucro econômico. Esses dois conceitos de lucro não são conflitantes, mas sim, congruentes, convergentes. O lucro contábil mede o resultado do passado, indispensável para a avaliação do retorno do investimento. O lucro econômico mede o potencial de lucros futuros, pelo valor da empresa.

Não há dúvida de que os dois conceitos de lucro podem ser trabalhados conjuntamente. Partindo da premissa de que o *goodwill*[92] surge da avaliação dos fluxos futuros, pela diferença do valor da empresa hoje contra o valor

---

[90] ROSS, Stephen A., WESTERFIELD, Randolph W. e JAFFE, Jeffrey E. *Administração Financeira*. São Paulo, Ed. Atlas, 1995, p. 26.

[91] VAN HORNE, James C. *Financial Management and Policy*. 11a ed., Upper Saddle River, New Jersey, Prentice-Hall, 1998, p. 3.

[92] *Goodwill* normalmente é definido como um intangível não individualmente identificado, mas que existe por força do valor atual da empresa superior ao valor contábil ou de mercado. Represente genericamente o conjunto de intangíveis de capital intelectual, tecnologia, marca, carteira de clientes, posição de mercado, portfólio de produtos e serviços, capacidade de gestão etc.

da empresa ontem, e admitindo este valor na equação do lucro contábil teríamos:

Lucro Econômico a partir do Lucro Contábil
Receitas
(-) Despesas
(+/-) Goodwill
Lucro Econômico

Em resumo, o objetivo de finanças é que o sócio ou acionista ganhe dinheiro, agora ou no futuro. Portanto, o objetivo de finanças diz claramente que não existe custo do capital próprio, mas sim, rentabilidade do capital próprio. Portanto, também não pode existir o custo médio ponderado de capital.

12.11. Qual seria a serventia do CMPC?

Em princípio, a única utilização do CMPC é para identificar a taxa de juros que deve ser incorporada ao critério de cálculo do valor presente líquido (VPL[93]), para trazer a preços de hoje, os fluxos futuros de caixa de um projeto de investimento a fim de analisar a viabilidade econômica do investimento.

Comparando com o valor a ser investido atualmente, o investidor decidirá pelo investimento. Se houver VPL positivo ou nulo, o investimento deverá ser aceito. Se houver VPL negativo, o investimento não deverá ser aceito. Ora, para o cálculo do VPL, a utilização do CMPC é desnecessária.

A taxa de juros que deve ser incorporada à metodologia ou critério do VPL só pode ser a taxa de retorno exigida pelos acionistas, uma vez que este é o retorno que os donos do capital próprio querem. A decisão de

---

[93] O critério alternativo ao VPL é o critério da TIR – Taxa Interna de Retorno. Com o VPL, identifica-se o valor líquido que sobrará ou não em cima do investimento, utilizando uma taxa de juros assumida. No caso da TIR, descobre-se a taxa de retorno do projeto de investimento e compara-a com a taxa de juros exigida pelos investidores.

emprestar dinheiro de terceiros para completar o financiamento do investimento é uma opção dos donos do capital próprio.

Dessa maneira, caso a empresa queira emprestar dinheiro para compor o conjunto de financiamentos de um investimento, o custo do capital de terceiros deverá ser tratado como um custo financeiro do investimento, como elemento redutor da rentabilidade operacional esperada a fim de identificar a possível alavancagem financeira que o investimento poderá gerar.

Taxas de juros de longo prazo – o parâmetro geral de rentabilidade e risco

"No fim, são as taxas de juros de longo prazo que determinam a realidade econômica do valor dos investimentos de longo prazo".[94]

Em outras palavras, o retorno esperado dos ativos de um projeto de investimento deve ser o retorno mínimo do capital próprio. Caso a empresa opte por financiar parte do investimento com capital de terceiros, o custo do capital de terceiros deverá ser inferior à rentabilidade do investimento.

Diante disso, podemos afirmar que custo médio ponderado de capital, conforme defendido pelos autores, nada mais é que o retorno do ativo operacional. Novamente, depara-se com a confusão semântica entre custo e rentabilidade.

Resumindo:

- existe a rentabilidade do ativo operacional;
- existe o custo do capital de terceiros;
- existe a alavancagem financeira pelo uso do capital de terceiros;
- não existe o custo médio ponderado de capital;
- não existe custo do capital próprio conforme preconizado;
- existe a rentabilidade do capital próprio.

Mais uma vez: um investimento é para produzir lucros, não para produzir custos. O retorno dos acionistas, portanto, não pode ser custo de capital.

---

[94] BUFFETT, Mary e CLARK, David. *Warren Buffett e a análise de balanços*. Rio de Janeiro, Sextante, 2010, p.137.

12.12. Qual é, ou pode ser, de fato, o custo real do capital próprio?

Podemos identificar vários componentes objetivos que podem ser caracterizados e qualificados como custo efetivo do capital próprio. Para tanto, temos de admitir que o capital próprio é um montante poupado por algum investidor que, em determinado momento, ainda está disponível para investimento e, que desse montante, o investidor espera uma renda ou rendimento periódico para satisfazer suas necessidades de consumo ou novos investimentos.

Dessa maneira, os elementos que poderiam compor o custo do capital próprio seriam:

- a ocorrência de inflação do ambiente econômico onde o investidor está inserido;
- seus desejos de consumo futuro com os rendimentos esperados do seu capital;
- a renda que obteria com investimentos alternativos básicos.

Inflação

Com segurança, podemos dizer que o primeiro componente do custo real do capital próprio é a ocorrência da inflação no ambiente econômico em que ele está presente.

Enquanto um montante de moeda (dinheiro poupado) não está sendo investido em ativos, sejam operacionais ou financeiros, e havendo inflação no ambiente econômico, podemos dizer que há um elemento de custo do capital próprio. A inflação é o aumento geral e contínuo dos preços dos produtos e serviços na economia. A inflação provoca a queda do poder aquisitivo da moeda. Como todo ente econômico (cidadão ou entidade jurídica) consome produtos e serviços e paga por isso, havendo inflação no ambiente econômico em que o ente econômico está inserido, haverá a possibilidade da perda do poder aquisitivo do seu montante em moeda.

Para concluir esta parte, o primeiro elemento que pode ser caracterizado como custo do capital próprio (montante de dinheiro poupado ainda não investido) é a inflação geral do ambiente econômico onde ele está inserido, normalmente, o IPC – Índice de Preços do Consumidor – do país, no Brasil, representado pelo IPCA.

Necessidades de Consumo Atuais e Futuras

Todo ente econômico precisa viver para sobreviver. Assim, precisa consumir. Cada pessoa, seja física ou jurídica, quer um nível mínimo de conforto, que redundará, automaticamente, num nível de consumo e gasto de recursos financeiros.

Conforme Sá,[95] "o valor da empresa na ponta do investidor é um encontro de forças objetivas mas incertas, o lucro dos ativos, e subjetivas, o custo de capital, usadas para calcular o valor presente dos consumos futuros do investidor (grifo nosso)",

Dessa maneira, um segundo elemento se incorpora ao custo efetivo do capital próprio, que é o montante que o investidor precisa para satisfazer seu nível de consumo atual e futuro. Assim, o custo do capital próprio compreende no mínimo dois custos:

- o custo da inflação sobre o montante existente;
- o custo do consumo atual e futuro do investidor para sua sobrevivência.

Esses dois elementos dão razão ao conceito de lucro distribuível de HICKS, já citado, convergindo para o conceito de custo do capital próprio, que diz que "o lucro que pode ser distribuível é o lucro que permite você ficar hoje tão bem quanto estava antes".

Isso significa que o custo do capital próprio depende da inflação passada para manter o poder aquisitivo do montante de recursos próprios existentes, ao mesmo tempo que dependerá da renda necessária para consumir a nova cesta de gastos desejada pelo investidor, decorrente de seus desejos pessoais futuros de consumo.

Risco e custo do capital próprio como perda de capacidade de consumo

O verdadeiro risco de uma carteira de ações é ela não conseguir fornecer ao proprietário, quer em sua duração, em alguma data terminal ou em ambos, o dinheiro de que ele precisa para desembolsos essenciais.[96]

---

[95] SÁ, Graciano. *O valor das empresas*. Rio de Janeiro, Expressão e Cultura, 2001. p.132.
[96] BERNSTEIN, Peter. *O Desafio aos Deuses: A Fascinante História do Risco*. 2ª. Ed. Rio de Janeiro, Campus, 1997. p. 261.

Não existe custo médio ponderado de capital [...]   245

A partir desses dois elementos poderiam ser incorporados outros elementos, como custo do capital próprio, em razão da aceitação do conceito de custo de oportunidade.

Custo das Aplicações Financeiras

O investidor pode entender que o custo mínimo de seu capital, o capital próprio, pode ser o quanto ele obteria de renda aplicando seu dinheiro em títulos de instituições financeiras, seja comprando diretamente títulos do governo (livros de risco) ou de instituições financeiras.

Até essa etapa, poderíamos dizer que o custo do capital próprio é equivalente ao mínimo de rendimentos que obteria em aplicações financeiras livres de riscos ou de aplicações financeiras de instituições com avaliação de risco AAA. Contudo, não significa que o rendimento dessas aplicações financeiras cubra o seu efetivo custo de capital. Provavelmente, os rendimentos das aplicações financeiras deverão cobrir o custo da inflação do ambiente econômico. Mas também não significa que cobrirão o custo de suas necessidades de consumo atuais e futuras.

Custo do Capital de Terceiros

Partindo da premissa de que o investidor quer que seu montante poupado seja aplicado em alguma atividade operacional geradora de lucros, em que, provavelmente, esta atividade lhe dará rendimentos que cubra a inflação e suas necessidades de consumo, e que não está satisfeito nas aplicações financeiras livres de risco ou com risco pequeno, não há como imaginar que ele aplique em investimentos operacionais que não cubra o custo do capital de terceiros.

Tendo como referência que qualquer atividade operacional pode ser financiada com capital próprio e capital de terceiros, não faz sentido que um investidor invista numa atividade operacional que apenas lhe dê o rendimento igual ao do capital de terceiros.

Dessa maneira, podemos concluir que o custo máximo do capital próprio poderia ser o custo do capital de terceiros.

Custo de capital da inveja

Numa etapa posterior e final, poderia ser entendido que o custo do capital próprio de um investidor deve ser, pelo menos, a média do que outros investidores estão obtendo de rendimento em ativos operacionais (por exemplo, a média do IBOVESPA ou NYSE).

Nesse caso, não haveria um desejo particular do investidor que levaria a seu custo do capital próprio, mas sim, um custo de capital por comparação com outros colegas investidores.

Resumo do Custo do Capital Próprio

O custo do capital próprio pode compreender dois conjuntos de custos:

- custo efetivo financeiro do dinheiro poupado não investido;
- custo de oportunidade.

O custo efetivo do capital próprio é composto de:

- efeito da inflação que provoca a perda de seu poder aquisitivo;
- renda mínima necessária para cobrir suas necessidades específicas de consumo atual e futuro.

Caso o investidor entenda que é válido o custo de oportunidade de capital, esse conjunto compreenderia:

- rendimentos de aplicações financeiras livres de risco.
- rendimentos de outras aplicações financeiras;
- o custo do capital de terceiros;
- o custo da inveja de outras alternativas de investimentos operacionais.

Dentro dessa linha de raciocínio, podemos afirmar que não existe custo do capital próprio efetivo. Assim sendo, automaticamente, não existe custo médio ponderado de capital.

Apêndice 1
Normas contábeis: para quem?

Normas contábeis do IFRS:[97] a destruição deliberada da ciência contábil como instrumento de controle econômico das empresas e o processo de tomada de decisão

As normas contábeis são necessárias para o mundo dos negócios, uma vez que os resultados das empresas são medidos por elas, e as informações constantes nas demonstrações contábeis permitem avaliar o desempenho da empresa, o retorno do investimento e sua situação econômica e financeira.

Essas demonstrações financeiras (ou contábeis) têm como objetivo básico auxiliar os investidores a tomarem suas decisões de investimento, sejam eles investidores internos (sócios e acionistas de sociedades fechadas), ou investidores externos, que se interessam pelas ações das companhias abertas.

As normas contábeis estão em constante movimento buscando acompanhar a evolução dos eventos econômicos no mundo dos negócios, que contém cada vez mais complexidade e que devem ser refletidos nas demonstrações contábeis. Contudo, os novos conceitos econômicos incorporados às normas internacionais, a meu ver, e também para muitos outros colegas, estão distanciando a estrutura contábil do seu verdadeiro e principal objetivo, que é o processo de controle econômico de um empreendimento e o auxílio ao processo decisório dos gestores empresariais.

Já tínhamos elaborado alguns artigos sobre essa questão, dois dos quais estão apresentados nos próximos tópicos, publicados no site "Essência sobre a Forma", um canal não oficial, e em outros meios.[98]

---

[97] International Financial Reporting Standards.

[98] O retorno ao básico como compreensão da evolução: o pluralismo da contabilidade é singular. NAZARETH, Luiz Gustavo Camarano, PADOVEZE, Clóvis Luís, PRADO, Eduardo

Recentemente, o artigo de FORD e MARRIAGE[99] estimulou a retomar o assunto com mais firmeza, razão porque este apêndice está estruturado em três capítulos.

A1.1. Objetivo da contabilidade[100]

Em essência, o objetivo da contabilidade é o controle do patrimônio de uma entidade (pessoa jurídica ou pessoa física), por meio da mensuração periódica de seus elementos constitutivos e dos resultados econômicos gerados pela movimentação desse patrimônio. O patrimônio de uma entidade é seu conjunto de bens, direitos e obrigações.

Em termos de empresas com fins lucrativos, aquelas que nos interessam em finanças, a movimentação do patrimônio é para buscar o lucro desejado, por meio da venda dos produtos e serviços manufaturados pela entidade.

Assim, os objetivos básicos da ciência contábil são:

- Mensurar o lucro do período para avaliação do retorno do investimento.
- Controlar, por meio da mensuração contínua dos seus elementos constitutivos, o patrimônio da empresa.

Com esses objetivos essenciais, os gestores devem buscar o retorno do investimento almejado e a continuidade empresarial, ou seja, a perenidade do empreendimento dentro da sociedade.

Com isso, a empresa cumpre suas duas missões de responsabilidade social:

Vieira . BERTASSI, André Luis. In: *Universitas Universitas* – Ano 1 – Ano 2 – n° 3 - Julho/Dezembro, 2009; Janeiro/Junho 2018.

[99] FORD, Jonathan e MARRIAGE, Madison. Escândalos mostram a necessidade de rever regras de auditoria. Jornal *Valor Econômico*, 07.08.2018.

[100] A teoria contábil oferece várias abordagens de objetivos da contabilidade. No nosso entendimento, os objetivos expostos são o que entendemos essenciais.

- Atender às necessidades da sociedade por meio da entrega de produtos e serviços por ela desejados.

- Obter o lucro desejado para manutenção do investimento e, consequentemente, continuar sua missão de fornecer produtos e serviços para a sociedade.

Assim sendo, não há conflito nenhum entre o lucro e a responsabilidade social da empresa.

A1.2. A contabilidade nasceu gerencial

Em consonância com o objetivo da contabilidade, podemos assumir que ela é um sistema de informação com corpo científico próprio, que tem por finalidade avaliar todo o processo de gestão das empresas, na busca de seus objetivos sociais e econômicos. Com isso, provoca, por meio de seus modelos decisórios, a melhoria permanente da tomada de decisão dos gestores empresariais.

Dessa maneira, a contabilidade é essencialmente gerencial, e a razão de sua existência é para controlar um patrimônio que tem o objetivo de lucro. Essa afirmativa é confirmada com uma das definições mais importantes da contabilidade pela escola italiana: "considerada em seu aspecto teórico, é a ciência que estuda e enuncia as leis do controle econômico das empresas de todas as classes e deduz as normas oportunas a seguir para que esse controle seja verdadeiramente eficaz, persuasivo e completo."

Essa definição mostra que o contador deve deduzir as normas (procedimentos, mensuração, etc.) necessárias para se ter o melhor controle econômico da entidade.

A1.3. Contabilidade financeira e contabilidade gerencial

A contabilidade tem sido apresentada em dois grandes segmentos: a contabilidade financeira e a contabilidade gerencial.

Apesar de a contabilidade ter nascido gerencial, a evolução dos negócios nos últimos séculos e a crescente internacionalização das empresas obrigou os contadores a criarem um conjunto de normas, genericamente denominadas Princípios Contábeis Geralmente Aceitos (PCGA ou GAAP – *Generally Accepted Accounting Principles*), para serem seguidas por todas as empresas ao redor do mundo.

Essas normas foram desenvolvidas ao longo de séculos, mas passaram a ter mais ênfase e utilização a partir do início do século 20, logo após a grande depressão na economia norte-americana, com o objetivo de uniformizar os procedimentos contábeis em todo o mundo, de tal forma que, em qualquer momento e qualquer país, todos os usuários das demonstrações contábeis tivessem o mesmo entendimento.

Contudo, apesar de os princípios contábeis, de um modo geral, serem muito bons, a contabilidade estruturada sobre eles nem sempre atende às demais necessidades gerenciais da empresa.

Outros instrumentos de gestão, derivados da contabilidade, são necessários para o processo decisório, avaliação de desempenho, planejamento e controle, que são supridos pela contabilidade gerencial. Assim, a contabilidade gerencial complementa a contabilidade financeira com os demais instrumentos contábeis e financeiros para a gestão completa do sistema empresa. Para determinados processos decisórios, contudo, é necessário alterar os princípios da contabilidade financeira, para que o modelo decisório seja útil aos usuários. Por exemplo, para a formação de preços de venda, não é recomendável a utilização do custo médio ponderado de aquisição, mas sim, custo de reposição.

A1.4. *Relevance Lost* – A relevância perdida

O brilhante estudo no livro de Johnson e Kaplan, *Relevance Lost*,[101] mostra a ascensão e a queda da contabilidade gerencial nos EUA. Em linhas gerais, nesse trabalho de reconstrução histórica, os autores mostram que os instrumentos mais importantes de contabilidade gerencial já estavam desenvolvidos até a década de 1930.

---

[101] JOHNSON, H. Thomas e KAPLAN, Robert S. *Relevance Lost*. Harvard Business School Press, Boston, Massachusetts, 1991.

Contudo, a partir daí, houve uma estagnação do desenvolvimento da contabilidade gerencial que pode ser atribuído ao domínio das demonstrações financeiras da contabilidade financeira para usuários externos. Com maior visibilidade das publicações de balanços e, em função de crises periódicas nos mercados de capitais, a demanda por demonstrações financeiras auditadas aumentou, provocando a primeira queda na importância da contabilidade gerencial.

Nas décadas de 1970 e 1980, contudo, podemos dizer que houve o ressurgimento da contabilidade gerencial, com a introdução (ou reintrodução) de novos conceitos como custeamento ABC, valor de empresa, EVA, *balanced scorecard*, GECON,[102] etc.

Dessa maneira, podemos dizer que houve um retorno da relevância da contabilidade gerencial, que voltou a caminhar ao lado da contabilidade financeira. Um exemplo é o trabalho de JOHNSON, *Relevância Recuperada*.[103]

A1.5. *Relevance Lost*, parte II

Mesmo após décadas de tentativas de uniformização das normas de contabilidade financeira entre o International Accouting Standards Board (IASB), responsável pela emissão das normas internacionais, e o -Financial Accouting Standards Board (FASB), responsável pelos US GAAP, essas ainda não foram totalmente uniformizadas.

Por outro lado, e concomitantemente, elas evoluíram, em linhas gerais, de forma similar, incorporando definitivamente novos conceitos, como *fair value* (valor justo), *goodwill* (ágio na aquisição de empresas), intangíveis, *impairment* (deterioração de ativos), resultados abrangentes, arrendamento mercantil financeiro, ativos biológicos, ajustes de avaliação patrimonial, depreciação econômica, tributos diferidos, etc.

Parte desses novos conceitos representa, claramente, um avanço. Parte, contudo, não é útil para a maioria das empresas e, pode-se dizer com

---

[102] ABC–Activity Based Costing, EVA–Economic Value Adde, GECON–Gestão Econômica (CATELLI, Armando. Controladoria. Atlas, 1999).

[103] JOHNSON, H. Thomas. *Relevância Recuperada*. São Paulo, Pioneira, 1994.

254 MITOS E LENDAS EM FINANÇAS

segurança, atrapalham totalmente a gestão empresarial, sem dar nada de bom em troca.

Podemos dizer, então, que estamos no segundo filme da franquia *Relevância Perdida*. As novas normas contábeis estão, novamente, sufocando a contabilidade gerencial, para o desespero e prejuízo das empresas.

A1.6. Contabilidade criativa

As novas normas permitem um enorme grau de subjetividade para interpretação dos eventos econômicos. O uso dessa subjetividade para fins pessoais, em detrimento dos pequenos investidores, é denominado contabilidade criativa.

Davis, duas décadas atrás, já explorava este tema no tema de seu livro *O mito de que os números não mentem, Contra os números não há argumentos.*[104]

A contabilidade criativa[105] pode desempenhar um papel decisivo para convencer os acionistas de que tudo vai bem, ou para obter capital, ou para defender uma empresa contra uma oferta pública hostil para aquisição de seu controle. A contabilidade criativa pode criar uma impressão falsa em relação à saúde de uma empresa. As previsões podem falhar tremendamente, apesar da precisão numérica.

Ainda conforme Davis, "os lucros podem ser qualquer coisa que eles queriam que seja. Os truques não são ocultados, a não ser que passem a enganar deliberadamente, mas eles nem sempre são identificados ou não podem ser ignorados".

Sobre o trabalha da auditoria externa, continuando com Davis,

> um bom auditor os encontrará e, se necessário, os qualificará em um relatório. Contudo, se os auditores são tão competentes quanto declaram ser, porque existem tantos escândalos financeiros? Por que os relatórios anuais,

---

[104] DAVIS, William. *Mitos da Administração*. São Paulo, Negócio Editora, 1999, p.46/8.

[105] Contabilidade Criativa é uma manipulação da realidade patrimonial da entidade onde os gestores, utilizando-se das flexibilidades e omissões existentes nas normas contábeis, alteram propositalmente o processo de elaboração das demonstrações contábeis, alterando significativamente a verdadeira situação patrimonial da entidade.

às vezes, se transformam em obras de ficção? Por que aqueles que controlam o dinheiro se calam por tanto tempo, quando deveriam estar alertando os acionistas sobre o que está se passando?

Uma resposta possível a essas perguntas é que eles podem estar com medo de perder um emprego ou um trabalho lucrativo. Outra possibilidade é que o relacionamento entre auditor e cliente, às vezes, é mais íntimo do que cada um dos lados revela.

Do artigo recente de Ford e Marriage, já citado, extraímos as seguintes colocações, na mesma linha de pensamento.

Há dez anos, quando a crise financeira ganhava força, dois gigantes do mundo dos investimentos nos EUA, o Goldman Sachs e a seguradora AIG, se viram enredados em uma intrincada disputa contábil com altas apostas em jogo (...). O banco queria contabilizar um enorme ganho com sua posição de derivativos na subscrição de seguros contra créditos hipotecários do próprio banco (...) Os dois lados tentaram conseguir a aquiescência contábil de seus auditores, coincidentemente, o mesmo, a PWC. Apesar da lógica de ferro de que o ganho de um lado deveria espelhar uma perda equivalente do outro lado, a PWC permitiu duas abordagens diferentes e – mutualmente benéficas.

No que se refere à lógica dessas avaliações contraditórias, Charlie Munger, parceiro de investimentos de Buffett disse que haviam "violado os princípios mais elementares do bom senso.

No Reino Unido, nos últimos 30 anos, os responsáveis pelas normas contábeis desmantelaram progressivamente o sistema de contabilidade do "custo histórico" e o substituíram por um baseado na ideia de apresentar informações úteis aos usuários, um processo que permite aos executivos antecipar lucros previstos ou ganhos ainda não realizados (valor justo), e contabilizá-los como superávits no presente.

Críticos do valor justo temem que os padrões contábeis tenham se afastado demasiado de sua exigência legal [...] dentro da agenda de "útil para os usuários".

No extremo, uma contabilidade de valor justo que trate reavaliações para cima como se fossem lucros legítimos e ignore perdas no futuro previsível, pode facilitar esquemas de pirâmide, nos quais lucros cada vez mais

256 — MITOS E LENDAS EM FINANÇAS

ilusórios permitem aos executivos e acionistas atuais extrair dinheiro por meio de bonificações e dividendos. Não vai demorar muito antes que você quebre!.

A partir dos anos 1990, o "valor justo" começou a suplantar o "custo histórico" nos balanços das empresas (...) Também foi uma época em que a remuneração dos executivos-chefes, especialmente nos EUA, estava aumentando por meio do uso de incentivos relacionados ao mercado.

A1.7. Ditadura dos investidores *versus* Informações para tomar decisões operacionais

Logo que tivemos contato, no Brasil, com as novas normas contábeis derivadas do IFRS, a partir de 2008, ouvi várias vezes que ela é muito subjetiva e que não deixa de ser apenas de interesses dos "boys of the Wall Street" e dos "meninos da Avenida Paulista".

A frase que me marcou foi: "as normas contábeis são uma ditadura dos investidores". Ou seja, não está nem aí para o empresário, para aqueles que tem de trabalhar duro para gerar o lucro, e que precisam de informações úteis para seu processo decisório e não de informações inúteis, tipo "valor justo", que não levam a nada.

Em diálogo com a Dra. Maria José de Camargo Machado,[106] comentando sobre a sua tese de doutoramento na Universidade de São Paulo – USP sobre mensuração de ativos biológicos, ela falou sobre sua impressão de que, nas grandes empresas do agronegócio, quando se aplica o valor justo para aumentar o valor dos ativos biológicos, os executivos estão mais preocupados "em aumentar o valor dos lucros de forma antecipada, para aumentar seus ganhos de bônus de remuneração variável". Compartilhamos dessa impressão. As normas contábeis internacionais focam em grandes empresas, companhias abertas com ações nas bolsas de valores no mundo, onde os executivos tendem a ganhar bônus variáveis em função do lucro atual.

Contudo, a maioria das empresas não são cotadas em bolsas. Se há no mundo 10.000 empresas com ações nas bolsas, devemos ter milhões e

---

[106] Do programa de Doutorado em Administração da Universidade Metodista de Piracicaba.

milhões de empresas de outros tamanhos e configurações societárias que não estão sendo, de fato, atendidas pelas novas normas contábeis, quando, provavelmente, estão sendo "agredidas" com as novas normas contábeis, violando os conceitos básicos de gestão econômica e financeira.

A1.8. Exemplo extremado: versão (R2) do CPC 06 sobre arrendamento mercantil: um absurdo

O Pronunciamento Técnico Contábil CPC 06 (R2) Operações de Arrendamento Mercantil determina, em linhas gerais, que qualquer contrato de aluguel, com prazo superior a doze meses, deva ser tratado como arrendamento mercantil financeiro. Para tanto, define arrendamento como um contrato que tem um ativo identificável e, ao mesmo tempo, dê o direito de controle do uso do ativo durante o contrato.

É um ativo identificável se o fornecedor não tiver a prática de substituir, ou a substituição não traria nenhum benefício econômico para o fornecedor.

Dê o direito de controle de uso se a empresa tiver autoridade de tomada de decisões sobre o uso do ativo; a empresa tiver capacidade de obter substancialmente todos os benefícios econômicos pelo uso do ativo.

Em linhas gerais, pelas novas normas contábeis, qualquer contrato de aluguel de bens ou imóveis, que tenha prazo determinado, deverá ser tratado como arrendamento mercantil financeiro. Consequentemente se tornará um ativo fixo ou um passivo de financiamento para a arrendatária.

Como Fazer

Fundamentalmente, os procedimentos de mensuração e reconhecimento são os seguintes:

- Todos os pagamentos dos aluguéis mensais, de todo o período previsto contratualmente, deverão ser trazidos a valor presente por meio de uma taxa de juros. Deve-se usar a taxa de juros implícita no contrato, ou, se não existir, a taxa incremental sobre empréstimos da arrendatária.

- O valor obtido será debitado no ativo não circulante como direito de uso, em contrapartida no passivo circulante e não circulante como empréstimo de passivo de arrendamento.
- Mensalmente, deverá ser lançada a depreciação do direito de uso, obtida pelo prazo do contrato.
- Mensalmente, deverão ser lançados como despesa financeira os juros utilizados pelo cálculo do valor presente.
- Mensalmente, deverá ser lançado como amortização do empréstimo o valor do aluguel mensal.

Exemplo Numérico Sintético

Vamos supor um contrato de aluguel de uma sala em um shopping para três anos, com prestações mensais de $ 2.000,00, totalizando $ 24.000 por ano. Não há taxa de juros implícita no contrato.

Para fins de cálculo, vamos tratar a somatória dos aluguéis de forma anual, uma taxa de juros da SELIC de 6% ao ano, e que os aluguéis sejam pagos somente ao final do ano.

A primeira etapa é calcular o valor presente dos pagamentos de aluguéis, conforme mostra a Tabela 1.

Tabela 1 – Mensuração inicial

		Aluguel anual	Taxa de desconto	Valor descontado
Ano 1		24 000,00	1,0600	22 641,51
Ano 2		24 000,00	1,1236	21 359,91
Ano 3		24 000,00	1,1910	20 150,86
	Valor nominal	72 000,00	Valor presente	64 152,29

O valor de $ 72.000,00 a ser pago nos três anos equivale ao valor presente de $ 64.152,29 descontado pela taxa anual de 6% ao ano.

O valor presente obtido é objeto da contabilização inicial.

Contabilização inicial

Ativo – Direito de uso   64 152,29

Passivo de arrendamento   64 152,29

A partir daí, seguem as mensurações e reconhecimentos subsequentes. Para tanto, é necessário elaborar a planilha do empréstimo do passivo de arrendamento, como mostra a Tabela 2.

Normas Contábeis: Para Quem?

Tabela 2 – Planilha do empréstimo de arrendamento

	Juros	Amortização	Saldo final
Saldo inicial			64 152,29
Juros Ano 1 – 6%	3849,14	0,00	68 001,42
Amortização Ano 1	0,00	24 000,00	44 001,42
Juros Ano 2 – 6%	2640,09	0,00	46 641,51
Amortização Ano 2	0,00	24 000,00	22 641,51
Juros Ano 3 – 6%	1358,49	0,00	24 000,00
Amortização Ano 3	0,00	24 000,00	0,00

Essa tabela é a base para contabilizar as despesas financeiras de juros do passivo de arrendamento. Concomitantemente, temos de lançar a depreciação do ativo de direito de uso. No caso específico, a depreciação anual é = $ 64.152,29 / 3 anos, que dá o valor da depreciação anual de $ 21.384,10.

A Tabela 3 mostra os valores que serão contabilizados como custo ou despesa nos três anos.

Tabela 3 – Contabilização subsequente como custo ou despesa

	Custo ou despesa operacional	Despesa financeira	Total
Ano 1			
Depreciação*	21 384,10		21 384,10
Despesa financeira		3849,14	3849,14
Ano 2			
Depreciação*	21 348,10		21 384,10
Despesa financeira		2640,09	2640,09
Ano 3			
Depreciação*	21 384,10		21 384,10
Despesa financeira		1358,49	1358,49
Soma	64 152,29	7847,71	72 000,00

*$64 152,29/3 anos

Em outras palavras, os pagamentos de aluguéis de $ 72.000,00 vão se transformar em despesas de depreciação de $ 64.152,29 e despesas financeiras de $ 7.847,71.

Haja criatividade contábil!

A1.9. Transmutação: transformando água em vinho

O exemplo numérico apresentado no tópico anterior dá um show de transmutação de matéria. Despesas de aluguéis transformam-se em despesas de depreciação e despesas financeiras.

A Tabela 4 mostra a comparação entre as duas formas de contabilização.

Tabela 4 – Comparação entre a realidade e a ficção do CPC 06

	Despesas de aluguel	Despesas do CPC 06 Depreciação + Juros	Diferença
Ano 1	24 000,00	25 233,23	1233,23
Ano 2	24 000,00	24 024,18	24,18
Ano 3	24 000,00	22 742,59	-1257,41
Soma	72 000,00	72 000,00	0,00

Ao final do período do contrato, os valores nominais de aluguéis estarão sendo contabilizados como outros tipos de despesas. Deprecia-se algo que não é imobilizado e lança em despesa financeira juros de empréstimo que não existe. Ao longo do período do contrato, contudo, o valor que impacta a DRE é diferente, considerando as duas metodologias de mensuração.

A1.10. Afronta e maquiavelismo

A meu ver, além do trabalho insano que esse tipo de procedimento contábil dará (as empresas podem ter centenas ou milhares de contratos de aluguéis ou similares com prazos determinados), esse procedimento afronta dois princípios contábeis. Primeiro, o postulado da continuidade. As empresas sempre terão contratos de aluguéis ao longo de sua existência. São despesas operacionais iguais aos salários dos funcionários, serviços de terceiros recorrentes, etc, que são inevitáveis, mas que não precisam ter contratos com prazos determinados.

Exemplo: As contas de energia elétrica e telefonia. As empresas não têm contrato predeterminado para esse tipo de recursos, mas são inevitáveis, todo mês. Não há como evitar esses gastos.

Vamos usar a mesma metodologia? Não, é lógico. Assim, esse procedimento afronta o postulado da continuidade.

A segunda afronta, além de outras, trata da característica da preditividade da informação contábil. Conforme Hendriksen e Breda[107], "para

---

[107] HENDRIKSEN, Eldon S. e BREDA, Michael F. *Teoria da Contabilidade*. São Paulo, Atlas, 1999. p. 97.

que os dados contábeis sejam relevantes, devem proporcionar ou permitir predições de objetos ou eventos futuros".

Ora, como vou imaginar os pagamentos futuros de aluguéis se os valores atuais estão misturados com depreciação e juros? Porém, talvez o mais grave seja o maquiavelismo por trás dessa nova norma. O maquiavelismo está em aumentar o valor do EBITDA para os "meninos de Wall Street e da Avenida Paulista".

Isso fica claro da demonstração da PWC, IFRS 16 / CPC 6 R2 Arrendamentos. Disponível em: <www.pwc.com.br>. KM Session 16/05/2018, 34ª. Edição, tela 14, apresentada a seguir.

Tudo é feito para aumentar o EBITDA. Para isso, corrompe-se a estrutura clássica da contabilidade financeira e gerencial.

Apresentação

Balanço Patrimônial
- Direito ao uso do ativo.
- Passivo de arrendamento.

Demonstração do resultado:
- A despesa operacional dos pagamentos de arrendamentos será removida e substituída pela depreciação do direito de uso e despesa de juros sobre o passivo.

Demonstração do fluxo de caixa:
- Pagamentos de juros relacionados ao passivo serão incluídos em atividades operacionais, dependente da politica contábil.

O complemento final do absurdo é a recomendação de "pagamentos de juros relacionados ao passivo serão incluídos em atividades operacionais". De uma hora para outra, nova transmutação: juros de empréstimos tornam-se despesas operacionais. Haja criatividade contábil.

A1.11. Contas de compensação: o retorno

O procedimento de ativar o arrendamento financeiro em ativo, em contrapartida ao passivo como empréstimo de passivo de arrendamento me fez voltar aos anos 1960, das contas de compensação, algo que pensei que já havia sido extinto, em função das novas tecnologias de informação para controle de transações que não afetam o patrimônio empresarial.

> O sistema de **compensação** é um controle à parte do sistema patrimonial, ou seja, enquanto este último engloba as contas que compõem o patrimônio da empresa como um todo (Ativo, Passivo e Patrimônio Líquido), aquele abrange contas que servem exclusivamente para controle, sem fazer parte do patrimônio.
>
> Disponível em: <www.portaldecontabilidade.com.br/guia/contascompens.htm>. Acesso em: 27 ago. 2019.

Uma regressão contábil impressionante.

Apêndice 2
As normas contábeis não conseguirão antecipar os riscos empresariais

Sob o manto dos novos conceitos econômicos introduzidos nas práticas contábeis internacionais como valor justo a preços de mercado, valor justo pelos fluxos futuros de caixa descontados, identificação de intangíveis de marca, carteira de clientes, tecnologia, tratamento de aluguéis como ativos de direito de uso e consequente passivos de arrendamento etc., as práticas contábeis permitem, de um jeito próprio, antecipar riscos futuros, nas demonstrações contábeis.

Essa abordagem se choca com o princípio fundamental da contabilidade de custo como base de valor, se choca com o princípio contábil do lucro realizado pelo regime de competência, assim como impede a mensuração adequada do retorno do investimento. Isso acontece porque, como o próprio nome diz, retorno é a observação feita hoje sobre um investimento feito no passado, razão clara do princípio fundamental do custo como base de valor.

A2.1 A única coisa certa no mundo é a mudança

A frase do filósofo grego Heráclito de Éfeso[108] "a única constante é a mudança" deixa claro que no mundo e, naturalmente, no mundo dos negócios, havendo mudanças, haverá incertezas.

O empreendedor de investimento, quando investe num ativo ou numa empresa, arrisca o futuro. Por isso, o risco é parte natural do investimento

---

[108] Filósofo pré-socrático considerado o "pai" da dialética . Viveu por volta de 535 a.C e 475 a.C.

e do capitalismo, e tem como essência, a adivinhação do futuro, arriscando. O risco, então, é a forma que o investidor tem para tentar driblar a incerteza, assumindo cenários e premissas.

Mas o futuro planejado com cenários e premissas nunca acontecerá exatamente no mundo real. Pode ser próximo ou muito distante. A diferença entre o real e o planejado é o risco empresarial, que tem de ser assumido pelo empreendedor.

A2.2. Provisões e ajustes a valor justo: um esforço inútil

As principais técnicas contábeis para tentar antecipar o futuro são as provisões e os ajustes a valor justo. As provisões são estimativas de prováveis despesas. Os ajustes a valor justo, para mais ou para menos, é a tentativa de descobrir o valor futuro que será realizado pela movimentação, venda ou liquidação de ativos e passivos.

Considerando as mudanças que sempre acontecerão, essas mensurações contábeis são totalmente ilógicas: nunca se conseguirá adivinhar o futuro dos negócios.

Vejamos algumas provisões clássicas:

- Depreciações e amortizações.
- Provisões para créditos duvidosos.
- Provisões para passivos contingenciais trabalhistas, tributários, cíveis e outros.
- Provisões para gastos com garantia de produtos.
- Provisão de tributos diferidos.
- Provisões de *impairment* por confronto com valor justo, etc.

Vejamos alguns ajustes a valor justo:

- Aumento ou diminuição de propriedades para investimento.
- Aumento ou diminuição de instrumentos financeiros marcados a mercado.
- Aumento ou diminuição do valor dos ativos biológicos não realizados, etc.

As NORMAS CONTÁBEIS NÃO CONSEGUIRÃO [...]

Esses ajustes contábeis não conseguirão, nunca, antecipar o mundo real. Além disso, outros fatores ou elementos sistêmicos imprevisíveis podem impactar os resultados com maior contundência que essas provisões e ajustes.

A2.3. Elementos ou fatores sistêmicos

Os negócios sempre serão afetados por movimentos sistêmicos, políticos, econômicos, sociais, climáticos, etc. Dessa forma, elementos ou fatores econômicos podem modificar o resultado da empresa de forma significativa, tais como:

- taxas de câmbio;
- inflação;
- taxa de juros, etc.

Não há como colocar a previsão das mudanças desses fatores atualmente na contabilidade, pois eles acontecerão no futuro. De que me adianta fazer uma provisão de incobráveis, digamos de $ 2 milhões, se o movimento da taxa de câmbio poderá me provocar perdas financeiras de, digamos, $ 30 milhões?

Como vamos adivinhar fatores políticos que estão sempre acontecendo: mudanças de governo, guerras comerciais entre EUA e China? Como adivinhar a má gestão futura de governantes que provocam estragos na economia? E os fatores naturais e climáticos: chuvas diferentes do esperado, tsunamis, incêndios, etc.? E as rupturas tecnológicas que uma empresa não consegue alcançar?

Em resumo, o futuro será sempre diferente do esperado. Para isso, existe a gestão do futuro, o planejamento estratégico e operacional, bem como a gestão do dia a dia, para buscar efetivar o planejado.

A2.4. O exagero do regime de competência

No caderno de negócios do jornal O *Estado de S.Paulo*, página B30, dia 24 de novembro de 2012, foi publicada uma matéria sobre uma possível fraude contábil envolvendo as empresas norte-americanas Autonomy, do setor de tecnologia de informação, e Hewlett-Packard (HP).

A HP adquiriu a empresa Autonomy o ano passado por US$ 11,1 bilhões. Este ano vai dar baixa contábil de US$ 8,8 bilhões, sendo que dessa baixa, US$ 5 bilhões seriam em razão de "impropriedades contábeis graves".

O ex-chefe da Autonomy nega e diz que os balanços e resultados entregues à HP para avaliação do negócio, na ocasião, estavam em ordem, auditados pela Deloitte, que aplicou testes independentes, de acordo com os padrões do IFRS.

A acusação da HP é que a Autonomy registrou antecipadamente receitas de licenciamento de softwares antes de negócios terem sido fechados, inflando a receita, de forma deliberada com o objetivo de enganar os acionistas da HP. Ou seja, antecipou o reconhecimento de receitas de contratos em que os serviços seriam prestados apenas no futuro.

A respeito desse tipo de evento, que mais uma vez nos chama a atenção, vale ressaltar alguns pontos:

- Como uma empresa de auditoria do porte da Deloitte não consegue enxergar uma fraude de US$ 5 bilhões, no mínimo?
- Qual é o compromisso do contador da Autonomy com a mensuração correta do lucro?
- Qual é o compromisso do contador da Autonomy com a ética contábil?
- Como profissionais de avaliação de investimentos (experts em valuation) valorizam uma empresa com essa possível fraude em US$ 11,1 bilhões?
- Como a Deloitte permitiu o reconhecimento antecipado de receitas ainda não realizadas?

As práticas contábeis do IFRS pregam a essência sobre a forma. Parece que muitos profissionais estão fazendo o contrário: estão contabilizando forma (contratos futuros) em cima da essência (receita realizável).

Não há dúvida de que a contabilidade deve primar pelo registro dos eventos econômicos pelo regime de competência. Contudo, só se pode registrar por competência receitas que realmente virarão caixa.

Há um exagero dos profissionais contábeis na adoção do regime de competência. Estamos ativando despesas que não são ativos, sob o acobertamento de intangíveis, registrando receitas que não se realizarão, etc.

As normas contábeis não conseguirão [...]

No dia 23 de novembro de 2012, no site do jornal O *Estado de S.Paulo* a empresa aérea GOL anunciou o fim da Webjet, que havia adquirido havia pouco tempo. Com o encerramento da Webjet, vai devolver 20 aeronaves aos arrendadores, porque elas são antigas e consomem mais combustível do que as demais da frota da GOL. Sabemos que o IFRS quer ativar essas operações de *leasing*, postergando o reconhecimento das despesas do pagamento das prestações do arrendamento. Mas não estamos exagerando? Se é *leasing*, de fato, como esta notícia se configura, por que queremos transformar isso em imobilizado, prejudicando a visão do lucro do período?

A2.5. IFRS *versus* Orçamento como informações preditivas

As práticas internacionais de contabilidade do IFRS adotadas no Brasil a partir da Lei 11.638/07 seguramente representam um avanço sobre as práticas anteriores constantes da Lei 6.404/76. Contudo, determinados conceitos introduzidos ou mais aprofundados em relação aos aplicados anteriormente têm causado dificuldade de entendimento das demonstrações contábeis e podem ter sua validade questionada em vários aspectos. Essa validade pode ser questionada, pelo menos, em algumas grandes frentes, como:

- Pecam por trazer uma complexidade de entendimento das demonstrações contábeis pelos demais usuários da informação (partindo da premissa de que, pelo menos, os contadores consigam o entendimento).
- Diminuem sensivelmente o conceito de contabilidade gerencial, a partir das demonstrações contábeis publicadas, uma vez que essa complexidade obscurece o processo de tomada de decisão pelos empresários e executivos.
- Tornam a contabilidade hermética, ficando para iniciados, perdendo a clareza e simplicidade necessária para qualquer instrumento de gestão que é disseminado em toda a empresa.
- Tiram o foco das operações correntes, introduzindo mensurações de elementos que só eventualmente acontecerão num futuro remoto (provisões, tributos diferidos, etc.).

Esse conjunto de observações nos permitem afirmar que as práticas contábeis do IFRS tende a tirar o foco do objetivo principal da contabilidade, que é o apoio contínuo ao processo decisório que objetiva o lucro nas operações.

A2.6. Lucro contábil *versus* Lucro econômico

Denominamos lucro contábil a apuração das receitas e despesas dos eventos econômicos já acontecidos. Denominamos lucro econômico o valor obtido pela diferença entre o valor da empresa atualmente menos o valor da empresa numa data anterior.

Lucro Contábil = Receitas (-) Despesas já ocorridas

O valor da empresa pode ser obtido por diversos critérios, sendo o mais utilizado o fluxo de caixa descontado. Confrontando o valor da empresa atualmente com o valor da empresa de determinado período passado, obtém-se o lucro econômico também denominado criação de valor empresarial.

Lucro Econômico = Valor Atual da Empresa (-) Valor Anterior da Empresa

Os investidores, seguramente, têm interesse no valor econômico, porque é a base para fazer os novos investimentos, bem como para negociar suas cotas ou ações. Para os investidores, o valor contábil do patrimônio líquido, obtido pelo capital integralizado mais os lucros contábeis ainda não distribuídos, não têm significado negocial.

IFRS e Lucro e Valor Econômico

Diversos conceitos introduzidos na contabilidade a partir dos padrões do IFRS buscam uma evolução, saindo do conceito de lucro contábil do passado para o lucro econômico com indicação de lucros ou prejuízos futuros. Esses principais conceitos são:

- ajuste a valor justo de propriedades para investimento;
- ajuste a valor justo de ativos biológicos;

As normas contábeis não conseguirão [...]

- marcação a mercado de instrumentos financeiros;
- despesa de provisão para ajuste ao valor recuperável de ativos (impairment);
- contabilização de imposto de renda diferido sobre prejuízos fiscais;
- contabilização de provisões contingenciais;
- contabilização de imposto de renda diferido de provisões contingenciais;
- contabilização de imposto de renda diferido sobre reavaliações de ativos;
- identificação de intangíveis nas aquisições e incorporações de empresas, etc.

Por outro lado, as práticas contábeis internacionais proíbem a contabilização do goodwill não adquirido, que nas normas brasileiras é denominado ágio por expectativa de rentabilidade futura gerada internamente, ou seja, a mais valia da empresa, fruto da avaliação feita por investidores seguindo critérios de fluxo futuro de benefícios.

Em resumo, há vários conceitos adotados que têm como referência contabilizar já possíveis efeitos de eventos futuros caracterizados como prováveis. Alguns deles são claramente questionáveis, como as provisões contingenciais e, principalmente, o imposto de renda diferido de reavaliações de ativos.

A2.7. Práticas contábeis, preditividade da informação contábil e eventos futuros

A informação contábil dentro de suas demonstrações é claramente um grande instrumento de preditividade. A informação contábil torna-se preditiva porque auxilia os gestores no processo de tomada de decisão para ações futuras. A metodologia contábil permite avaliar com grande grau de acurácia o resultado econômico das operações do sistema empresa e, por meio da confrontação do lucro com o investimento realizado, verificar se a empresa está dando o retorno esperado do investimento. Além disso, toda a estrutura dos relatórios contábeis, em conjunto com a avaliação dos cenários do ambiente econômico e social, permite inferir o desempenho futuro da empresa.

A prática contábil de provisionar economicamente por meio de estimativa de valor o resultado futuro de eventos ainda não realizados faz com que a própria empresa assuma uma posição ainda não concretizada. Contudo, isso só é possível com o conhecimento de alguma informação já presente, relacionada diretamente com a empresa, por meio de um julgamento subjetivo de tempo e valor. A realidade da sociedade e do mundo dos negócios é muito mais ampla e complexa para ser refletida antecipadamente, em todos os seus detalhes, nas demonstrações contábeis.

Inúmeros acontecimentos podem influenciar de imediato no futuro dos lucros e no valor da empresa. A eleição do presidente, um novo e forte concorrente da China, eventos climáticos como uma seca imprevisível para determinada região do país, inundações, tsunamis, crises financeiras nacionais e internacionais (veja, por exemplo, a crise do Subprime de 2008, representada pela falência do banco Lehman Brothers), etc.

Os riscos são inerentes a qualquer tipo de negócio e podem ser de qualquer magnitude e de qualquer tempestividade. Podem acontecer já, mais lentamente, no futuro longínquo, podem impactar em montantes não expressivos ou em montantes que podem levar a empresa à situação pré-falimentar, etc. A empresa deve estar pronta para responder com a maior eficiência e eficácia a cada um deles, minimizando os riscos de efeitos negativos e capturando as oportunidades de riscos de efeitos positivos ao patrimônio empresarial. Porém, não é objetivo da contabilidade financeira, sozinha, dar conta de tudo isso. Outros instrumentos de gestão, componentes da contabilidade gerencial, devem complementar a contabilidade financeira para suprir todo o processo de gestão.

A2.8. Planejamento estratégico, gestão de riscos, projeções e orçamento

Podemos resumir nesses quatro instrumentos de gestão a composição da contabilidade gerencial para complementar a contabilidade financeira na questão fundamental da preditividade. Mesmo reforçando que a informação contábil financeira tem um alto grau de preditividade, ela deve ser complementada, obrigatoriamente, por outros instrumentos de gestão de controladoria.

As normas contábeis não conseguirão [...]   273

Assim, o planejamento estratégico apresenta as grandes linhas de atuação da empresa, objetivando o cumprimento de sua missão e continuidade no mundo dos negócios. O sistema de gestão de riscos identifica, classifica, avalia, mensura e desenvolve sistemas de proteção (mitigação) para os impactos econômicos positivos e negativos, remotos, possíveis ou prováveis ao patrimônio empresarial.

O sistema orçamentário é, por excelência, o complemento da contabilidade financeira para identificar e mensurar os resultados esperados para o próximo período. Em conjunto com o orçamento, as projeções econômicas que mensuram os planos constantes da estratégia, consolidam o sistema de informação de controladoria para apoiar os gestores em todo o curso do processo de gestão de planejamento, execução e controle.

A2.9. Contabilidade para operações correntes

A meu ver, a contabilidade financeira deveria se reposicionar para focar apenas as operações correntes, com o objetivo de voltar a torná-la de fácil entendimento para qualquer usuário.

Para dar conta do processo preditivo, mais interessante e importante seria obrigar as empresas a anexar às demonstrações contábeis o orçamento e as projeções para os anos seguintes. Com relação aos ativos e passivos contingenciais, decorrentes de processos judiciais, autuações, etc. deveriam ficar restritas às notas explicativas. Essas, por sua vez, deveriam ser simples e objetivas, e não como hoje, um emaranhado de frases que repetem os termos dos pronunciamentos contábeis, sem qualquer significado para o leitor externo.

Particularmente, acredito que devem ser revistas e até suprimidas contabilizações como imposto de renda diferido (voltando a evidenciar apenas o imposto de renda corrente), passivos contingenciais, despesas e receitas que não passam pela demonstração de resultados e que vão diretamente para a conta de ajustes de avaliação patrimonial, ativos intangíveis sem qualquer substância econômica efetiva, ajustes a valor justo de propriedades para investimento, instrumentos financeiros e ativos biológicos, etc.

Finalizando, retomo as colocações de Fayol, constante do livro do grande mestre de contabilidade Frederico Herrmann Jr.: "A contabilidade é o órgão visual da empresa. Deve permitir que se saiba a todo instante onde estamos e para onde vamos. Deve fornecer sobre a situação econômica da empresa ensinamentos exatos, claros e precisos. Uma boa contabilidade, simples e clara, fornecendo uma ideia exata das condições da empresa, é um poderoso meio de direção".[109]

---

[109] HERRMANN JR., Frederico. *Contabilidade Superior*. 10ª. Edição:São Paulo, Atlas, 1978.

Apêndice 3
Solução: balanço em quatro colunas

As duas informações mais importantes produzidas pela contabilidade para uma empresa em condições normais de operação são o valor do lucro anual e o valor da empresa. A base conceitual ainda prevalecente nos princípios contábeis é o custo como base de valor. Exceto em algumas situações bem definidas (instrumentos financeiros para negociação ou venda, ativos biológicos, propriedades para investimento), o valor justo ou valor de mercado só é utilizado para reduzir o valor dos ativos (estoques, imobilizados, investimentos).

Dessa maneira, os conceitos de mensuração a valor de mercado não são aplicados regularmente para todos os ativos da empresa. Em linhas gerais, podemos dizer, então, que a contabilidade financeira apresenta o valor da empresa, fundamentalmente, pelo custo.

Tomando como referência os dois capítulos anteriores, vê-se que as práticas contábeis atuais estão buscando incorporar conceitos econômicos para tentar antecipar o valor da empresa, mas não o tem conseguido. Com isso, alguns elementos patrimoniais estão mensurados a custo, outros a preços de mercado, outros a valor futuro pelos fluxos de caixa descontados. A adoção dispersa desses conceitos de mensuração só tem causado confusão.

Assim, acredita-se que a classe contábil deveria se reposicionar, estruturando demonstrações contábeis que permitam um entendimento claro dessas três possibilidades de mensuração de ativos e do lucro.

A3.1. Contabilidade e valor da empresa a preços de custos

A ciência contábil nasceu com esse conceito. O objetivo de ter como fundamento os custos realizados é apurar o lucro realizado, confrontando com os custos incorridos.

A somatória de todos os lucros de cada transação evidenciará o lucro total da empresa, confrontando as receitas realizadas contra os custos incorridos. O lucro total confrontado com o valor do investimento permite medir o ROI, o retorno do investimento.

Essa abordagem mostra o valor da empresa, na figura do total do patrimônio líquido, com o capital social investido e os lucros retidos. Portanto, o valor da empresa na abordagem clássica contábil reflete o resultado passado.

A3.2. Contabilidade e valor da empresa a preços de mercado

Qualquer empresário, por mais humilde que seja, não tem a visão de valor da empresa pelo custo. Para qualquer um, o que prevalece em termos de valor de alguma coisa é o valor de mercado. Assim, por exemplo, um empresário comum não pensa que um imóvel adquirido por $ 200.000, mas com valor de mercado atual de $ 500.000, deva constar no seu conjunto de riquezas pelo valor pago.

Para qualquer pessoa comum, o conceito de valor é o valor atual, o valor de mercado, o valor presente. Assim, qualquer pessoa ou empresário diria que seu imóvel vale $ 500.000. Não importa para ele o quanto pagou; importa o quanto vale.

Assim, seria importante que a contabilidade também apresentasse um balanço patrimonial a valor de mercado, mensurando todos os elementos patrimoniais individualmente, também a preços de mercado, conforme mostra a Tabela 1.

Para a contabilidade tradicional, o valor da empresa é medido pelo valor do patrimônio líquido. Em termos contábeis, nesse exemplo, o valor da empresa, medido pelas práticas de contabilidade, seria de $ 6.097.

Remensurando todos os elementos patrimoniais a preços atuais de mercado, o valor das diferenças entre o valor de mercado e o valor contábil

Solução: balanço em quatro colunas

Tabela 1 – Exemplo: valor contábil e valor de mercado

Balanço Patrimonial	Valor Contábil - $	Valor de Mercado - $	Critério Básico
ATIVO CIRCULANTE			
Disponibilidades	495	495	Não há ajuste estando os juros contabilizados adequadamente
Clientes	3.380	3.200	Ajuste a valor presente – dedução dos juros adicionados nas vendas a prazo
Estoques			
Materiais	1.864	3.000	Ajuste do custo médio ponderado para custo de reposição
Em Processo	799	1.600	Ajuste do custo médio de fabricação para custo de reposição
Produtos Acabados	1.384	3.500	Ajuste do custo médio de fabricação para preço de venda realizável líquido
Impostos a Recuperar	500	470	Desconto de juros pelo tempo provável de compensação ou restituição
Soma	8.422	12.265	
ATIVO NÃO CIRCULANTE			
Realizável a Longo Prazo			
Instrumentos Financeiros	210	210	Não há ajuste, pois devem estar a valor justo (valor de mercado)
Investimentos			
Empresas coligadas e controladas	830	950	Avaliação da empresa ("Valuation") pelo fluxo de caixa descontado
Imobilizado			
Terrenos e Prédios	2.990	4.098	Valor justo (valor de mercado) superior ao valor contábil
Equipamentos, Móveis, Veículos	4.030	3.620	Valor justo (valor de mercado) superior ao valor contábil
(-) Depreciação Acumulada	-1.280	0	
Intangível			
Marcas e Patentes	350	500	Valor justo (valor de mercado) superior ao valor contábil
(-) Amortização Acumulada	-280	0	
	6.850	9.378	
ATIVO TOTAL	**15.272**	**21.643**	
PASSIVO CIRCULANTE			
Fornecedores	838	810	Ajuste a valor presente – dedução dos juros adicionados nas compras a prazo
Tributos a Recolher	499	499	Não há ajuste estando os juros e multas contabilizadas adequadamente
Salários e Encargos a Pagar	400	400	Não há ajuste se as provisões de perdas prováveis estão contabilizadas
Outras Contas a Pagar	534	534	Não há ajuste estando os juros e multas contabilizadas adequadamente
Empréstimos e Financiamentos	1.604	2.500	Ajuste a valor justo de mercado, se existir
Soma	3.875	4.743	
PASSIVO NÃO CIRCULANTE			
Empréstimos e Financiamentos	4.000	3.900	Ajuste a valor justo de mercado, se existir
Tributos Parcelados	1.300	1.300	Não há ajuste estando os juros e multas contabilizadas adequadamente
Soma	5.300	5.200	
PATRIMÔNIO LÍQUIDO			
Capital Social	4.000	4.000	Não há ajuste
Reservas	1.800	1.800	Não há ajuste
Lucros Acumulados	297	5.900	Valor de Mercado Residual obtido por diferença
Soma	6.097	11.700	VALOR DA EMPRESA
PASSIVO TOTAL	**15.272**	**21.643**	

seria adicionado ao patrimônio líquido, na rubrica Lucros Acumulados, por diferença.

No nosso exemplo, o valor da empresa, a preços de mercado, seria de $ 11.700.

A3.3. Valor econômico

Em uma negociação de compra e venda de empresas, além do valor de mercado, os possíveis investidores precisam inferir o futuro da empresa. Nenhum investidor compra a empresa pelo seu passado; qualquer investidor compra a empresa pelo seu futuro e, eventualmente, pelo seu valor presente.

A metodologia mais utilizada para inferir o futuro da empresa em termos econômicos é o fluxo de caixa descontado. Projeta-se o fluxo de lucros para os próximos anos, transforma-o em fluxo de caixa, aplica-se a técnica do valor presente líquido, utilizando uma taxa de desconto (taxa de juros) que reflita o custo de capital dos investidores e traz esse fluxo a valor presente. O resultado será o valor da empresa (valuation). Esse valor da empresa é denominado valor econômico.

A Tabela 2 a seguir mostra um exemplo sintético de apuração do valor econômico da empresa. Considere que os fluxos futuros de benefícios é o fluxo de caixa nominal da empresa apurados para os próximos cinco anos. O valor residual está estimado em 70% do fluxo descontado do Ano 5, calculado em perpetuidade pelo custo de capital de 10% ao ano.

Tabela 2 – Exemplo de cálculo de Valor Econômico da Empresa

Custo de Oportunidade de Capital		10,0% ao ano	
Valor residual		8.097.902	
Período considerado	Fluxo Futuro de Benefícios	Índice de Desconto	Valor Descontado
Ano 1	900.000	1,10000	818.182
Ano 2	1.150.000	1,21000	950.413
Ano 3	1.300.000	1,33100	976.709
Ano 4	1.650.000	1,46410	1.126.972
Ano 5	1.863.108	1,61051	1.156.843
Soma	6.863.108		5.029.120
Valor residual			8.097.902
Valor da empresa			13.127.022

O valor de $ 13.127.022 seria o valor da empresa que representa seu futuro.

A3.4. *Goodwill* Gerado Internamente

O *goodwill* gerado internamente emerge quando se apura o valor econômico da empresa e o confronta com o valor de mercado dos ativos e passivos avaliados individualmente. Representa um ativo intangível não identificado, fruto da capacidade da empresa de gerar lucros adicionais aos atuais. Pelas práticas contábeis brasileiras e internacionais, *é proibido contabilizar o goodwill* não adquirido, que é denominado de ágio por expectativa de rentabilidade futura gerado internamente.

Apuração do Goodwill

Valor Econômico da Empresa	13.127.022
(–) Valor de mercado	–11.700.000
Goodwill	1.427.022

Muitos avaliadores tentam desdobrar o *goodwill* em intangíveis como marca, carteira de clientes, tecnologia, posição de mercado etc. Entendemos que um esforço inútil. O que pode existir, de fato, é uma mais valia que representa um conjunto de intangíveis, e muito dificilmente se saberá o que é decorrente de um intangível ou outro.

A3.5. Valor da empresa e o tempo

Desta maneira, podemos dizer que existem três tipos de mensuração que atribuem o valor da empresa: o valor contábil, o valor de mercado e o valor econômico.

Em termos de momento temporal, podemos afirmar que:

a) O valor contábil representa o passado da empresa;
b) O valor de mercado representa o presente da empresa;
c) O valor econômico representa o futuro da empresa.

O valor contábil é importante porque ele permite demonstrar o retorno do investimento considerando os custos de aquisição do investimento. O valor de mercado é importante porque mostra os ganhos adicionais patrimoniais além do lucro contábil. O valor econômico é importante porque mostra a capacidade de geração de lucro do empreendimento.

A3.6. Lucro da empresa e o tempo

Tendo como referência o valor da empresa e o aspecto temporal, pode-se fazer a mesma afirmativa com relação à mensuração do lucro empresarial. Três tipos de mensuração do lucro são identificados: o lucro contábil, o lucro de mercado e o lucro econômico.

O lucro contábil é decorrente das receitas e despesas realizadas no exercício passado:

Lucro Contábil = Receitas – Despesas

O lucro de mercado é o lucro contábil adicionado do valor da avaliação a preços de mercado dos ativos e passivos sobre o valor contábil:

Lucro de Mercado = Lucro Contábil + (Valor de Mercado (-) Valor Contábil)

O lucro econômico é o lucro de mercado adicionado do goodwill gerado internamente menos o custo de capital utilizado para o desconto dos fluxos futuros aplicado sobre o patrimônio líquido inicial a preços de mercado.

Lucro Econômico = Lucro de Mercado (+/-) Goodwill – Custo de Capital sobre o Patrimônio Líquido Inicial

Dessa maneira, para fazer a congruência dos três tipos de lucro, os elementos a serem considerados seriam os seguintes:

Receitas
(-) Despesas
= Lucro Contábil
(+) Excesso de valor de mercado sobre valor contábil
= Lucro de Mercado
(-) Custo de capital sobre o patrimônio líquido a preços de mercado
(+/-) Goodwill gerado internamente
= Lucro Econômico

SOLUÇÃO: BALANÇO EM QUATRO COLUNAS

Com isso, verifica-se que não é difícil trabalhar e contabilizar os três conceitos de mensuração do lucro e, consequentemente, obter e evidenciar os três tipos de valor da empresa.

A3.7. Balanço patrimonial em três colunas

A proposta aqui é que as demonstrações contábeis sejam apresentadas considerando os três critérios de avaliação de empresa e do lucro. Assim, entende-se que atende à necessidade de todos os interessados, sejam eles o governo, o fisco, a sociedade, os investidores, os analistas de investimentos, etc.

Há a colocação crítica de que o valor econômico é muito subjetivo. Não há dúvida disso. Contudo, as empresas são negociadas por esse critério, ou seja, o investidor, no momento mais importante de tomada de decisão, toma como referência o cálculo cheio de subjetividades. Mas assim é que os negócios são feitos.

Por outro lado, o fato de a própria administração da empresa fazer a mensuração a preços de mercado e a mensuração do seu valor econômico diminui bastante o grau de subjetividade, porque, sem dúvida nenhuma, quem mais dispõe de informações sobre a empresa é sua administração.

O intuito aqui não substituir a mensuração do lucro contábil nem o valor do patrimônio líquido pelas práticas de contabilidade, porque o conjunto de informações existentes nessas demonstrações é de extrema relevância e validade. Apenas propõe-se duas novas maneiras de se avaliar um empreendimento. Também poderá ser argumentado que isso pode confundir os interessados nas demonstrações contábeis. Acredita-se que não, uma vez que as práticas contábeis utilizadas atualmente são bastante complexas, e as demonstrações contábeis só conseguem ser analisadas adequadamente por quem tem um mínimo de conhecimento das regras contábeis.

Observe a tabela 3.

Os aspectos principais da proposta aqui apresentada são os seguintes:

Valor de Mercado: contempla os ativos e passivos atualizados individualmente a preços de mercado. No Patrimônio Líquido é adicionado

Tabela 3 – Balanço Patrimonial e Critérios de Avaliação de Empresas

Balanço Patrimonial	Valor Contábil - $	Valor de Mercado - $	Valor Econômico - $
ATIVO CIRCULANTE			
Disponibilidades	495	495	495
Clientes	3.380	3.200	3.200
Estoques	4.047	8.100	8.100
Outros valores a realizar	500	470	470
Soma	8.422	12.265	12.265
ATIVO NÃO CIRCULANTE			
Realizável a Longo Prazo	210	210	210
Investimentos	830	950	950
Imobilizado	5.740	7.718	7.718
Intangível	70	500	500
Goodwill não adquirido	0	0	*1.427*
Soma	6.850	9.378	10.805
ATIVO TOTAL	15.272	21.643	23.070
PASSIVO CIRCULANTE			
Fornecedores	838	810	810
Tributos a Recolher	499	499	499
Salários e Encargos a Pagar	400	400	400
Outras Contas a Pagar	534	534	534
Empréstimos e Financiamentos	1.604	2.500	2.500
Soma	3.875	4.743	4.743
PASSIVO NÃO CIRCULANTE			
Empréstimos e Financiacmentos	4.000	3.900	3.900
Tributos Parcelados	1.300	1.300	1.300
Soma	5.300	5.200	5.200
PATRIMÔNIO LÍQUIDO			
Capital Social	4.000	4.000	4.000
Reservas	1.800	1.800	1.800
Lucros Acumulados	297	5.900	7.327
Resultado Contábil	297	297	297
Resultado Adicional de mercado	0	5.603	5.603
Custo de Oportunidade de Capital	0	0	1.170
Resultado Adicional Econômico	0	0	257
VALOR DA EMPRESA	6.097	11.700	13.127
PASSIVO TOTAL	15.272	21.643	23.070

uma rubrica denominada Resultado adicional de Mercado para concluir as contrapartidas das diferenças de valor dos ativos e passivos em relação ao valor contábil.

Solução: balanço em quatro colunas

Valor Econômico: mantém os ativos e passivos avaliados individualmente a preços de mercado, e no ativo intangível adiciona-se a mensuração do *goodwill* não adquirido.

No Patrimônio Líquido, desdobra-se o valor do *goodwill* entre o valor do custo de capital sobre o patrimônio líquido a preços de mercado, pela taxa utilizada (no nosso exemplo, $ 11.700.000 x 10% =$ 1.170.000), e o lucro econômico, aquele que excede ao valor do custo de capital. Com isso, inclui-se na mensuração do valor da empresa o conceito de EVA – *Economic Value Added*, recomendado por qualquer analista de investimento.

Demonstração do Resultado em Três Colunas

A demonstração do resultado a preços de mercado pode ser expandida, como sugere o exemplo, atualizando também a preços de reposição todos os itens de despesa e receita constantes do valor contábil. Como mostra a Tabela 4.

Tabela 4 – Demonstração do Resultado e Critérios de Avaliação de Empresas

Demonstração do Resultado	Valor Contábil - $	Valor de Mercado - $	Valor Econômico - $
Receita Operacional Líquida	50.000	51.000	51.000
(-) Custos das Vendas	-32.000	-32.640	-32.640
Lucro Bruto	18.000	18.360	18.360
(-) Despesas Operacionais	-16.900	-17.238	-17.238
Lucro Operacional	1.100	1.122	1.122
(-) Despesas Financeiras	-650	-650	-650
Lucro Antes dos Impostos	450	472	472
(-) Impostos sobre o Lucro	-153	-160	-160
Lucro Contábil após os impostos	297	312	312
Lucro Diferencial de Mercado	0	5.588	5.588
Goodwill Não Adquirido	0	0	1.427
(-) Custo de Oportunidade de Capital	0	0	-1.170
Lucro Líquido	297	5.900	6.157

Nesse caso, o lucro contábil passa de $ 297 para $ 312, uma diferença de $ 15. Essa diferença acrescida do lucro diferencial de mercado de $ 5.588 resulta em $ 5.603, que é o valor evidenciado no patrimônio líquido.

Na coluna "valor econômico", acrescenta-se o *goodwill* não adquirido pelo seu total e, em seguida, reduz-se o lucro do custo de oportunidade de capital para fazer a congruência final entre os três critérios de mensuração.

A3.8. Balanço patrimonial em quatro colunas: o orçamento do ano seguinte

Com o objetivo de caracterizar definitivamente a informação contábil como preditiva, propõe-se incorporar uma quarta coluna ao modelo de três colunas já apresentado.

Em geral, os analistas de investimento, ao terem em mãos as demonstrações contábeis publicadas, imediatamente, partem para fazer suas projeções.

Tendo como referência que as empresas que são objeto de análise pelos investidores são as companhias abertas, com ações nas bolsas de valores, as regras da legislação societária deveriam determinar a publicação do orçamento da demonstração de resultados e do balanço patrimonial para o ano seguinte. Quem, além da própria empresa, tem mais condições para isso? Não há dúvida de que é ela mesma a mesma a responsável.

A incorporação do orçamento para o ano seguinte fecha a questão da preditividade da informação contábil e mostra que é desnecessário o conceito de provisões e ajustes a valor justo. O usuário da informação contábil tem à sua disposição todos os elementos para entender o passado da empresa, o atual momento e seu possível futuro.

Referências

ARIELY, Dan. *Previsivelmente irracional*. Rio de Janeiro: Elsevier, 2008.

ASSAF NETO, Alexandre. *Estrutura e Análise de Balanços: Um enfoque econômico-financeiro*. 9ª ed. São Paulo: Atlas, 2010.

————. *Finanças Corporativas*. São Paulo: Atlas, 2006.

ATKINSON, Anthony A., BANKER, Rajiv D., KAPLAN, Robert S. e YOUNG, S. Mark. *Contabilidade Gerencial*. São Paulo: Atlas, 2000.

BERNSTEIN, Peter L. *Desafio aos deuses: a fascinante história do risco*. Rio de Janeiro: Campus, 1997.

BOISVERT, Hugues. *Contabilidade por Atividades*. São Paulo: Atlas, 1999.

BRAGG, Steven M. *Controller's Guide: Role and Responsabilities for the First Years*. Hoboken, NJ, John Wiley & Sons, 2005.

BRIGHAM, Eugene F., GAPENSKI, Louis C, EHRHARDT, Michael C. *Administração Financeira*. São Paulo: Atlas, 2001.

BREALEY, Richard e MYERS, Stewart C. *Princípios de Finanças Empresariais*. Portugal, McGraw Hill, 1992.

BRIGHAM, Eugene F e HOUSTON, Joel F. *Fundamentos da Moderna Administração Financeira*. São Paulo: Campus, 1999.

BUFFETT, Mary e CLARK, David. *Warren Buffett e a análise de Balanços*. Rio de Janeiro: Sextante, 2010.

CATELLI, Armando. *Controladoria*. São Paulo: Atlas, 1999.

CHANCELLOR, Edward. *Salve-se quem puder: uma história da especulação financeira*. São Paulo: Companhia das Letras, 2001.

CHARAN, Ram. *O que o Presidente de sua empresa quer que você saiba: como a sua empresa funciona na prática*. São Paulo: Negócio Editora, 2001.

CHECKLEY, Keith. *O caixa ainda é rei*. Rio de Janeiro: Record, 2005.

CHING, Hong Yuh. *Gestão baseada em custeio por atividades*. 2. ed. São Paulo: Atlas, 1997.

COPELAND, Tom et al. *Avaliação de Empresas – Valuation*. São Paulo: Makron Books, 2000.

COSTA, Reinaldo Pacheco da e SARAIVA JR, Abraão Freires. *Análise Comparativa entre as Depreciações Econômica, Contábil e Real*. Bento Gonçalves/RS: XXXII Encontro Nacional De Engenharia De Producao. Outubro de 2012.

DAMODARAN, Aswath. *Avaliação de Empresas*. 2. ed. São Paulo: Pearson Prentice Hall, 2007.

————. *Avaliação de Investimentos*. Rio de Janeiro: Qualitymark Editora, 1997.

————. *Gestão Estratégica do Risco*. Porto Alegre: Bookman, 2009.

DAVIS, William. *Mitos da Administração*. São Paulo: Negócio Editora, 1999.

Dicionário Priberam da Língua Portuguesa [em linha], 2008-2013, https://dicionario.priberam.org/mito. Acesso em: 17-10-2019

DWECK, Carol S. *Mindset: a nova psicologia do sucesso*. 1. ed, São Paulo: Objetiva, 2017.

EHRBAR, Al. *EVA – Valor Econômico Agregado*. Rio de Janeiro: Qualitymark, 1999.

EITEMAN, David K., STONEHILL, Arthur I. E MOFFETT, Michael H. *Administração Financeira Internacional*. Porto Alegre: Bookman, 2002.

SILVA FILHO, Cândido Ferreira et. al. *Ética, Responsabilidade Social e Governança Corporativa*. Campinas: Editora Alinea, 2008.

FIORAVANTI, Maria Antonia. *Análise da Dinâmica Financeira das Empresas: uma abordagem didática do "Modelo Fleuriet"*. Dissertação de Mestrado, Universidade Metodista de São Paulo, 1999.

FLEURIET, Michel, KEHDY, R. e BLANC, G. *A Dinâmica Financeira das Empresas Brasileiras*. Belo Horizonte: Fundação Dom Cabral, 1978.

FLORENTINO, Américo Matheus. *Teoria Contábil*. Rio de Janeiro: Fundação Getúlio Vargas, 1988.

FORD, Jonathan e MARRIAGE, Madison. Escândalos mostram a necessidade de rever regras de auditoria. Jornal *Valor Econômico*, 07.08.2018.

FREZATTI, Fábio. *Gestão de Valor na Empresa*. São Paulo: Atlas, 2003.

FREZATTI, Fábio et. al. *Controle Gerencial*. São Paulo: Atlas, 2009.

GARRISON, Ray H. e NOREEN, Eric W. *Contabilidade Gerencial*. 9. ed. Rio de Janeiro: LTC Editora, 2001.

GIBSON, James L., IVANCEVICH, John M. e DONNELLY, James H. *Organizações: Comportamento, Estrutura, Processos*. São Paulo: Atlas, 1988.

GLAUTIER, M.W.E. e UNDERDOWN, B. *Accounting Theory and Practice*. Londres: Pitman, 1977.

GRAHAM, Benjamim. *O investidor inteligente*. Rio de Janeiro: HarperCollins Brasil, 2015.

REFERÊNCIAS   291

GITMAN, Lawrence J. *Princípios de Administração Financeira*. São Paulo: Pearson, 2012.

GONÇALVES, C. de G. *Administração de Imobilizado enfocando a depreciação*. UNOPAR Cient., Ciênc. Jurid. Empres., Londrina, v. 2, n. 2, p. 67 – 76, set. 2001.

GREENSPAN, Alan. *A era da turbulência*. Rio de Janeiro: Elsevier, 2008.

GUERREIRO, Reinaldo. *A meta da empresa: seu alcance sem mistérios*. São Paulo: Atlas, 1996.

GUERREIRO, Reinaldo. *Gestão do Lucro*. São Paulo: Atlas, 2006.

HAUGEN, Robert A. *Modern Investment Theory*. 3. ed., New York: Prentice Hall, 1993.

HENDRIKSEN, Eldon S.; VAN BREDA, Michael F. *Teoria da Contabilidade*. São Paulo: Atlas, 1999.

HERRMANN JR., Frederico. *Contabilidade Superior*. 10. ed. São Paulo: Atlas, 1978.

HORNGREN, Charles T., SUNDEM, Gary L. e STRATTON, William O. *Contabilidade Gerencial*. 12. ed. São Paulo: Pearson Prentice Hall, 2004.

IBGC-Instituto Brasileiro de Governança Corporativa. *Código das Melhores Práticas de Governança Corporativa*. 5. ed. São Paulo: IBGC, 2015.

International Federation os Accountants/International Management Accounting Practice Statement. International Management Accounting Study no. 9. *Enhancing Sharehold Wealth by Better Managing Business Risk*. Junho de 1999.

IUDÍCIBUS, Sérgio de. *Contabilidade Introdutória*. São Paulo: Atlas, 1998.

IUDÍCIBUS, Sérgio de; MARION, José Carlos; PEREIRA, Elias. *Dicionário de Termos de Contabilidade*. 2. ed. São Paulo: Atlas, 2003.

IUDÍCIBUS, Sérgio de; MARTINS, Eliseu; GELBCKE, Ernesto Rubens. *Manual de Contabilidade das Sociedades por Ações*. 6. ed. São Paulo: Atlas, 2003.

————. *Teoria da Contabilidade*. 7. ed. São Paulo: Atlas, 2004.

————. *Análise de Balanços*. 10. ed. São Paulo: Atlas, 2010.

————. *Contabilidade Gerencial*. 4. ed. São Paulo: Atlas, 1987, 6. ed. 1998.

————. Por uma teoria abrangente de contabilidade. In: *Boletim do IBRACON*, Ano XVII, no. 200, 1995.

JOHNSON, H. Thomas e KAPLAN, Robert S. *Relevance Lost*. Harvard Business School Press, Boston, Massachusetts, 1991.

JOHNSON, H. Thomas. *Relevância Recuperada*. São Paulo: Pioneira, 1994.

KAHNEMAN, Daniel e TVERSKY, Amos. *Prospect theory: an analysis of decision under risk*. Econometrica, Chicago, v. 47, n. 2, p.313-327, 1979.

KAHNEMAN, Daniel. *Pensar, Depressa e Devagar*. Lisboa, Temas e Debates, 2012.

KAPLAN, Robert S. e NORTON, David P. *A Estratégia em Ação: Balanced Scorecard*. Rio de Janeiro, Campus, 1997.

KAPLAN, Robert S. e ATKINSON, Anthony A. *Advanced Management Accounting*. *Englewood Cliffs*, New Jersey, Prentice-Hall, 1989.

KASSAI, José Roberto e outros. *Retorno do Investimento*. São Paulo: Atlas, 2000.

KEYNES, J.M. *A Teoria Geral do Emprego, do Juro e da Moeda*. São Paulo: Atlas, 1982.

LEITE, Hélio de Paula. *Contabilidade para administradores*. São Paulo: Atlas, 1997.

LOWENSTEIN, Roger. *Buffett: A formação de um capitalista americano*. Rio de Janeiro: Nova Fronteira, 1997.

MAHONEY, William F. *Relações com investidores*. Rio de Janeiro: IMF Editora Ltda., 1997.

MALVESSI, Oscar L. *Confortavelmente acomodados no Engano*. IBEF–Instituto Brasileiro de Executivo de Finanças, Volume 187, Ano 14, 4. ed. pp.46-51. 2012.

MALVESSI, Oscar L. *2º Congresso de Finanças e Contabilidade do PPGA da Unimep*, Universidade Metodista de Piracicaba. Palestra: Remuneração Executiva e a Criação de Valor ao Acionista. 17/09/15.

MARCIAL, Elaine Coutinho e GRUMBACH, Raul José dos Santos. *Cenários Prospectivos*. 5. Ed. Editora FGV, 2008.

MARTINS, Eliseu (Organizador). *Avaliação de Empresas: Da Mensuração Contábil à Econômica*. São Paulo: Atlas, 2001.

MARTINS, Eliseu. *Contabilidade de Custos*. 9. ed., São Paulo: Atlas, 2009.

MARTINS, E; MIRANDA, G. J.; DINIZ, J. A. *Análise Didática das Demonstrações Contábeis*. São Paulo: Atlas, 2014.

MARX, Karl. *O Capital: Crítica da Economia Política*. Volumes I, II e III. Rio de Janeiro: Civilização Brasileira, 1980.

MOSIMANN, Clara Pellegrinello e outros. *Controladoria: seu papel na administração de empresas*. Florianópolis: Editora da UFSC, 1993.

MOTTA, Marcos Alberto Pereira. *Covenants Contábeis e Risco de Crédito: Existe Relação?* Instituto COPPEAD – UFRJ – MBA Finanças – Pós Graduação Latu Sensu -Rio de Janeiro - Abril de 2009.

MUNIZ, Diego; HUPSEL, Thiago. *A fantasia do EBITDA*. Disponível em: <http://opequenoinvestidor.com.br/2011/ 12/a-fantasia-do-ebitda/>. Acesso em: 09 nov. 2014.

NAKAGAWA, Masayuki. *Gestão Estratégica de Custos*. São Paulo: Atlas, 1991.

NAZARETH, Luiz Gustavo Camarano, PADOVEZE, Clóvis Luís, PRADO, Eduardo Vieira. BERTASSI, André Luis. O retorno ao básico como compreensão da evolução: o pluralismo da contabilidade é singular. In: *Universitas Universitas* - Ano 12 – Ano 2 – nº 3 – Julho/Dezembro, 2009 – Janeiro/Junho, 2018.

NEPOMUCENO, Valério. *Uma breve história da Depreciação Contábil*. Artigo publicado na Revista de Contabilidade e Comércio, Vol. LVI, Série 223, pp. 469-496, Porto, Portugal, 1999.

REFERÊNCIAS

OLINQUEVITH, José Leônicas e DE SANTI Filho, Armando. *Análise de Balanços para Controle Gerencial*. 2 ed. São Paulo: Atlas, 1987.

PADOVEZE, Clóvis Luís. *Administração Financeira: uma abordagem global*. São Paulo: Saraiva, 2016.

PADOVEZE, Clóvis Luís e BENEDICTO, Gideon Carvalho de. *Análise das Demonstrações Financeiras*. 3. ed. São Paulo: Cengage, 2010.

————. *Contabilidade Gerencial*. 7. ed., São Paulo: Atlas, 2011.

————. *Controladoria Avançada*. São Paulo: Pioneira Thomson Learning, 2005.

————. *Controladoria Estratégica e Operacional: conceitos, estrutura, aplicação*. São Paulo: 3. ed., Cengage, 2012.

————. *Introdução à Administração Financeira*. 2. ed. São Paulo: Cengage, 2011.

————. *Controladoria Estratégica e Operacional: conceitos, estrutura, aplicação*. São Paulo: 32. ed. São Paulo: Cengage, 2012.

————. *Manual de Contabilidade Básica*. 10. ed. São Paulo: Atlas, 2017.

PONDÉ, Luiz Felipe. *Guia politicamente incorreto da filosofia*. São Paulo: Leya, 2012.

PWC, IFRS 16 / CPC 6 R2 *Arrendamentos*. Disponível em: <www.pwc.com.br>. KM Session 16/05/2018, 34. ed. Acesso em: 29 ago. 2019.

ROSS, Stephen A., WESTERFIELD, Randolph W. e JAFFE, Jeffrey E. *Administração Financeira*. São Paulo: Atlas, 2002.

SÁ, Graciano. *O valor das Empresas*. São Paulo: Editora Expressão e Cultura, 2001.

STICKNEY, Clyde P.; WEIL, Roman L. *Contabilidade Financeira*. São Paulo: Cengage Learning, 2009.

TITMAN, Sheridan e MARTIN, John D. *Avaliação de Projetos e Investimentos*: Valuation. Porto Alegre: Bookman, 2010.

VAN HORNE, James C. *Financial Management and Policy*. 11. ed., Upper Saddle River, New Jersey: Prentice-Hall, 1998.

WARREN, Carl S., REEVE, James M e FESS, Philip E. *Contabilidade Gerencial*. São Paulo: Pioneira Thomson, 2001.

WESTON, J. Fred e BRIGHAM, Eugene F. *Fundamentos da Administração Financeira*. 10. ed. São Paulo: Makron Books, 2000.

Impresso por:

Docuprint D
CNPJ 01.036.332/0001-99